Das sokratische Gespräch

Das sokratische Gespräch

Herausgegeben von
Dieter Birnbacher und Dieter Krohn

Philipp Reclam jun. Stuttgart

RECLAMS UNIVERSAL-BIBLIOTHEK Nr. 18230

Gesamtherstellung: Reclam, Ditzingen. Printed in Germany 2012

ISBN 978-3-15-018230-7

www.reclam.de

Inhalt

Einleitung

Die sokratische oder mäeutische Methode ist ein seit langem etablierter Bestandteil der schülerzentrierten Didaktik. Ihre Grundidee ist es, den Lernenden dazu anzuleiten, sich selbstständig mit einem philosophischen oder mathematischen Problem auseinander zu setzen und Lösungswege dazu zu entwickeln, ohne ihm Lösungen und Lösungswege unmittelbar an die Hand zu geben. Mäeutik bedeutet Hebammenkunst: Der Lehrende ist bloß die Hebamme, die den Lernenden in seinen Bemühungen unterstützt, die Wahrheit aus eigener Kraft ans Licht zu bringen.

Wenn diese Methode »sokratisch« genannt wird, dann nicht deshalb, weil der Sokrates, wie er uns in den platonischen Dialogen entgegentritt, als Modell des sokratischen Lehrers gelten kann. Die Figur des Sokrates, wie wir sie bei Platon finden, verwirklicht die Idee des sokratischen Lehrens nur sehr unvollkommen. Sie verhält sich über weite Strecken suggestiv, sogar manipulativ, und lässt dem Belehrten keineswegs immer die Freiheit, die Lösung einer gegebenen Aufgabe aus eigener Kraft zu finden. Wenn die »sokratische Methode« dennoch an Sokrates erinnert, dann deswegen, weil sie von ähnlichen didaktischen und erkenntnistheoretischen Voraussetzungen ausgeht: dass es nämlich darauf ankommt, den Dialogpartner die Wahrheit selbst finden zu lassen, dass die Wahrheit jedem verständigen und gutwilligen Menschen gleichermaßen zugänglich ist; und dass das Finden der Wahrheit nicht nur den Mut verlangt, sich seines eigenen Verstandes zu bedienen, sondern – weil die Wahrheit vielfach hinter dem Schleier der Konventionen, des Vorurteils und der Illusionen verborgen ist – auch eine gewisse Willensanstrengung, die Überwindung von Denkfaulheit und Konformismus.

Die Methode des sokratischen Gesprächs ist eine Erweiterung und Weiterentwicklung der sokratischen Methode, die im Wesentlichen auf den Göttinger Philosophen und Pädagogen Leonard Nelson (1882–1927) und dessen Schüler Gustav Heckmann (1898–1996) zurückgeht. Beide Philosophen verband ein ausgeprägtes Interesse an Mathematik, aber auch ein ausgeprägtes Engagement in sozialistischer Politik. Nelsons Idee, die sokratische Methode zu einer Methodologie des Gruppengesprächs weiterzuentwickeln, steht in engem Zusammenhang sowohl mit seiner Übernahme der Philosophie von Jakob Friedrich Fries (1773–1843), die das kantische Apriori als eine Art psychologisches Datum interpretierte, als auch der Notwendigkeit, als politischer Führer die Ausbildung politischer Aktivisten rational zu strukturieren. Im Gegensatz zu dem streng auf jeweils zwei Partner beschränkten sokratischen Dialog, wie wir ihn in den platonischen Dialogen finden, ist das sokratische Gespräch ein Gruppengespräch, bei dem jeder der Teilnehmer die Chance hat, als »Hebamme« für die Gedankenentwicklung jedes anderen zu fungieren, und das idealerweise nicht in der Erkenntnis eines einzigen Individuums, sondern in einer von allen Gruppenteilnehmern geteilten philosophischen oder mathematischen Erkenntnis mündet.

Durch den Wechsel von der Dyade zur Gruppe verändert sich die Rolle des sokratischen Lehrers grundlegend. Einerseits wird er in seiner mäeutischen Tätigkeit entlastet, da nunmehr jeder Teilnehmer als Hebamme für jeden anderen zur Verfügung steht; auf der anderen Seite erweitern sich seine Aufgaben infolge der größeren Komplexität der Gruppeninteraktion und der sehr viel näher liegenden Gefahr, dass die Gruppe in ihrer Wahrheitssuche von der geraden Bahn folgerichtigen Nachdenkens abkommt oder die Ausgangsfrage aus den Augen verliert.

Der Beitrag Heckmanns zur Entwicklung der Methode des sokratischen Gesprächs liegt u.a. darin, dass er die Methode von den spezifisch neukantianischen Hintergrundannahmen, mit denen sie bei Nelson verknüpft war, ablöste und auf eine breitere Grundlage stellte. Nach Nelson ist philosophische Wahrheit erreichbar, indem nach den Voraussetzungen unserer alltäglichen Gedankenbewegungen gefragt wird. Die Methode der »Regression«, der systematischen Suche nach den allgemeinsten Grundlagen unserer Welt- und Selbstsicht, soll – zusammen mit der Methode der »Deduktion« – auf eine Reihe transzendentaler Wahrheiten von allgemeiner und absoluter Geltung führen. Wie seine Vorbilder Kant und Fries ging Nelson von der Existenz objektiv gültiger philosophischer Wahrheiten in der theoretischen wie in der praktischen Philosophie aus, und was Nelson unter Übernahme eines Begriffs von Fries »Selbstvertrauen der Vernunft« nannte, ist nicht weniger als der Anspruch, dass das menschliche Nachdenken zu ihrer Auffindung in der Lage ist. Bei Heckmann übernimmt die Methode des sokratischen Gesprächs eine selbstständigere Rolle. Nelsons Vorstellung, dass der Konsens, der in einem Gruppengespräch erreicht wird, mit »der Wahrheit« identifiziert werden kann, wird abgeschwächt. Auch wenn Wahrheit als regulative Idee weiterhin unverzichtbar ist, kann doch ein erreichter Gruppenkonsens keineswegs als untrügliches Wahrheitskriterium gelten. Darüber hinaus treten verfahrensbezogene Lernziele wie die Entwicklung argumentativer Kompetenz neben das Erkenntnisziel. Dieses steht unter den kantischen Idealen der Rationalität, Klarheit, Autonomie und Authentizität. Jeder Teilnehmer soll sagen, was er wirklich denkt und keine Thesen lediglich aus strategischen Gründen oder um des bloßen Disputs willen vertreten. Beibehalten wird auch die auf Fries zurückgehende Methode der *regressiven Abstraktion*. Ähnlich wie die Methode der Induktion geht diese Methode vom Einzelnen aus, um beim Allgemeinen anzukommen, wenn auch nicht so, dass über empirische Fälle verallgemeinert wird. Vielmehr soll das Allgemeine als im Einzelnen enthalten aufgewiesen und aus der Analyse des Einzelnen heraus entwickelt werden. Als Ausgangspunkt der regressiven

Denkbewegung dienen dabei nicht Lehrbuchprobleme, sondern konkrete Fragestellungen auf dem Hintergrund eigener Erfahrungen. Das Denken soll »im Konkreten Fuß fassen«. Von dort soll es dann sukzessiv zum Abstrakten und Allgemeinen fortschreiten. Wo immer die Methode angewendet wird, in der Ethik, in der Erkenntnistheorie, in der Mathematik oder in der introspektiven Psychologie – die zentrale Idee besteht jeweils darin, ausgehend von konkreten Erfahrungen oder Urteilen, universal gültige Aussagen, Regeln oder Prinzipien zu erarbeiten.

Bezeichnend für die Methode des sokratischen Gesprächs ist die relativ strenge Reglementierung des Leiter- und Teilnehmerverhaltens. Die erste Regel für den sokratischen Leiter besagt, dass er seine Autorität lediglich in Verfahrens-, nicht aber in Sachfragen geltend machen darf. Seine Aufgabe besteht darin, die Diskussion so zu lenken, dass die Ausgangsfrage festgehalten, gleichzeitig aber auch möglichst vielfältige Lösungswege erprobt und auf ihre Tragfähigkeit überprüft werden. Eigene Theorien oder Lösungen einzubringen, ist ihm untersagt, ebenso wie Vorträge über die Lösungsansätze anderer Philosophen. Als Moderator des Gruppengesprächs (der im Englischen bezeichnenderweise »facilitator« genannt wird) soll er so neutral wie möglich bleiben und dafür Sorge tragen, dass alle Gesprächsteilnehmer die Chance zu eigenen Beiträgen erhalten. Eine zweite wichtige Aufgabe des Leiters ist, für Klarheit und Durchsichtigkeit zu sorgen. Das heißt nicht, dass nicht auch Ungeklärtes und nicht vollständig Ausformuliertes geäußert werden darf. Die Anstrengung der Gruppe sollte sich in diesem Fall darauf richten, das zunächst nur undeutlich Artikulierte schrittweise zu klären und auf seine Voraussetzungen und Konsequenzen hin zu prüfen. Entsprechend werden die Teilnehmer darauf verpflichtet, sich so klar wie möglich auszudrücken, sich um Verständnis der Äußerungen anderer zu bemühen und ihnen gegebenenfalls bei der Klärung ihrer eigenen Gedanken zu Hilfe zu kommen. Eine dritte Aufgabe des Leiters besteht darin, die Gruppe in ihrem Bemühen um Konsens zu unterstützen – nicht nur um einen oberflächlichen, sondern um einen begründeten Konsens: »Im sokratischen Gespräch wollen wir über bloß subjektives Meinen hinauskommen. Deswegen prüfen wir, welche Gründe wir für unsere Behauptungen haben und ob diese Gründe von uns allen als zureichend anerkannt werden« (Heckmann, »Das sokratische Gespräch«, vorl. Ausg. S. 77).

Das methodische Prinzip, »im Konkreten Fuß zu fassen«, wird im sokratischen Gespräch vor allem dadurch verwirklicht, dass die Teilnehmer eigene Erfahrungen einbringen. Das Geschick des Gesprächsleiters beweist sich u. a. daran, dass er es versteht, die potentielle Produktivität der in Form von »Beispielen« eingebrachten Erfahrungen abzuschätzen und den Zeitpunkt zu treffen, zu dem ein neu eingebrachtes »Beispiel« neue und möglicherweise vertiefte Perspektiven eröffnet.

Als Unterstützung des sokratischen Gesprächs (wie im Übrigen auch der in vielem verwandten Methode der »themenzentrierten Interaktion« von Ruth Cohn) hat sich die Institution des *Metagesprächs* bewährt. Das Metagespräch bietet Gelegenheit, über den Verlauf des Gesprächs selbst zu reflektieren, das Verhalten von Leiter und Teilnehmern zu kommentieren und Grundfragen zu Methode und Struktur des Gesprächs zu erörtern. Das Metagespräch erlaubt auch, Vereinbarungen zu treffen, die den Ablauf des Sachgesprächs erleichtern oder befördern. Entscheidend ist, dass das Metagespräch klar gegen das Sachgespräch abgegrenzt ist und den gedanklichen Zusammenhang des Sachgesprächs nicht ungebührlich beeinträchtigt. Da das Leiterverhalten im Metagespräch selbst zum Gegenstand der Kritik wird, hat es sich eingespielt, die Leitung des Metagesprächs von einem der Teilnehmer übernehmen zu lassen.

Als Leonard Nelson seine Gesprächsmethode in der von ihm gegründeten Schule »Walkemühle« bei Melsungen in Nordhessen erprobte, kam der Themenvorschlag für das Gruppengespräch regelmäßig aus der Gruppe selbst. Heute werden sokratische Seminare in der Regel mit einer fest vorgegebenen Fragestellung angekündigt, so dass sich eine längere Diskussion über die zu behandelnde Frage erübrigt. Das lässt der Gruppe immer noch ein beträchtliches Maß an Entscheidungsfreiheit, was die genaue Interpretation und Ausrichtung der vorgegebenen Frage betrifft. Selbstverständlich sind nicht alle Fragen für die sokratische Gesprächsmethode geeignet. Geeignet sind Fragen, die sich ohne Rückgriff auf empirische oder historische Informationen, die der Gruppe nicht zur Verfügung stehen, behandeln lassen, also insbesondere apriorische Fragen, die mit Hilfe »reiner Vernunft« zu beantworten sind. Darüber hinaus sollten die Fragen hinreichend komplex und intransparent sein, um neue und produktive Einsichten zu ermöglichen; und sie sollten hinreichend interessant sein, um die Teilnehmer zu motivieren, ein gutes Stück anhaltender und intensiver geistiger Arbeit zu investieren.

Zur Anwendung kommt die Methode des sokratischen Gesprächs gegenwärtig in den vielfältigsten Kontexten: in universitären Ethikseminaren, im schulischen Philosophie- und Ethikunterricht, in der Lehrerbildung, in Volkshochschulen, in der Weiterbildung von Führungskräften und in der Medizin-Ethik. Geeignet ist die Methode überall da, wo ausgehend von einem konkreten Problem allgemeine Lösungen gesucht werden. Gerade außerhalb der akademischen Philosophie hat sich das sokratische Gespräch dadurch bewährt, dass es das selbstständige Nachdenken aller Teilnehmer fordert (und fördert) und gleichzeitig Verbindlichkeit anstrebt, also Subjektivität mit Intersubjektivität, Individualität mit überindividuellem Geltungsanspruch zusammenbringt. Wie immer die in einem sokratischen Gespräch gefundene Lösung im Einzelnen beschaffen ist, entscheidend ist, dass sie zu Einsichten verhilft, die über den Einzelfall hinausgehen und Allgemeinverbindlichkeit beanspruchen. Nur dadurch hält die sokratische Gesprächsform der unverwechselbar »sokratischen« Frage nach dem Wesen und dem Wesentlichen die Treue.

Die Herausgeber

PLATON

Sokrates und die »Hebammenkunst«

Sokrates. [148 d] Nun bemühe dich, mit allen Mitteln, wie bei anderen Fragen, so auch vom Wissen eine Erklärung zu geben, was es eigentlich ist.

Theätet. Soweit es wenigstens an meinen Bemühungen liegt, Sokrates, wird sich die Erklärung schon finden lassen.

Sokrates. Also los! Du hast ja eben schon den Weg ganz gut gezeigt. Nimm dir also deine Antwort mit den Quadratwurzeln zum Vorbild. Wie du dort die vielen Zahlen in einer Bestimmung zusammengefaßt hast, so versuche auch jetzt, die vielen Wissensarten mit einem Begriff zu bezeichnen.

[e] *Theätet.* Glaube mir, Sokrates, ich habe mir dies schon oft klarzumachen versucht, wenn ich die Fragen hörte, die von dir im Umlauf sind. Aber ich kann mich weder selber überzeugen, daß ich hierzu etwas Haltbares beitragen kann, noch kann ich irgendeinen anderen in der von dir gewünschten Weise antworten hören. Andererseits aber kann ich von dieser Frage auch nicht loskommen.

Sokrates. Das kommt von deinen Geburtswehen, lieber Theätet. Denn du bist nicht inhaltsleer, sondern gehst schwanger.

Theätet. Darüber weiß ich nichts, Sokrates. Wie mir aber zumute ist, habe ich gesagt.

[149 a] *Sokrates.* Das ist ja eigenartig; hast du denn nicht gehört, daß ich der Sohn einer tüchtigen und zupackenden Hebamme bin, der Phänarete?

Theätet. Doch, das habe ich schon gehört.

Sokrates. Und auch, daß ich dieselbe Kunst ausübe?

Theätet. Nein, nie.

Sokrates. Es stimmt aber. Verrate mich aber nicht bei den anderen. Denn, mein lieber Freund, diese Kunstfertigkeit besitze ich nur insgeheim. Die anderen freilich wissen nichts davon und sagen es mir deshalb auch nicht nach, wohl aber, ich sei ein äußerst merkwürdiger Mensch und brächte die anderen durcheinander. Hast du davon auch schon gehört?

[b] *Theätet.* Allerdings.

Sokrates. Soll ich dir erklären, wie dies kommt?

Theätet. Ja, bitte.

Sokrates. Dann überlege dir einmal, wie es mit den Hebammen insgesamt zugeht, und du wirst leichter verstehen, was ich sagen will. Dir ist vermutlich bekannt, daß keine von ihnen andere Frauen entbindet, solange sie noch selber empfangen und gebären kann, sondern das tun nur solche, die nicht mehr gebärfähig sind.

Theätet. Natürlich.

Sokrates. Daran soll, wie man sagt, die Artemis schuld sein. Denn obwohl sie selber keine Kinder haben kann, wurde ihr der Schutz der Kindsgeburt aufgetragen. Den ganz unfruchtbaren Frauen nun hat sie die Hebammenkunst nicht verliehen, [c] weil die menschliche Natur machtlos ist, ohne eigene Erfahrung eine Kunst zu lernen. Dagegen hat sie diese Kunst denen zugewiesen, die nur aus Altersgründen gebärunfähig sind. Auf diese Weise hat sie die Ähnlichkeit mit ihrem eigenen Zustand bevorzugt.

Theätet. Das klingt ganz annehmbar.

Sokrates. Ist nicht ebenso annehmbar und sogar zwingend, daß die Hebammen eher als andere erkennen können, ob eine Schwangerschaft vorliegt oder nicht?

Theätet. Aber sicher.

Sokrates. Und können sie nicht auch durch Arzneien und Zaubergesänge die Wehen hervorrufen [d] und ganz nach Belieben wieder abmildern, ferner den Schwergebärenden zur Geburt verhelfen, und treiben sie nicht auch die noch junge Leibesfrucht ab, wenn sie es so beschließen?

Theätet. So ist es.

Sokrates. Hast du nicht ferner beobachtet, daß sie sehr

geschickte Ehestifterinnen sind? Denn sie verstehen es außerordentlich gut zu unterscheiden, welche Frau mit welchem Mann die besten Kinder bekommen kann.

Theätet. Davon habe ich überhaupt nichts bemerkt.

Sokrates. Aber glaube mir, darauf bilden sie sich mehr ein als auf das Abschneiden der Nabelschnur. [e] Denn überlege einmal. Gehört die Pflege und das Sammeln der Früchte, die in der Erde wachsen, deiner Meinung nach zu derselben oder zu einer anderen Kunst als die Kenntnis, welche Pflanze und welcher Samen in welche Bodenart gehören?

Theätet. Nein, nicht zu einer anderen, sondern zu derselben Kunst.

Sokrates. Bei den Frauen aber, mein Lieber, meinst du, das Säen sei Sache der einen Kunst, das Sammeln Sache einer anderen?

Theätet. Das ist doch recht abwegig.

[150 a] *Sokrates.* Allerdings. Aber wegen des unrechtmäßigen und nicht sachverständigen Zusammenführens von Mann und Frau, der sogenannten Kuppelei, scheuen die Hebammen, die ja schließlich in einem guten Ruf stehen, auch die Ehestiftung. Sie fürchten nämlich, sich sonst ihretwegen dieselbe Anschuldigung zuzuziehen. Denn eigentlich sind allein die wirklichen Hebammen auch die richtigen Ehestifterinnen.

Theätet. Offensichtlich.

Sokrates. So umfangreich also ist das Tätigkeitsfeld der Hebammen, und doch ist es kleiner als meines. Denn bei den Frauen kommt es nicht vor, daß sie zwar manchmal bloße Trugbilder und manchmal richtige Geburten zutage bringen, [b] dann aber beides nicht leicht zu unterscheiden wäre. Denn käme es doch vor, wäre es die wichtigste und lobenswerteste Aufgabe für die Hebammen, das Echte vom Unechten zu trennen, nicht wahr?

Theätet. Allerdings.

Sokrates. Auf meine Hebammenkunst trifft sonst dasselbe zu wie bei ihnen. Der Unterschied aber liegt darin, daß meine Kunst Männern und nicht Frauen Geburtshilfe leistet und ihre gebärenden Seelen und nicht ihre Körper betrachtet. Das Wichtigste an meiner Kunst ist jedoch die Fähigkeit, [c] mit allen Mitteln zu prüfen, ob die Überlegung des jungen Mannes ein bloßes Trugbild und etwas Falsches herausgebracht hat oder etwas Lebenskräftiges und Wahres. Denn auch hierin trifft auf mich dasselbe wie auf die Hebammen zu: ich bringe keine klugen Gedanken hervor. Und was mir schon viele vorgeworfen haben, daß ich nämlich immer nur die anderen frage, selber aber in keinem Punkt irgend etwas zutage fördere, da ich eben keine Klugheit besäße, so ist dieser Vorwurf berechtigt. Der Grund davon ist folgender. Zum Hebammendienst zwingt mich der Gott, das Gebären dagegen hat er mir vorenthalten. Ich selber bin also überhaupt nicht klug [d] und kann auch keinen Fund als Erzeugnis meiner Seele vorweisen. Dagegen lassen einige von denen, die mit mir zusammen sind, anfangs zwar recht wenig an Klugheit sehen, aber im Laufe unseres Zusammenseins machen alle, denen es der Gott vergönnt, für sich selbst und auch die anderen überraschende Fortschritte. Und dabei lernen sie offensichtlich nie auch nur irgend etwas bei mir, sondern finden selber viele hervorragende Wahrheiten bei sich heraus und bringen sie hervor. Urheber der Entbindung jedoch sind der Gott und ich. Ein Beweis hierfür ist: Schon viele haben dies nicht gewußt, [e] sondern es für ihr eigenes Werk gehalten und mich hochmütig behandelt. Sie haben sich daher eher, als es ratsam wäre, von mir entfernt, aus eigenem Antrieb oder von anderen überredet. Wenn sie dann weggegangen waren, haben sie entweder den Rest ihrer Geburten infolge ihres schlechten Umgangs nur als Fehlgeburten hervorgebracht oder auch die Geburten noch infolge mangelhafter Pflege verloren, von denen ich sie entbunden hatte. Denn sie schätzten Falsches und Trugbilder höher ein als Wahres, bis ihre Unwissenheit schließlich für sie selbst und die anderen offenkundig war. Zu ihnen gehörte Aristeides, der Sohn des

Lysimachos, [151 a] und viele andere mehr. Wenn dann einige mit der Bitte zurückkommen, sich in meiner Gesellschaft aufhalten zu dürfen, und dabei alles mögliche versuchen, verbietet es manchmal meine innere göttliche Stimme und läßt es manchmal zu. Und diese machen dann erneut Fortschritte. Auch in einer anderen Beziehung haben diejenigen, die mit mir zusammen sind, dasselbe zu erleiden wie gebärende Frauen. Sie haben nämlich Wehen und bei Tag und Nacht lauter Beschwerden, weit mehr noch als die Frauen. Mit meiner Kunstfertigkeit nun kann ich ihre Wehen hervorrufen oder mildern. Soweit also zu diesen. [b] Für einige von ihnen jedoch, Theätet, die mir noch nicht schwanger zu sein scheinen und von denen ich merke, daß sie meine Dienste nicht benötigen, bin ich recht gerne Ehestifter, und ich finde, Gott sei Dank, ziemlich gut heraus, wessen Umgang ihnen wohl nützen könnte. Viele von ihnen habe ich mit Prodikos zusammengebracht, viele aber mit anderen klugen und gottbegnadeten Männern. Dies alles nun, mein Bester, habe ich dir aus folgendem Grund so ausführlich dargelegt: Ich vermute, und du selber glaubst es ja auch, daß du in dir mit etwas schwanger gehst und Wehen hast. Vertraue dich also mir an. Denn schließlich bin ich der Sohn einer Hebamme und verstehe auch selber etwas von dieser Kunst. [c] Und versuche, meine Fragen, so gut es geht, zu beantworten. Wenn ich bei meiner Prüfung etwas von deinen Behauptungen für ein Trugbild und nicht für wahr halte und es daher ohne weiteres Aufsehen beiseite schaffe und wegwerfe, dann werde nicht zornig wie erstgebärende Frauen wegen ihrer Geburten. Denn schon viele, mein Lieber, waren so wütend auf mich, daß sie mich am liebsten sogar gebissen hätten, wenn ich sie von irgendeinem Unsinn befreit hatte. Sie glauben nämlich nicht, daß ich sie so behandle, weil ich es gut mit ihnen meine; denn sie verkennen völlig, daß kein Gott den Menschen etwas Schlechtes antun will [d] und daß auch ich derartiges nicht aus Böswilligkeit tue. Vielmehr darf ich auf keinen Fall etwas Falsches durchlassen und etwas Wahres verwerfen. Versuche also von neuem zu bestimmen, was Wissen ist, Theätet. Daß du es aber nicht kannst, solltest du niemals sagen. Denn mit Gottes Hilfe und wenn du nur mutig bist, wirst du dazu imstande sein.

Theätet. Es wäre allerdings, Sokrates, bei einer solchen Aufforderung unerhört, wenn man nicht sein Bestes täte zu sagen, was man zu sagen hat.

LEONARD NELSON

Die sokratische Methode

Als ein getreuer Schüler des SOKRATES und seines großen Nachfolgers PLATON kann ich es nur schwer rechtfertigen, Ihrer Aufforderung zu folgen und zu Ihnen über die sokratische Methode zu sprechen. Die sokratische Methode ist Ihnen bekannt als eine Methode des philosophischen Unterrichts. Aber es steht, nach PLATONS Worten, mit dem Philosophieren anders als mit anderen Lehrgegenständen: »Es läßt sich nicht in Worte fassen, sondern aus lange Zeit fortgesetztem, dem Gegenstande gewidmetem wissenschaftlichem Verkehr und aus entsprechender Lebensgemeinschaft tritt es plötzlich in der Seele hervor wie ein durch einen abspringenden Funken entzündetes Licht und nährt sich dann durch sich selbst.«[1]

Ich fühle mich daher in ähnlicher Verlegenheit wie etwa ein Geiger, der auf die Frage, wie er das Geigen zustande bringe, wohl von seiner Kunst etwas vorführen kann, aber nicht in Begriffen auseinandersetzen kann, wie man das Geigen anfängt.

Die sokratische Methode ist nämlich nicht die Kunst, Philosophie, sondern Philosophieren zu lehren, nicht die Kunst, über Philosophen zu unterrichten, sondern Schüler zu Philosophen zu machen. Wollte ich daher von der sokratischen Methode eine rechte Vorstellung geben, so müßte ich meine Rede hier abbrechen und, statt Ihnen etwas vorzutragen, mit Ihnen eine philosophische Frage nach sokratischer Methode behandeln. Aber wie sagte PLATON? Nur ein »*lange Zeit fortgesetzter*, dem Gegenstande gewidmeter Verkehr« läßt das Licht der philosophischen Erkenntnis aufleuchten.

1 Platon: Briefe (übersetzt von OTTO APELT), Seite 72. Leipzig 1918.

So greife ich denn – mit Rücksicht auf die Kürze der mir zur Verfügung stehenden Zeit – doch zu dem Wagnis einer Schilderung der sokratischen Methode, zu dem Versuch, Ihnen durch Worte ihren Sinn und ihre Bedeutung nahezubringen. Ich rechtfertige diesen Kompromiß damit, daß ich meine Aufgabe begrenze, indem ich den Zweck meiner Ausführungen nur darin suche, wenigstens Ihre Aufmerksamkeit auf diese Lehrart zu richten und dadurch deren Beachtung zu fördern.

Wie es noch wenig ist, wenn man von der Rede des Großinquisitors in DOSTOJEWSKIS Roman nichts anderes weiß, als daß sie die großartigste Erörterung eines der ethischen Fundamentalprobleme ist, so ist es doch so viel, daß man fortan eher geneigt sein wird, diese Rede mit Aufmerksamkeit zu lesen. Und wie es noch wenig ist, wenn man am einstigen physikalischen Institut hier in der Prinzenstraße die Gedenktafel beachtet, die vom ersten elektrischen Telegraphen Kunde gibt, wie er, von GAUSS und WILHELM WEBER erfunden, zur Verbindung dieses Instituts mit der Sternwarte diente, so ist es doch immerhin so viel, daß man fortan der Geschichte dieser Erfindung mit größerer Ehrfurcht nachgehen wird. Und so hoffe ich auch durch die Behandlung meines Themas Ihr Interesse zu erwecken für die bedeutsame und in all ihrer Schlichtheit tiefe Methode, die den Namen des athenischen Weisen trägt, dem wir ihre Erfindung verdanken.

Sie ist als eins der Stiefkinder der Philosophie mißachtet und verstoßen worden, und nur ihr Name hat sich erhalten neben ihrer beliebteren älteren Schwester, der einschmeichelnderen und bequemer zu lenkenden, der dogmatischen Methode.

Sie argwöhnen vielleicht bei mir eine persönliche Neigung zu der jüngeren der beiden Schwestern. Und ich will freimütig gestehen, daß in der Tat, je länger ich mich ihres Umganges erfreue, ihr Reiz mich nur immer stärker fesselt, so daß es mir ein wahrhaftes Gebot der Ritterlichkeit geworden ist, die Verschollene und Totgesagte ins Leben zurückzuführen und ihr hier *den* Ehrenplatz zu erstreiten, den man bisher der innerlich toten und nur immer wieder prahlerisch aufgeputzten buhlerischen Schwester vorbehalten hat.

Aber lassen Sie mich hinzufügen – und ich will hoffen, so viel Ihnen heute zu beweisen –, daß nicht blinde Neigung mich leitet, sondern daß es der innere Wert ist, der mich zu der äußerlich Unscheinbaren zieht. Oder werden Sie sagen, das unglückliche Schicksal könne die von der erdrückenden Mehrheit der Philosophen Verschmähte nicht unverdient getroffen haben, und darum sei es müßig, ihr künstlich neues Leben einhauchen zu wollen?

Ich will mich hier nicht auf den allgemeinen Satz berufen, daß sich in der Geschichte keine prästabilisierte Harmonie findet zwischen Verdienst und Erfolg. Denn, allerdings, eine *Methode* – als Weg zu einem Ziel – besitzt in ihrem Erfolg oder Mißerfolg einen sehr gewichtigen Prüfstein.

Doch kommt hier für eine gerechte Beurteilung erst eine Vorfrage in Betracht, die Frage nämlich, ob die fragliche Wissenschaft denn bereits so weit fortgeschritten ist, daß in ihr die Lösung ihrer Probleme auf einem vorgeschriebenen Weg überhaupt erstrebt wird, mit anderen Worten, daß man in ihr allgemeingültige Methoden anerkennt.

Diese Frage ist in der Mathematik und den auf ihr fußenden Naturwissenschaften längst zugunsten der Methode entschieden. Es gibt keinen Mathematiker, der nicht mit der progressiven Methode vertraut ist und sie handhabt. Es gibt keinen ernsthaften Naturforscher, der sich nicht der induktiven Methode bedient. Ja die Methode genießt in diesen Wissenschaften eine so selbstverständliche und unbestrittene Anerkennung, daß die ihrem Leitfaden folgenden Schüler sich des gesicherten Ganges ihrer Forschungen oft kaum bewußt sind. Aller Streit um Methoden geht hier nur um deren Zuverlässigkeit und Fruchtbarkeit. Wird daher hier eine Methode beiseite gelassen, oder bewahrt man ihr nur ein historisches Interesse, so ist die Vermutung berechtigt, daß sie der Forschung nichts mehr zu bieten hat.

Ganz anders aber da, wo in einer Wissenschaft noch das Recht gilt, daß jeder sich selbst Gesetz und Regel gibt, wo methodische Anweisungen von vornherein als nur zeitlich oder individuell bedingte, als nur geschichtlich zu beurteilende Forschungsweisen bewertet werden. Da kann es denn wohl das Glück fügen, daß eine Methode Anklang findet und eine Zeitlang die Richtung der Arbeiten bestimmt. Aber Irrtümer, die Begleiter jeder wissenschaftlichen Errungenschaft, werden hier nicht zum Ansatzpunkt, um die Mängel durch Anstrengungen in der gleichen Richtung zu überwinden, sondern sie werden zu Konstruktionsfehlern gestempelt, die völlig neuen Konstruktionen weichen müssen, denen dann freilich nur allzubald das gleiche Schicksal bereitet wird.

In diesem Jugendstadium der Entwicklung befindet sich das, was als philosophische Wissenschaft gilt, noch heute. Für dieses Urteil steht mir WINDELBAND zur Seite, der anerkannte Historiker der Philosophie. Er verkündet uns, daß »selbst unter denjenigen Philosophen, welche für ihre Wissenschaft eine besondere Methode in Anspruch nehmen«, – und das seien bei weitem nicht alle – »nicht die geringste Übereinstimmung hinsichtlich dieser ›philosophischen Methode‹ obwaltet«.[2]

Diese Feststellung erscheint um so betrübender, als er kurz vorher zugestehen muß, daß nicht einmal für den Gegenstand der philosophischen Untersuchungen ein gleichbleibendes Merkmal festgestellt werden kann.

Man fragt sich nach alledem, was solche Philosophen von ihrer eigenen Wissenschaft eigentlich noch halten. Zum mindesten aber bleibt bei diesem Zustand der Anarchie die Frage unentschieden, ob die Mißachtung, die einer philo-

2 Wilhelm Windelband: Präludien, Seite 9. Freiburg und Tübingen 1884.

sophischen Lehre zuteil wird, schon deren wissenschaftlichen Unwert beweist. Denn wie will man hoffen, den wissenschaftlichen Wert oder Unwert einer philosophischen Leistung beurteilen zu können, wenn es für die Urteilenden allgemeingültige wissenschaftliche Kriterien überhaupt nicht gibt?

Und dabei liegt es nicht etwa so, daß die Mannigfaltigkeit der *Resultate* den Philosophen die Aufstellung eines Leitfadens für ihre Wissenschaft erschwert hat. Im Gegenteil, die großen philosophischen Wahrheiten sind im Grunde von jeher das Gemeingut aller bedeutenden Denker gewesen. Hier war also ein gemeinsamer Ausgangspunkt gegeben. Aber die Begründung dieser Resultate nach eindeutigen, die Willkür ausschließenden Regeln vorzunehmen, sich auch nur die hier vorliegende methodische Aufgabe mit Bestimmtheit und Schärfe zu stellen, dieses öffentliche Interesse der Philosophie hat noch so wenig Achtung gefunden, daß wir uns nicht wundern dürfen, wenn die Bemühungen einzelner um die Befriedigung dieses Interesses vergebliche Anstrengungen geblieben sind.

In der Tat: Das Lebenswerk eines SOKRATES und eines KANT, das im Dienst dieser methodischen Aufgabe stand, es hat unermeßlichen historischen Ruhm geerntet. Aber es ist in seiner revolutionären Bedeutung für den Aufbau der Philosophie als Wissenschaft unfruchtbar und wirkungslos geblieben.

Zweimal bestand in der Geschichte der Philosophie die Aussicht, die Philosophie aus dem Stadium des Herumtappens auf den sicheren Weg der Wissenschaft zu bringen. Den ersten mutigen Versuch hat das Altertum mit dem Tode bestraft. Als Verführer der Jugend ist SOKRATES verurteilt worden. Die Neuzeit verschmäht den Ketzertod. Sie hat ihr Urteil abgegeben, indem sie – um noch einmal WINDELBAND das Wort zu geben – über KANT »hinausgegangen« ist.[3]

3 Ebenda, Seite VI.

Und dabei bedarf es zur Würdigung der Bedeutung dieser beiden Männer nicht etwa erst einer künstlichen Interpretation. Sie haben diesen Sinn ihrer Bemühungen selbst ausdrücklich und unablässig betont. SOKRATES hat, wie jedermann weiß, kein System aufgestellt. Er hat wieder und wieder sein Nicht-Wissen zugestanden. Er ist jeder Behauptung entgegengetreten mit der Aufforderung, den Grund ihrer Wahrheit zu suchen. Er hat, wie es in der »Apologie« heißt, seine Mitbürger »ausgefragt, geprüft und ins Gebet genommen«[4], nicht um ihnen lehrend eine neue Wahrheit zu vermitteln, sondern nur, um ihnen den Weg zu zeigen, auf dem sie sich finden läßt.

Seine ethische Lehre, sofern dieser Name überhaupt auf seine Untersuchungen anwendbar ist, gründet sich auf den Satz, daß Tugend lehrbar ist, in bestimmterer Sprache, daß Ethik Wissenschaft ist. Er hat diese Wissenschaft nicht aufgebaut, weil die Vorfrage ihn nicht losließ: *Wie* gelange ich zum Wissen über die Tugend? An dieser Vorfrage hat er festgehalten. Er hat den Mangel an fruchtbaren Ergebnissen gelassen hingenommen ohne eine Anwandlung von Skepsis hinsichtlich der Richtigkeit seiner Methode, unbeirrbar in der Überzeugung, trotz allem mit seinen Fragen auf dem allein richtigen Wege zu sein.

Die gesamte nachfolgende Philosophie steht völlig ratlos vor dieser denkwürdigen Tatsache – mit der einzigen Ausnahme PLATONS. PLATON hat die Methode des SOKRATES aufgenommen und beibehalten, auch dann noch, als seine eigenen Forschungen ihn längst über die Ergebnisse seines Lehrers hinausgeführt hatten. Er hat sie aufgenommen mit all ihren Unvollkommenheiten. Er hat ihre Schwächen und Härten nicht beseitigt, gewiß nicht aus Pietät gegen das Andenken des Lehrers, sondern weil er selbst dieser Mängel nicht Herr wurde. Ihn leitete, wie SOKRATES selbst, das

4 Platon: Apologie des Sokrates (übersetzt von OTTO APELT), Seite 44. Leipzig 1919.

Wahrheitsgefühl. Er, der so kühn mit dem Gehalt der sokratischen Philosophie schaltete, daß die philosophischen Philologen sich noch heute streiten, was sokratisch, was platonisch an der Lehre des PLATON ist – der aber diese Kühnheit zur Huldigung wandelte, indem er all seine Entdeckungen seinem großen Lehrer in den Mund legte –, er hat ihm die größere Huldigung dargebracht, indem er diese Entdeckungen in die unausgeglichene, oft schleppende, oft abwegige Form des sokratischen Gesprächs kleidete, mit seines Lehrers Fehlern die eigene Lehre belastend. Er hat dadurch freilich zugleich den noch ungehobenen Schatz geborgen und damit der Nachwelt die Möglichkeit gegeben, sich seiner von neuem zu bemächtigen und seinen Reichtum zu entfalten.

Vergeblich! Heute, nach zweitausend Jahren, ist das Urteil über SOKRATES unsicherer und geteilter denn je. Dem Urteil eines Sachkenners wie JOËL, daß SOKRATES »der erste und vielleicht der letzte ganz echte, ganz *reine Philosoph*«[5] war, steht das Urteil HEINRICH MAIERS gegenüber, der sagt, »daß man SOKRATES zu dem gestempelt hat, was er ganz gewiß *nicht* war, zum Philosophen«.[6]

Dieser Zwiespalt des Urteils hat seine Wurzel in der Unangemessenheit der Kritik. Diese Kritik übt ihren Scharfsinn noch immer an den Ergebnissen der sokratischen Philosophie, Ergebnissen, die, weil sie nicht selbständig überliefert, vielleicht von SOKRATES überhaupt niemals festgehalten worden sind, den widerstreitendsten Deutungen ausgesetzt bleiben. Wo aber die Kritik die Methode streift, da haftet ihr Lob an Trivialitäten, oder sie verlegt doch den Wert der sokratischen Methode allein in die Persönlichkeit des SOKRATES, wie es das Urteil von WILAMOWITZ bezeugt, in dessen »Platon« wir lesen: »Die sokratische Methode ohne SOKRATES ist nicht mehr, als die Pädagogik zu sein

5 Karl Joël: Geschichte der antiken Philosophie, Seite 770. Tübingen 1921.
6 Heinrich Maier: Sokrates, Seite 157. Tübingen 1913.

pflegt, die einem Seelenführer von Gottes Gnaden abguckt, wie er sich räuspert und wie er spuckt, seine angebliche Methode auf Flaschen zieht und dann meint, das Wasser des Lebens auszuschenken.«[7]

Wenn das lebendige, am Einzelproblem sich entfaltende Philosophieren des Sokrates keine Nacheiferer gefunden hat, so ist es nicht zu verwundern, daß der Wahrheitsgehalt der weit abstrakteren methodischen Untersuchungen Kants nicht aufgefaßt und aufgenommen worden ist – abgesehen von den wenigen, die seine Lehre verstanden und fortgebildet haben, aber ihrerseits vollends vom übermächtigen Zeitgeist in den Hintergrund gedrängt und von der Geschichte übergangen worden sind.

Es fehlte alles, daß man in der kritischen Methode Kants die Wiederaufnahme des sokratisch-platonischen Philosophierens entdeckte, alles, daß man die Kritik der reinen Vernunft als »Traktat von der Methode« nahm, als den ihr Urheber selbst sie nach seinen eigenen Worten hat verstanden wissen wollen.[8] Kant hat außer diesem Traktat von der Methode ein System aufgebaut. Er hat die weiten Gebiete der Philosophie durch eine Fülle von Resultaten bereichert. Um diese Resultate ist der Kampf entbrannt; aber die Hoffnung auf einen befriedigenden Austrag war trügerisch, solange man es unterließ, den erfinderischen Weg nachzuprüfen, auf dem Kant zu seinen Resultaten vorgedrungen war. Der Dogmatismus blieb in der Herrschaft, ja er triumphierte mehr denn je in willkürlichen Systembildungen, die, eins das andere an Phantasterei überbietend, dem nüchternen und kritischen Philosophieren des Kantischen Zeitalters das öffentliche Interesse völlig entfremdeten. Was an Bruchstücken von Kants Ergebnissen auf diesen ihnen fremden Boden verpflanzt wurde, konnte hier

7 Ulrich von Wilamowitz-Moellendorff: Platon, erster Band, Seite 108. Berlin 1919.

8 Kant: Kritik der reinen Vernunft, Vorrede zur zweiten Ausgabe. (Reclamsche Ausgabe, Seite 21.)

doch zu keinem gesunden Leben gedeihen und erhielt sich nur künstlich dank der die Philosophie verdrängenden Liebhaberei für die Geschichte der Philosophie.

Warum, so fragt KANT, ist dem »Skandal« nicht vorgebeugt, der »über kurz oder lang selbst dem Volke aus den Streitigkeiten aufstoßen muß, in welche sich Metaphysiker ... ohne Kritik unausbleiblich verwickeln«?[9]

Offenbar ist es das Ziel jeder Wissenschaft, die ihr vorliegenden Urteile zu begründen durch Zurückführung auf allgemeinere Sätze, die ihrerseits gesichert werden müssen, um dann, von diesen Grundsätzen aus vorwärtsschreitend, mit Hilfe logischer Folgerungen das System der Wissenschaft aufzubauen. Dieser Aufbau der Wissenschaften, so schwierig er im einzelnen sein mag, vollzieht sich grundsätzlich bei ihnen allen nach der gleichen Methode, der des progressiven Schließens. Die eigentlich methodischen Probleme liegen in jeder Wissenschaft da, wo der Rückgang vom Besonderen zum Allgemeinen vollzogen werden muß, wo es darum geht, sich der obersten Sätze, der allgemeinsten Prinzipien zu versichern.

Die glänzende Entwicklung der mathematischen Wissenschaft und ihr allgemein zugestandener Vorsprung erklärt sich daraus, daß ihre Grundsätze – ich sehe hier einstweilen von dem Problem der Axiomatik ab – sich dem Bewußtsein leicht anbieten, daß sie anschaulich klar und dadurch völlig einleuchtend sind, so einleuchtend, daß – wie neulich HILBERT an dieser Stelle bemerkte – die mathematische Einsicht jedermann aufgezwungen werden kann. Ja der Mathematiker ist nicht einmal genötigt, den Rückgang zu diesen Prinzipien erst künstlich zu vollziehen. Er kann von willkürlichen Begriffsbildungen ausgehen, über die Bildung dieser Begriffe hinaus getrost zu Urteilen fortschreiten, kurz, er kann unmittelbar systematisch und in diesem Sinne dogmatisch verfahren. Er kann dies, weil er in der Konstru-

9 a.a.O., Seite 28.

ierbarkeit der Begriffe ein Kriterium ihrer Realität besitzt, ein sicheres Kennzeichen dafür, daß sich seine Theorie nicht etwa auf bloße Fiktionen bezieht.

Schon die Naturwissenschaften genießen diesen Vorzug nicht. Die Gesetze, die den Erscheinungen der Natur zugrunde liegen, können nur erschlossen werden auf dem Weg der sogenannten Induktion. Aber da diese von der Beobachtung von Tatsachen ausgeht, deren Erkenntnis sie im Experiment von Zufälligkeiten befreit, da ferner alle Vorgänge in Raum und Zeit als solche der mathematischen Berechnung zugänglich sind, da endlich die gewonnenen Lehrsätze als Erfahrungssätze durch bestätigende oder widerstreitende Erfahrungen kontrollierbar sind, so haben die Naturwissenschaften im engen Anschluß an die Mathematik den Aufstieg zur Wissenschaft auch ihrerseits vollzogen. Wo dieser Anspruch, wie in der Biologie, noch bestritten wird, da handelt es sich um die Frage der metaphysischen Voraussetzungen innerhalb der induktiven Wissenschaften, und da zeigt sich dann freilich gleich die Verwirrung, die wir überall antreffen, wo wir in das Gebiet der Philosophie hinübertreten.

Die Philosophie beruht in ihren Grundsätzen nicht auf einleuchtenden Wahrheiten. Die Grundsätze sind in ihr vielmehr das Dunkelste, Unsicherste und Umstrittenste. Einigkeit herrscht nur da, wo es sich um die konkrete Anwendung dieser Sätze handelt. Aber wo es darum geht, von dem besonderen Fall der Anwendung abzusehen und die Grundsätze aus ihrer Verbindung mit der Erfahrung zu lösen, sie also in voller Abstraktheit aufzustellen, da verliert sich der Weg des Suchenden im metaphysischen Dunkel, wenn nicht schon das künstliche Licht der Methode ihm leuchtet.

Unter diesen Umständen möchte man erwarten, daß das Problem der Methode bei niemandem so in dem Vordergrund des Interesses zu finden sei wie bei dem Philosophen. Doch ist zu bedenken, daß die eben angestellte

Erwägung ihrerseits ja schon durch einen methodischen Gesichtspunkt bedingt ist, indem sie vor aller eigentlichen philosophischen Spekulation die Frage aufwirft nach dem Wesen der philosophischen Erkenntnis, und durch diese Vorfrage erst Licht fällt auf die den eigentlichen Inhalt der Philosophie angehenden Probleme.

Lassen Sie uns an dieser Stelle einen Augenblick Halt machen und vorerst den Begriff der Methode, der uns hier beschäftigt, ein wenig schärfer ins Auge fassen. Was sollen wir uns eigentlich unter einer Methode vorstellen, die das Denken der Philosophen unter ihre Regeln zwingt? Es ist hier offenbar von etwas anderem die Rede als nur von den Denkregeln der Logik. Denn die Befolgung der logischen Gesetze ist eine unerläßliche Voraussetzung für jede Wissenschaft, und das die philosophische Methode auszeichnende Moment kann daher nicht darin gefunden werden, daß sie sich der Hilfsmittel der Logik bedient. Das hieße die ihr zufallende Leistung zu eng begrenzen. Nun darf man andererseits die Anforderungen an sie nicht zu weit spannen und ihr nicht das Unmögliche zutrauen, den Gehalt der philosophischen Erkenntnis schöpferisch zu vermehren.

Was die philosophische Methode leisten soll, ist nichts anderes, als jenen Rückgang zu den Prinzipien zu sichern, der ohne ihren Leitfaden nur ein Sprung ins Dunkle wäre, mit dem wir denn nach wie vor an die Willkür verloren blieben.

Aber wie soll man auch nur die für die Entdeckung eines solchen Leitfadens hinreichende Klarheit finden, da doch vor der Hand hier nichts klar ist als eben nur die Urteile, die den Einzelfall betreffen und für die der konkrete Verstandesgebrauch ausreicht, wie er in jedem Erfahrungsurteil der Wissenschaft und des täglichen Lebens gehandhabt wird? Wie soll, wenn man diese Urteile hinter sich läßt, überhaupt noch eine Orientierung gelingen?

Die Schwierigkeit, die hier vorzuliegen scheint, verschwindet bei kritischer Prüfung jener Erfahrungsurteile.

In jedem einzelnen dieser Urteile liegt neben den einzelnen Daten, wie sie die Beobachtung liefert, in der Form der Beurteilung selbst eine Erkenntnis verborgen, die nur nicht als solche gesondert aufgefaßt wird und vermöge deren wir eben jenes gesuchte Prinzip in der Tat schon voraussetzen und anwenden.

Um ein triviales Beispiel zu geben:

Wollten wir hier über die Bedeutung des metaphysischen Begriffs der Substanz diskutieren, so würden wir voraussichtlich in einen aussichtslosen Streit geraten, in dem die Skeptiker alsbald die Oberhand gewinnen möchten. Wenn aber am Schluß unserer Diskussion ein solcher Skeptiker seinen Mantel, den er beim Eintreten neben der Tür aufgehängt hat, dort nicht mehr vorfindet, so wird er sich mit dem Verlust seines Mantels schwerlich schon dadurch abfinden, daß der für ihn mißliche Verlust ja nur seinen philosophischen Zweifel an der Beharrlichkeit der Substanz bestätigt. Wie jeder andere, der einen Gegenstand sucht, den er verloren hat, setzt er in seinem Urteil, das ihn zum Suchen bestimmt, die allgemeine Wahrheit voraus, daß kein Ding zu Nichts werden kann, und wendet dabei, ohne sich des Widerspruchs mit seiner Doktrin bewußt zu sein, den metaphysischen Satz von der Beharrlichkeit der Substanz an.

Oder: Wenn wir über die Allgemeingültigkeit der Rechtsidee diskutieren wollten, so würde wohl auch diese Diskussion das gleiche Schicksal erleiden und durch ihren Verlauf wiederum dem Skeptiker recht zu geben scheinen, der die Allgemeingültigkeit ethischer Wahrheiten bestreitet.

Wenn dieser Skeptiker aber heute abend in seiner Zeitung liest, daß die Landwirte noch immer mit der Ablieferung des Brotgetreides zögern, um die Konjunktur des Getreidemarktes auszunutzen, und daß daher das Brot demnächst wieder gestreckt werden muß, so wird er nicht leicht geneigt sein, mit seiner Entrüstung darum zurückzuhalten, weil ja für den Produzenten und den Konsumenten kein gemeinsames Recht gilt. Er verurteilt wie jeder andere den Wucher und beweist damit, daß er faktisch die metaphysische Voraussetzung der Gleichheit des Anspruchs auf Interessenbefriedigung, unabhängig von der Gunst oder Ungunst der persönlichen Lage, anerkennt.

Ähnlich bei allen anderen Erfahrungsurteilen.

Stellen wir die Frage nach den Bedingungen ihrer Möglichkeit, so stoßen wir auf allgemeinere Sätze, die den Grund der gefällten Einzelurteile bilden. Wir gehen durch Zergliederung zugestandener Urteile zurück zu ihren Voraussetzungen. Wir verfahren regressiv, indem wir von den Folgen zu den Gründen aufsteigen. Bei diesem Regreß abstrahieren wir von den zufälligen Tatsachen, auf die sich das Einzelurteil bezieht, und heben durch diese Absonderung die ursprünglich dunkle Voraussetzung heraus, auf die jene Beurteilung des konkreten Falles zurückgeht. Die regressive Methode der Abstraktion, die zur Aufweisung der philosophischen Prinzipien dient, erzeugt also nicht neue Erkenntnisse, weder von Tatsachen noch von Gesetzen. Sie bringt nur durch Nachdenken auf klare Begriffe, was als ursprünglicher Besitz in unserer Vernunft ruhte und dunkel in jedem Einzelurteil vernehmlich wurde.

Doch es scheint, als wenn uns diese Erörterung weit von unserem eigentlichen Thema entfernt habe, das der Methode des philosophischen *Unterrichts* gilt.

Lassen Sie uns daher die Verbindung aufnehmen. Wir haben gefunden, daß die Philosophie der Inbegriff jener allgemeinen Vernunftwahrheiten ist, die nur durch Denken klar werden. Philosophieren ist demnach nichts anderes, als mit Hilfe des Verstandes jene abstrakten Vernunftwahrheiten zu isolieren und in allgemeinen Urteilen auszusprechen.

Was folgt daraus für den philosophischen Unterricht?

Jene allgemeinen Wahrheiten lassen sich, sofern sie in Worten ausgesprochen werden, zu Gehör bringen. Aber sie werden darum keineswegs eingesehen. Einsehen kann sie nur derjenige, der von ihrer Anwendung ausgeht in Urteilen, die er selbst fällt, und der dann, indem er selbst den Rückgang zu den Voraussetzungen dieser Erfahrungsurteile vollzieht, in ihnen seine eigenen Voraussetzungen wiedererkennt.

Man kann daher nicht Philosophie, den Inbegriff dieser philosophischen Prinzipien, unterrichtend vermitteln, wie man etwa geschichtliche Tatsachen vermitteln kann, ja wie sich selbst geometrische Grundsätze vermitteln lassen. Tatsachen der Geschichte können als solche überhaupt nicht eingesehen werden. Sie können nur zur Kenntnis genommen werden.

Und die Grundsätze der *Mathematik* lassen sich freilich einsehen, aber ihre Einsicht bedarf nicht des Umweges über den eigenen erfinderischen Gedankengang. Sie sind unmittelbar klar, sobald nur überhaupt die Aufmerksamkeit auf ihren Inhalt gerichtet wird. Greift daher hier ein Lehrer dem selbständigen Forschen des Schülers vor, indem er jene Grundsätze vorträgt, so tut das ihrer Klarheit keinen Abbruch. Der Schüler *kann* hier folgen, selbst wenn er den erfinderischen Weg zu ihnen hin nicht selbst durchläuft. Wieweit ein solcher Unterricht Sicherheit bietet, daß der Schüler *wirklich* mit Verständnis folgt, bleibt freilich eine eigene Frage.

Aber wer nach dieser Art *Philosophie* vorträgt, behandelt sie wie eine Wissenschaft von Tatsachen, die man zur Kenntnis nimmt, und so trägt er in Wahrheit bestenfalls nur *Geschichte* der Philosophie vor. Denn was er übermittelt, ist nicht die philosophische Wahrheit selbst, sondern nur die Tatsache, daß er oder ein anderer dieses oder jenes für eine philosophische Wahrheit hält. Indem er aber doch den Anspruch erhebt, damit Philosophie zu lehren, betrügt er im Grunde sich selbst und seine Schüler.

Wer im Ernst philosophische Einsicht vermitteln will, kann nur die Kunst des Philosophierens lehren wollen. Er kann seine Schüler nur anleiten, selbst den beschwerlichen Rückgang anzustellen, der allein die Einsicht in die Prinzipien gewährt. Soll es also überhaupt so etwas wie philosophischen Unterricht geben, so kann es nur Unterricht im Selbstdenken sein, genauer: in der selbständigen Handhabung der Kunst des Abstrahierens. Und so verstehen wir nunmehr die von mir eingangs aufgestellte Behauptung, daß die sokratische Methode als philosophische Unterrichtsmethode die Kunst sei, nicht Philosophie, sondern Philosophieren zu lehren. Aber wir haben bereits weit mehr gewonnen. Wir wissen zugleich, daß diese Kunst, wenn sie gelingen soll, von den Regeln der regressiven Methode gelenkt werden muß.

Es steht freilich noch die Nachprüfung der Nebenfrage aus, ob diese allein angemessene philosophische Unterrichtsmethode mit Recht den Namen der sokratischen führt. Denn was ich vorhin über die Bedeutung des Sokrates gesagt habe, bezog sich nur auf die Tatsache seines methodischen Vorgehens überhaupt.

Da steht es nun zunächst fest, daß die Lehrweise des Sokrates von Fehlern strotzt. Jeder intelligentere Gymnasiast beanstandet, daß Sokrates in den platonischen Dialogen an den entscheidenden Stellen Monologe hält und daß der Schüler fast nur ein Jasager ist, von dem man, wie Fries bemerkt, nicht einmal immer recht sieht, wie er zu seinem »Ja« kommt.[10] Und zu diesen didaktischen Mängeln treten schwere philosophische Fehler hinzu, so daß die ablehnenden Urteile der Mitunterredner vielfach unsere Zustimmung finden.

Aber um hier zur Entscheidung über Wahrheit und Irrtum, Wert und Unwert zu kommen, lassen Sie uns noch einmal auf Platons Darstellung zurücksehen. Niemand hat mit größerer Objektivität und tieferer Menschenkenntnis die Lehrweise des Sokrates und ihre Wirkung auf seine Schüler beurteilt. Wo immer sich ein Widerstand im Leser regt gegen die Weitschweifigkeit oder Spitzfindigkeit der

10 Fries: Die Geschichte der Philosophie, erster Band, Seite 253. Halle 1837.

Gesprächsführung, gegen die Eintönigkeit der Ableitungen, gegen die Ergebnislosigkeit des Wortkampfes, da bricht auch schon in einem der Gesprächsteilnehmer der gleiche Widerstand aus. Mit welchem Freimut läßt nicht PLATON die Schüler ihr Mißfallen, ihre Zweifel, ihre Langeweile äußern – ich erinnere Sie nur an die Schmähungen des KALLIKLES im »Gorgias«[11] –, ja PLATON läßt Gespräche abbrechen, weil den Teilnehmern die Geduld ausgeht, und keineswegs neigt sich beim Leser die Entscheidung allemal zugunsten des SOKRATES. Aber was enthüllt diese Kritik anderes als die souveräne Sicherheit, mit der PLATON zu der Methode seines Lehrers steht trotz aller ihrer Gebrechen? Gibt es einen stärkeren Beweis für die Gewißheit vom inneren Wert einer Sache, als sie darzustellen mit all ihren Unvollkommenheiten, getrost darauf bauend, daß sie sich bewähren wird? Es besteht hier bei PLATON kein anderes Verhältnis zu dem Werk seines Lehrers, als es zu dessen Person – in der bekannten Rede im »Symposion« – ALKIBIADES bekundet, wenn ihm die körperlich plumpe Erscheinung des SOKRATES dazu dient, durch die Kontrastierung mit dem inneren Wesen des Mannes dessen edle Persönlichkeit nur desto schöner erstrahlen zu lassen, indem er ihn jenen Silenen vergleicht, die in ihrem Inneren Götterbilder enthalten.

Aber worin liegt nun das Positive der sokratischen Leistung? Wo finden wir in ihr die Ansätze der Kunst, das Philosophieren zu lehren?

Gewiß nicht in dem bloßen Übergang von der Rhetorik der Sophisten zum Wechselgespräch mit den Schülern, ganz abgesehen davon, daß, wie ich schon sagte, des SOKRATES Fragen meist nur Suggestivfragen sind, auf die er nichts anderes einholt, als: »Unzweifelhaft, mein SOKRATES!« – »Wahrlich, beim Zeus, so ist es! Wie sollte es anders sein?«

11 Platon: Gorgias (übersetzt von OTTO APELT), Seite 92ff., Seite 114. Leipzig 1914.

Aber selbst wenn die Unbeholfenheit und die eigene philosophische Leidenschaft des Sokrates dem Schüler größere Selbsttätigkeit gelassen hätte, wir müssen doch erst fragen, welches denn überhaupt die tiefere Bedeutung des Gesprächs im philosophischen Unterricht ist und was ihre Anwendung im platonischen Dialog lehrt.

Wir finden das Gespräch als Kunstform beim Dichter im Drama und im Roman, und als Unterrichtsform zum Zweck der Belehrung. Begrifflich lassen sich diese Formen trennen; in Wirklichkeit aber stellen wir an jedes Gespräch die Forderung der Lebendigkeit, Klarheit und Schönheit der Wechselrede, wie auch die der Parteinahme für die Wahrheit, der Entschiedenheit und der Überzeugungskraft. Wir wollen – wenn auch das Schwergewicht jeweils verschieden gelagert ist – im Künstler den Lehrer und im Lehrer den Künstler erkennen.

Nun aber müssen wir hier noch unterscheiden zwischen dem schriftlich niedergelegten Gespräch – mag dieses auch die Wiedergabe eines wirklichen sein – und dem Gespräch, das lebende Menschen führen.

Gespräche, die niedergeschrieben werden, büßen ihr ursprüngliches Leben ein »wie die Blume in des Botanikers blecherner Kapsel«. Soll das niedergelegte Gespräch dennoch befriedigen, so muß die Atmosphäre vergeistigt und gereinigt, die Ansprüche müssen gesteigert werden, und es können dann solche seltsamen und wunderbaren Leistungen entstehen wie das Gespräch des Großinquisitors, das er mit einem schweigenden Gegner führt, der ihn schweigend besiegt.

Doch das Gespräch als Lehrform drängt dahin, die Annäherung an wirkliche Menschen zu wahren, da es sonst seine Aufgabe, Beispiel und Anleitung zu sein, im Stich läßt. Die Augenblicksform aber eines wirklichen Gesprächs mit seinen Unstetigkeiten im Spiegel der schriftlichen Wiedergabe aufzufangen, die Mitte zu halten zwischen bloßer Sinntreue und bloßer Worttreue, das bedeutet eine Aufgabe, deren Lösung vielleicht didaktisch gelingen kann, aber darum, weil sie einem bestimmten Zweck dient, den Ansprüchen der freien Schönheit nur selten genügt und darum insgesamt fast immer einen zwiespältigen Eindruck hinterläßt. Ich kenne in der Literatur nur wenig belehrende Gespräche, bei denen dieser Mißklang wenigstens teilweise aufgehoben ist. Ich denke z.B. an einige Teile der bekannten drei Gespräche von SOLOWJEFF, ferner an den sokratischen Dialog, mit dem der amerikanische Sozialist BELLAMY seinen Lehrroman »Gleichheit« einleitet, und nicht zum wenigsten an die den echt sokratischen Geist treffenden Gespräche in AUGUST NIEMANNS Roman »Bakchen und Thyrsosträger«.

Zu der eben gekennzeichneten Schwierigkeit tritt nun aber noch das weitere, tiefer liegende Bedenken, daß die schriftliche Aufzeichnung des entwickelnden Lehrgesprächs an der Grenze des Widersinns steht. Denn indem das aufgezeichnete Gespräch das Problem samt seiner Lösung darbietet, übertritt es gegenüber dem Leser das Gesetz der Selbsttätigkeit und Ehrlichkeit, bringt also, wie SOKRATES im »Phaidros« sagt, dem Lehrling »von der Weisheit ... nur den Schein bei, nicht die Sache selbst«.[12] Sinnvoll ist eine solche Aufzeichnung daher nur für den, dem sie das Erinnerungsbild seiner eigenen geistigen Arbeit ist. Für alle anderen wird sie zum Hemmnis ihrer Einsicht – verführt zu der einfältigen Meinung, daß, wie SOKRATES weiter sagt, »etwas Deutliches und Sicheres durch die Buchstaben kommen könne«.[13] – Auch PLATON spricht von seiner eigenen, »heiligen Scheu«[14] vor der schriftlichen Niederlegung seiner Gedanken.

»Es läßt sich nicht in Worte fassen ... Ein dahin gerichteter Versuch bringt schwerlich einen Gewinn für die Men-

12 Platons Werke (übersetzt von SCHLEIERMACHER), erster Band, Seite 162. Berlin 1817.

13 Ebenda, Seite 163.

14 Platon: Briefe. A.a.O., Seite 77.

schen, höchstens für die wenigen, die auf einen kleinen Wink hin selbst imstande sind, es zu finden; die übrigen aber würden dadurch sehr zum Schaden der Sache teils mit einer übel angebrachten Verachtung der Philosophie erfüllt werden, teils mit einem ganz übertriebenen und hohlen Selbstbewußtsein, als wären sie im Besitze wer weiß welcher hohen Weisheit.«[15] »Wenn man auf schriftliche Auslassungen stößt, sei es von einem Gesetzgeber zur Erläuterung von Gesetzen oder sonst auf Schriften irgendwelcher Art, so war diese Schriftstellerei, wenn anders« der Autor »selbst ein ernsthafter Mann ist, nicht sein voller Ernst, mag es auch unter dem, was ihm gehört, an den schönsten Platz gestellt sein; hat er das aber wirklich in vollem Ernst als Schriftwerk veröffentlicht, dann haben – zwar nicht Götter, wohl aber – sterbliche Menschen ihn aller Besinnung beraubt.«[16]

Wir müssen uns dieses Zwiespalts bewußt bleiben, wenn wir in dem platonischen Dialog danach forschen, wie SOKRATES seine pädagogische Aufgabe gelöst hat.

Ein ihm allgemein zugestandener Erfolg besteht zunächst darin, daß er durch seine Fragen die Schüler zum Eingeständnis ihrer Unwissenheit bringt und damit dem Dogmatismus bei ihnen die Wurzel durchschneidet.

Dieser in der Tat auf keine andere Weise zu *erzwingende* Erfolg ist es, worin sich der Sinn des Gesprächs als Unterrichtsform offenbart. Anregung zum Selbstdenken kann, zumal bei reiferen Schülern, auch vom Vortrag ausgehen. Aber zu welcher Anlockung auch solche Anregung sich steigern mag, *unwiderstehlich* ist sie nicht. Erst die Nötigung, sich auszusprechen, sich auf jede Querfrage einzulassen und über die Gründe jeder Behauptung Rechenschaft abzulegen, verwandelt die Macht jener Lockung in einen unwiderstehlichen Zwang. Diese Kunst, zur *Freiheit* zu

15 Ebenda, Seite 72.
16 Ebenda, Seite 76 f.

zwingen, macht das erste Geheimnis der sokratischen Methode aus.

Aber, in der Tat, auch nur das erste. Denn sie führt den Schüler nur bis zur Preisgabe der Vorurteile, zur Einsicht in sein Nicht-Wissen, dieser negativen Bedingung alles wahren und sicheren Wissens.

Von dieser höheren Stufe des Nicht-Wissens aus leitet Sokrates nun keineswegs das Gespräch hinüber zu den metaphysischen Problemen, sondern er verlegt jedem Versuch der Schüler, unmittelbar zu ihnen vorzudringen, den Weg durch die Aufforderung, sich vorher über das Treiben der Weber, der Hufschmiede, der Wagenführer zu verständigen. Wir erkennen in dieser Anlage des Gesprächs den philosophischen Instinkt für die allein richtige Methode, den Beobachtungen des täglichen Lebens erst ihre allgemeinen Voraussetzungen abzufragen und so von dem sicheren Urteil zu dem weniger gesicherten zu gelangen.

Erstaunlich, welchem Unverständnis heute noch immer dieser einfache methodische Leitgedanke begegnet. So z.B. wenn behauptet wird, daß in der Anknüpfung an die Angelegenheiten des täglichen Lebens nur das praktische Interesse des Sokrates an der sittlichen Aufrüttelung seiner Mitbürger zum Ausdruck komme. Nein, wäre Sokrates mehr Naturphilosoph gewesen als Ethiker, er hätte seine Spekulationen in der gleichen Weise eingeleitet.

Man versteht die sokratische Methode ebensowenig, wenn man in ihrem Rückgang vom Besonderen zum Allgemeinen einen Rück*schluß* sieht und sie damit der induktiven Methode gleichsetzt. Sokrates ist nicht, wie schon Aristoteles ihm nachrühmt, der Erfinder der Induktion. Er verfolgt vielmehr die Bahn der Abstraktion, die das Wissen, das wir schon besitzen, nur durch Denken ins Bewußtsein hebt. Hätte Aristoteles mit seiner Interpretation recht, so dürften wir uns über das Scheitern der sokratischen Bemühungen nicht wundern. Denn ethische Prinzipien lassen sich nicht aus Beobachtungstatsachen erschließen.

In der Tat: In der Durchführung *ist* SOKRATES gescheitert. Denn so sicher ihn sein Wahrheitsgefühl führt, soweit es sich um die Einleitung der Abstraktion handelt, so laufen doch weiterhin so viel irrige methodische Ideen unter, daß der Erfolg des fortschreitenden Gesprächs fast immer vereitelt wird.

Denn bei der Loslösung von dem Besonderen der Beobachtung richtet SOKRATES auf der Suche nach den allgemeineren Wahrheiten seine Aufmerksamkeit einseitig auf die allgemeinen Merkmale, wie wir sie im Begriff denken, und setzt alles daran, diese Begriffe durch Definitionen festzulegen. In der Tat: Ohne Begriffe keine deutliche Einsicht in die allgemeinen Vernunftwahrheiten; aber Begriffserklärungen und Erörterungen über das Verhältnis der Begriffe reichen nicht hin, um den Gehalt jener synthetischen Wahrheiten zu fassen, nach denen er eigentlich sucht.

Was den SOKRATES auf seinem unfruchtbaren Weg festhält, ist ein Fehler, der erst bei PLATON greifbar hervortritt und der platonischen Ideenlehre ihren zwiespältigen, halb mystischen, halb logizistischen Charakter verliehen hat. Nach der Voraussetzung dieser Lehre sind die Begriffe die Abbilder der Ideen als des wahrhaft Seienden. Und so kommt es, daß die sokratisch-platonischen Dialoge in der Klarstellung der Begriffe die höchste Stufe wissenschaftlicher Erkenntnis suchen.

Es ist für uns Rückschauende nicht schwer, den Fehler zu nennen, der hier das Abirren vom richtigen Weg verursacht hat und der in seinem Gefolge die für die wissenschaftliche Entwicklung der Metaphysik erforderliche Durchbildung der Abstraktion hintan gehalten hat. Aber nicht dem Nachweis der Mängel gilt hier unser Interesse. Es gilt vielmehr, in dem systematisch unvollständigen, mit Irrtümern belasteten, ersten Entwurf einer auf kritische Selbstbesinnung abzielenden Philosophie die kühnen und sicheren Ansätze festzuhalten, in denen sich der Weg zu der philosophischen Wahrheit eröffnet hat.

Sokrates ist der erste, der, getragen von dem Vertrauen in die Kraft des menschlichen Geistes, die philosophische Wahrheit zu erkennen, mit diesem Vertrauen die Überzeugung verbindet, daß nicht Einfälle oder äußere Lehre uns diese Wahrheit erschließen, sondern daß nur planmäßiges unablässiges Nachdenken in der gleichen Richtung uns aus dem Dunkel zu ihrem Licht führt.

Hier liegt seine philosophische Größe. Seine pädagogische Größe liegt darin, daß er, wiederum als erster, die Schüler auf diesen Weg des Selbstdenkens weist und nur durch den Austausch der Gedanken eine Kontrolle einführt, die der Selbstverblendung entgegenwirkt.

Halten wir hieran fest, dann bleibt die sokratische Methode trotz all ihrer Mängel die alleinige Methode des philosophischen Unterrichts, so daß wir sagen müssen: Es ist an allem philosophischen Unterricht nichts, wenn er gegen die methodischen Grundforderungen des Sokrates verstößt.

Freilich mußte die Lehre von der Wiedererinnerung, deren Wahrheit den eigentlichen und tiefsten Grund für die Möglichkeit und Notwendigkeit der sokratischen Methode bildet, erst im Fortgang der philosophischen Erkenntnis von der Umschlingung durch die platonische Mystik befreit werden. Diese Befreiung ist nach zwei Jahrtausenden gelungen durch die Errungenschaften der kritischen Philosophen Kant und Fries, die der regressiven Methode der Abstraktion die Vollendung gaben, darüber hinaus aber die Ergebnisse der Abstraktion, die zwar als Prinzipien keines Beweises fähig sind, aber doch als Urteile noch begründungsbedürftig bleiben, durch die Methode der sogenannten *Deduktion* sicherstellten.

In dem Gedanken dieser Deduktion, die freilich erst Fries wirklich gelungen ist, hat die Lehre von der Wiedererinnerung ihre Auferstehung erlebt. Ja es ist nicht zuviel behauptet, daß hier der sokratisch-platonische Gedanke aus der prophetisch-bildlichen Gestalt, auf die er in der Hand der beiden griechischen Weisen beschränkt blieb, übergeführt worden ist in die festgefügte und unumstößlich gesicherte Gestalt der Wissenschaft.

In der Tat: Wenn ich von der Deduktion, diesem schwer verständlich zu machenden Meisterstück der Philosophie, hier überhaupt einen Begriff zu geben versuchen soll, so kann ich ihr Wesen nicht prägnanter bezeichnen, als indem ich sage: Durch sie gelangt – wörtlich und buchstäblich zu verstehen – das sokratische Vorhaben zur Ausführung, den Nicht-Wissenden dadurch zu belehren, daß man ihn zur Einsicht zwingt, das wirklich zu wissen, wovon er nicht wußte, daß er es weiß.

KANT und FRIES haben das Problem des philosophischen Unterrichts nicht weiter verfolgt, bis auf einige gelegentliche, allgemeinere, pädagogische Anmerkungen. Aber bei dem Stand, den die philosophische Wissenschaft durch die kritische Philosophie in der Überwindung der in ihr selbst liegenden methodischen Schwierigkeiten nunmehr errungen hat, gibt es kein dringlicheres Bedürfnis für die kritische Philosophie als die Wiederbelebung und Weiterführung der sokratischen Methode gerade in ihrer Bedeutung für den Unterricht. Soll es wiederum zwei Jahrtausende währen, bis ein kongenialer Geist erscheint und aus eigener Kraft die alte Wahrheit wiederfindet? Die Wissenschaft ist darauf angewiesen, daß immer wieder von neuem Philosophen herangebildet werden, die, selbständig und geschult zugleich, der Gefahr entgegenwirken, daß die kritische Philosophie der Verständnislosigkeit anheimfällt oder daß sie zwar ihrem Namen nach weitergeführt wird, in Wahrheit aber doch in die Erstarrung des Dogmatismus zurücksinkt.

Angesichts der Wichtigkeit dieser Aufgabe tun wir gut, noch einmal innezuhalten, um uns die ganze Schwierigkeit vor Augen zu führen, vor die wir dadurch gestellt werden.

Die Entwicklung unseres Problems hat uns die tiefere Beziehung enthüllt, die besteht zwischen der kritischen Philosophie und der sokratischen Methode, so daß wir daraufhin das Wesen der sokratischen Methode geradezu bestimmt haben als die Ausschaltung des Dogmatismus im Unterricht, und das heißt hier: als den Verzicht auf jedes belehrende Urteil überhaupt. Damit erst taucht in Wahrheit die volle Tiefe des uns aufgegebenen pädagogischen Problems vor unseren Augen auf. Man bedenke: Wie soll ein Unterricht und also Belehrung überhaupt möglich sein, wenn jegliches belehrende Urteil aus dem Unterricht verbannt ist?

Denn *die* Ausflucht wollen wir doch nicht gelten lassen, daß die Forderung unmöglich so extrem gemeint sei, daß nicht hier und da zur Nachhilfe für den Schüler ein verstohlener Wink des Lehrers statthaft sei.

Hier muß man sich ehrlich entscheiden: Entweder Dogmatiker oder Sokratiker.

Aber um so dringlicher wird die Frage, wie dann sokratischer Unterricht möglich ist.

Wir sind hier in Wahrheit auf das Fundamentalproblem der Pädagogik gestoßen, das in seiner allgemeinen Form auf die Frage hinausläuft: Wie ist Erziehung überhaupt möglich?

In der Tat: Ist das Ziel der Erziehung vernünftige Selbstbestimmung, d.h. ein Zustand, in dem der Mensch sich nicht durch äußere Einwirkung bestimmen läßt, vielmehr aus eigener Einsicht urteilt und handelt – so entsteht die Frage, wie es möglich ist, durch äußere Einwirkung einen Menschen zu bestimmen, sich nicht durch äußere Einwirkung bestimmen zu lassen.

Diese Paradoxie müssen wir lösen, oder wir müssen die Aufgabe der Erziehung fallenlassen.

Da gilt es zunächst, festzustellen, daß der menschliche Geist in der Natur allemal unter äußeren Einwirkungen steht, ja daß der Geist sich gar nicht entwickeln kann ohne äußere Anregung.

Wir stoßen also auf die noch allgemeinere Frage: Ist Selbstbestimmung des Geistes verträglich mit der Tatsache, daß der Geist in der Natur unter äußerer Einwirkung steht?

Was uns hier zur Klarheit verhilft, ist die Unterscheidung der beiden Bedeutungen, in denen hier von äußerer Einwirkung die Rede ist. Äußere Einwirkung kann einmal heißen: äußerer Einfluß überhaupt, und dann: äußerer Bestimmungsgrund. Und so auch im Unterricht: äußere Anregung des Geistes, und dann: Bestimmung des Geistes zur Übernahme fremder Urteile. Nun widerspricht es sich offenbar nicht, daß der Geist den Erkenntnisgrund der philosophischen Wahrheit in sich selbst findet und daß die Einsicht in diese Wahrheit unter dem Einfluß äußerer Anregung in ihm geweckt wird. Infolge der ursprünglichen Dunkelheit der philosophischen Erkenntnis ist der Geist auf solche äußere Anregung sogar angewiesen, wenn diese Erkenntnis überhaupt in ihm klar werden soll. Innerhalb der durch dieses Verhältnis bestimmten Grenzen ist philosophischer Unterricht möglich und, um den Schüler von der bloßen Gunst des Zufalls unabhängig zu machen, sogar nötig.

Der philosophische Unterricht löst seine Aufgabe, wenn er im Schüler die Einflüsse, die der Aufhellung der philosophischen Erkenntnis im Wege stehen, planmäßig schwächt, die ihr förderlichen planmäßig stärkt.

Ohne hier die Frage zu beantworten, welche Einflüsse sonst hier in Betracht kommen, wollen wir jedenfalls das eine festhalten: daß ein unbedingt auszuschaltender Einfluß derjenige ist, der von den Urteilen des Lehrers ausginge. Gelingt die Ausschaltung dieses Einflusses nicht, dann ist alle weitere Mühe eitel. Der Lehrer hat alles getan, was an ihm ist, dem eigenen Urteil des Schülers durch Anbietung eines Vorurteils zuvorzukommen.

Damit stehen wir an der Stelle, wo wir die Aufgabe der sokratischen Methode und ihre Lösungsmöglichkeit klar erkennen. Das Weitere unterliegt dem Experiment und seiner Überzeugungskraft.

Aber es hieße sich doch über die Schwierigkeit der Sache täuschen, wollte man sich weiter keine Gedanken darüber machen, welche Anforderungen an ein solches Experiment zu stellen sind, damit sein Ergebnis überhaupt einen Rückschluß auf die Erreichbarkeit oder Unerreichbarkeit unseres Zieles gestattet.

Obgleich ich daher Ihre Geduld schon lange in Anspruch genommen habe, würde ich der uns beschäftigenden Sache und damit auch Ihnen einen schlechten Dienst erweisen, wenn ich Ihre Aufmerksamkeit nicht noch ein wenig festhielte bei der Frage der *Ausführung* eines solchen Versuches.

Es liegt im Wesen eines anstrengenden und hinsichtlich seines Erfolges noch wenig anerkannten Unternehmens die Gefahr begründet, daß die Beteiligten, einmal verstrickt in die sich häufenden Schwierigkeiten und unerwarteten Störungen der Arbeit, ihren Vorsatz bereuen oder doch auf Änderungen und Erleichterungen der Methode sinnen – Wünsche, die aber, weil sie nur subjektivem Unbehagen entspringen, den objektiven Zweck des Unternehmens umbrechen und gänzlich vereiteln können. Daher ist es ratsam, sich nach Möglichkeit *vorher* die mannigfachen Schwierigkeiten zu vergegenwärtigen, die doch eintreffen werden, und, unter Würdigung dieser Schwierigkeiten, *vorher* die Anforderungen an Lehrer und Schüler festzulegen, damit die Erwartungen nicht in falscher Richtung gehen.

Wenn wir festhalten, daß es dem philosophischen Unterricht nicht darum geht, Lösungen zu häufen, überhaupt nicht darum, Resultate aufzustellen, sondern nur darum, die *Methode* der Lösung kennen zu lernen, so bemerken wir sofort, daß die Aufgabe des Lehrers nicht die des Führers sein kann in dem Sinn, daß er die Mitarbeiter vor Irrwegen und vor Unfällen schützt; auch nicht in dem Sinn, daß er vorangeht, die Mitarbeiter nur folgen – in der Erwartung, daß sie dadurch in den Stand gesetzt werden, den gleichen Weg künftig allein zu finden. Nein, hier hängt alles von der Kunst ab, die Schüler *von Anfang an* auf sich zu stellen, sie das *Selbst*gehen zu lehren, ohne daß sie darum *allein* gehen, und diese Selbständigkeit so zu entwikkeln, daß sie eines Tages das Alleingehen wagen dürfen, weil sie die Obacht des Lehrers durch die eigene Obacht ersetzen.

Bei den Hinweisen, die ich nun geben will, muß ich Sie um die Erlaubnis bitten, für gelegentliche Beispiele meine eigenen Erfahrungen heranzuziehen, wie ich sie als philosophischer Lehrer in langen Jahren gesammelt habe, da mir Erfahrungen anderer leider nicht zur Verfügung stehen.

Ich will zuerst von den Anforderungen an den Lehrer sprechen, dann zu den Anforderungen an die Schüler übergehen.

Als einer meiner Schüler einmal eine sokratisch geleitete Übung wiedergeben wollte, ließ er in seiner Darstellung bald den Schüler, bald den Lehrer antworten. Erst meine erstaunte Frage: »Haben Sie mich schon jemals ›Ja‹ oder ›Nein‹ sagen hören?« machte ihn stutzig. TRASYMACHOS hatte die Pointe besser erfaßt, wenn er – in PLATONS »Staat« – dem SOKRATES zuruft: »Beim Herakles ... Ich wußte es ja ..., daß du dich nicht entschließen würdest, zu antworten!«[17] Der Lehrer, der sokratisch unterrichtet, antwortet nicht. Aber er fragt auch nicht. Genauer: Er stellt keine philosophischen Fragen und gibt, wenn man solche an ihn richtet, unter keinen Umständen die verlangte Antwort. Er schweigt also? Das werden wir sehen. Jedenfalls hört man in einer solchen Aussprache oft den verzweifelten Ruf an den Lehrer: »Ich weiß gar nicht, was Sie wollen!« – worauf die Antwort erfolgt: »Ich?? Ich will gar nichts«, was gewiß nicht die ersehnte Auskunft enthält. *Was* tut der Lehrer also? Er entfesselt das Frage- und Antwortspiel zwischen den Schülern, etwa durch die einleitende Äußerung: »Hat jemand eine Frage?«

17 Platon: Staat (übersetzt von OTTO APELT), Seite 17. Leipzig 1916.

Nun weiß aber doch jeder mit Kant, daß »es schon ein großer und nötiger Beweis der Klugheit oder Einsicht ist, zu wissen, was man vernünftigerweise fragen solle«.[18]

Was geschieht bei ungereimten Fragen, oder wenn gar keine Frage erfolgt? Was geschieht, wenn niemand antwortet?

Sie sehen, von Anfang an tritt die Schwierigkeit ans Licht, die Schüler durch sich selbst zur Tätigkeit zu bringen, und damit die Versuchung für den Lehrer, den Ariadnefaden auszuwerfen.

Aber von Anfang an, ja gerade zu Anfang, muß der Lehrer standhaft sein. Wer an die Philosophie herantritt und keine einzige Frage an sie hat, was soll man von dessen Kraft erwarten, mit Ausdauer ihren verwickelten und tiefliegenden Fragen nachzuforschen?

Was wird also der Lehrer tun, wenn keine Fragen gestellt werden? Er wird warten – bis die Fragen sich einstellen. Er wird höchstens die Bitte aussprechen, in Zukunft über die Fragen *vorher* nachzudenken um der Zeitersparnis willen. Aber er kann nicht, um der Zeitersparnis willen, den Schülern die Mühe des Fragens abnehmen. Er würde vielleicht ihre augenblickliche Ungeduld besänftigen, aber um den Preis, die erst zu erweckende philosophische Ungeduld in ihrem Keim zu ersticken.

Kommen nun die Fragen – vereinzelt, zögernd, gute und einfältige –, wie nimmt der Lehrer sie auf, was macht er mit ihnen? Da scheint er nun in bequemer Lage zu sein, denn das Gesetz der Methode verbietet ihm ja zu antworten. Er stellt also die Fragen zur Diskussion.

Alle? Gereimte und ungereimte?

Keineswegs. Er läßt alle ausfallen, die zu leise geäußert werden. Ferner alle, die in unzusammenhängenden Sätzen gestellt werden. Wie sollen schwierige Gedanken aufgefaßt werden, die in verstümmelter Sprache geäußert werden?

18 Kant: Kritik der reinen Vernunft, Transzendentale Logik, Einleitung III. (Reclamsche Ausgabe, Seite 81.)

Bei dem merkwürdigen Sprachunterricht in unseren Schulen fällt damit schon mehr als die Hälfte der Fragen aus. Unter den verbleibenden sind viele wirr und unscharf. Zuweilen glückt es, eine Klarstellung zu erzielen durch die Gegenfrage: »Was meinen Sie mit Ihren Worten?« Sehr häufig glückt es nicht, weil der Fragende sich selbst nicht versteht. Die Übung drängt daher von selbst dahin, auf die klaren, einfachen Fragen einzugehen oder die unklaren, verschwommenen erst klarzumachen.

Es liegt bei den philosophischen Problemen nicht so glücklich wie bei denen der Mathematik, von denen HILBERT sagt, daß sie uns zurufen: »Hier bin ich. Suche die Lösung!« Das philosophische Problem liegt im Dunkel. Ihm durch eine scharfe, bestimmte Fragestellung auf den Leib zu rücken, bedarf mannigfacher Versuche und Anstrengungen, und es wird Sie daher die Tatsache nicht in Erstaunen setzen, daß die Ethik-Übung eines Semesters nur die eine Feststellung ergab, daß die Ausgangsfrage schief gewesen war, die Frage nämlich: Ob es nicht dumm sei, sittlich zu handeln.

Nun wird der Leiter gewiß nicht jede schiefe Frage einer solchen langwierigen Untersuchung unterwerfen. Er wird bestrebt sein, seine eigene Einschätzung der Fragen für den Gang der Aussprache nutzbar zu machen. Was aber nur heißt: Er wird aufschlußreiche Fragen, oder solche, die bei ihrer Behandlung typische Fehler ans Licht ziehen, in den Vordergrund treten lassen, indem er etwa an eine solche Frage die weitere anknüpft: »Wer hat verstanden, was eben gesagt worden ist?« Hierin liegt weder ein Hinweis auf die Zweckmäßigkeit noch auf die Unzweckmäßigkeit jener Frage, sondern lediglich die Aufforderung, sich mit ihr zu beschäftigen, durch Kreuz- und Querfragen ihren Sinn herauszuholen.

Aber wie verhält es sich nun mit den Antworten? Wie werden sie erledigt?

Zunächst gilt für sie das gleiche wie für die Fragen. Unverständliche Antworten werden übergangen, damit der Schüler den Vorbedingungen einer wissenschaftlichen Aussprache sich anbequemen lernt. Im übrigen werden die Antworten ebenfalls durch Gegenfragen untersucht, wie etwa die:

»Was hat die Antwort mit unserer Frage zu tun?«
oder: »Auf welches Wort kommt es Ihnen an?«
oder: »Wer hat zugehört?«
»Wissen Sie selbst noch, was Sie eben gesagt haben?«
»Von welcher Frage sprechen wir eigentlich?«

Je einfacher die Fragen werden, desto mehr entschwindet nun freiilch bei dem Gefragten die Geistesgegenwart. Erbarmt sich dann ein mitfühlendes Herz und eilt dem Bedrängten mit der Erklärung zu Hilfe: »Der Kommilitone hat wohl sagen wollen: ...«, so wird solche Hilfe kaltherzig abgewiesen mit der Bitte, die Kunst des Gedankenlesens beiseite zu lassen und sich statt dessen lieber einmal um die bescheidenere Kunst zu bemühen, das, was man sagen will, auch wirklich zu sagen.

Aus dem Gesagten geht schon hervor, daß die Untersuchungen keineswegs stetig verlaufen. Es springen Fragen und Antworten durcheinander. Manche verstehen die Entwicklung, manche verstehen sie nicht. Diese suchen dann durch tastende Zwischenfragen die Verbindung wieder herzustellen. Aber die anderen drängen darauf, sich in ihrem Gang nicht aufhalten zu lassen. Sie übergehen jene Fragen. Da tauchen neue, verständnislosere Fragen auf. Schon beginnen einzelne zu schweigen. Es schweigen ganze Gruppen. Dazwischen geht die Unruhe der immer zielloser werdenden Fragen. Selbst die anfangs noch Sicheren lassen sich dadurch verwirren. Sie verlieren gleichfalls den Faden. Sie wissen nicht, wie sie ihn wiederfinden sollen. Endlich weiß niemand mehr, wohin die Aussprache steuert.

Die schon bei Sokrates berühmte Verwirrung ist eingetreten. Alle sitzen ratlos da. Das anfangs Gewisse ist ihnen ungewiß geworden. Anstatt Klarheit in ihre Vorstellungen zu bringen, fühlen sie sich der Fähigkeit beraubt, durch Denken überhaupt irgend etwas klarzustellen.

Auch dies alles läßt der Lehrer zu?

»Es kommt mir vor«, sagt MENON in dem gleichnamigen Dialog zu seinem Lehrer SOKRATES, »als wärest Du ... zum Verwechseln ähnlich jenem breiten Meerfisch, dem Marmelzitterrochen. Denn auch dieser macht jeden, der ihm nahe kommt und ihn berührt, erstarren ... Denn tatsächlich bin ich starr an Seele und Mund und weiß nicht, was ich antworten soll.«[19]

Und auf SOKRATES' Antwort: »Wenn ich die anderen ratlos mache, so bin ich selbst dabei schlechterdings ratlos«, stellt MENON die berühmte Frage: »Und auf welche Weise willst Du denn, mein SOKRATES, die Untersuchung anstellen über einen Gegenstand, von dem Du überhaupt nicht weißt, was er ist?« Da erfolgt des SOKRATES berühmte Antwort: Weil die Seele »imstande ist, ... sich wiederzuerinnern an das, was sie ehedem ja doch wußte«.[20] Wir wissen alle, daß hier die platonische Ideenlehre anklingt, die der geschichtliche SOKRATES selbst nicht gelehrt hat. Und doch ist in diesem Worte sokratischer Geist, der starke Geist des Selbstvertrauens der Vernunft, die Ehrfurcht vor ihrer sich selbst genügenden Kraft. Sie gibt SOKRATES die Ruhe, die nach Wahrheit Suchenden in die Irre gehen und straucheln zu lassen. Ja sie gibt ihm den Mut, sie in die Irre zu schicken, um die Überzeugungen zu erproben, um das nur übernommene Wissen von der Wahrheit zu sondern, die nur im eigenen Nachdenken langsam in uns zur Klarheit reift. Er scheut nicht das Eingeständnis des Nicht-Wissens; er führt es sogar herbei. Aber ihn leitet dabei so wenig skeptische Denkart, daß er vielmehr in diesem Eingeständnis die erste Stufe zu tieferer Erkenntnis erblickt. »Er glaubt nicht mehr, es zu wissen ... Ist er nicht also jetzt in einer besseren Lage?« sagt er von dem Sklaven, dem er mathematischen Unterricht erteilt. »Jetzt wird er

19 Platon: Menon (übersetzt von OTTO APELT), Seite 36. Leipzig 1914.
20 Ebenda, Seite 37ff.

mit Freuden als ein Nicht-Wissender im Forschen fortfahren.«[21]

Da liegt für SOKRATES die Probe, ob jemand die Weisheit liebt, daß er das Nicht-Wissen begrüßt, um zu besserem Wissen zu gelangen. Der Sklave des MENON folgt weiter. Aber viele erlahmen und werden überdrüssig, wenn ihre Kenntnisse verschmäht werden, wenn die ersten selbständigen Schritte sie nicht vorwärts bringen. Der philosophische Lehrer, der nicht den Mut hat, seine Schüler vor diese Probe der Verwirrung und Entmutigung zu stellen, beraubt sie nicht nur der Fähigkeit, die Widerstandskraft auszubilden, deren der Forscher bedarf, er täuscht sie über ihr eigenes Können und macht sie unehrlich gegen sich selbst.

Wir erkennen nun auch eine der Fehlerquellen, die zu den bekannten ungerechten Urteilen über die sokratische Methode führen. Man legt ihr zur Last, wie sie doch nur ans Licht bringt und ans Licht bringen muß, um den Boden zu bereiten, auf dem ein ernsthaftes Weiterarbeiten erst möglich wird. Sie macht nur das Unheil offenbar, das als Folge des dogmatischen Unterrichts in den Köpfen angerichtet ist.

Ist es ihre Schuld, wenn sie sich bei so primitiven Angelegenheiten aufhalten muß wie der Feststellung der Frage, über die man spricht, oder der Feststellung dessen, was man über sie hat sagen wollen? Der dogmatische Unterricht hat es leicht, sich zu höheren Regionen zu erheben. Da ihm an der Selbstverständigung nichts liegt, erkauft er seinen Scheinerfolg mit einer immer tiefer wurzelnden Unredlichkeit. Wo man sich denn nicht wundern darf, daß die sokratische Methode einen verzweifelten Kampf um die Ehrlichkeit des Denkens und Sprechens führen muß, ehe sie sich größeren Aufgaben zuwendet.

Auch den Vorwurf muß sie auf sich nehmen, daß sie unphilosophisch genug ist, um sich an Beispielen und Tatsachen zu orientieren.

21 Ebenda, Seite 44 f.

Es gibt keinen anderen Weg, die Fallstricke der Reflexion kennen und vermeiden zu lernen, als den, daß man sie in der *Anwendung* kennen lernt, selbst auf die Gefahr hin, immer nur durch Schaden klug zu werden. Es hat keinen Nutzen, dem eigentlichen Philosophieren eine Vorschule der Logik voranzuschicken in der Hoffnung, dadurch dem Philosophierenden Irrwege zu ersparen. Die Kenntnis der logischen Grundsätze und Schlußregeln, und selbst die Fähigkeit, alle Trugschlüsse an Beispielen zu illustrieren, bleibt doch nur eine Kunst in abstracto. Ein Mensch lernt dadurch noch nicht logisch denken, wenn er auch nach allen Regeln der Syllogistik gelernt hat, auf die Sterblichkeit des Caius zu schließen. Die Prüfung der eigenen Urteile, ihre Subsumtion unter die Gesetze der Logik ist Sache der Urteilskraft, und gar nicht Sache der Logik. Die Urteilskraft, sagte Kant, muß als das Vermögen, sich gegebener Regeln zu bedienen, »dem Lehrlinge selbst angehören, und keine Regel, die man ihm in dieser Absicht vorschreiben möchte, ist in Ermangelung einer solchen Naturgabe vor Mißbrauch sicher«.[22]

Daher muß diese Naturgabe, wo sie schwach ist, gestärkt werden. Sie läßt sich aber nur stärken durch Übung.

Wenn daher unser Leiter durch die Aufforderung, die ursprüngliche Frage wieder aufzunehmen, die Erstarrung der Schüler aufhebt und der Rückweg zum Ausgangspunkt angetreten wird, muß der Schüler an der kritischen Beurteilung jedes einzelnen seiner Schritte die Fehlerquellen studieren und sich seine eigene Schule der Logik erarbeiten. Die aus eigener Erfahrung abgezogenen logischen Gesetze bewahren einen lebendigen Zusammenhang mit dem Bereich der Urteile, die sie beherrschen sollen. Und es wird ferner, da die Dialektik stets nur als Hilfsmittel – wenn auch als unerläßliches – eingeführt wird, verhütet, daß ihr

22 Kant: Kritik der reinen Vernunft, Transzendentale Analytik, zweites Buch, Einleitung. (Reclamsche Ausgabe, Seite 139 f.)

eine Überschätzung zuteil wird nach der Manier der Scholastik, wo denn jedes noch so belanglose metaphysische Problem gut genug ist, den logischen Witz an ihm zu üben. Eine Trennung also der philosophischen Disziplinen, in der Absicht, die Schwierigkeiten des Unterrichts durch gesonderte Behandlung zu vermindern, würde mehr sein als ein bloßer Zeitverlust. Es müssen andere Wege gefunden werden, um dem pädagogischen Grundsatz der Steigerung der Anforderungen Genüge zu tun.

Bei Licht besehen, bietet uns diese Frage keine Schwierigkeit mehr.

Wenn es überhaupt so etwas wie eine philosophische Forschungsmethode gibt, so muß sie – denn darin besteht ja ihr Wesen – eine zweckmäßige Anweisung für die schrittweise Lösung der Probleme enthalten. Es kann sich also nur darum handeln, den Schüler selbst den Weg der regressiven Methode gehen zu lassen. Daher ist denn das Nächste, den Schüler auf dem Boden der Erfahrung festen Fuß fassen zu lassen, was freilich schwerer ist, als ein unbefangener Beurteiler glauben möchte. Denn nichts verpönt der Adept der Philosophie so sehr wie den konkreten Verstandesgebrauch, der auf die Beurteilung von Tatsachen geht und ihn damit nötigt, sich der niederen Erkenntnismittel seiner fünf Sinne zu erinnern. Fragen Sie jemanden in einer philosophischen Übung: »Was sehen Sie an der Tafel?« – Sie können sicher sein, daß der Gefragte den Blick zu Boden senken wird, und auf die Wiederholung der Frage: »Was sehen Sie *an der Tafel?*« sich endlich einen Satz abringt, der mit »Wenn« beginnt, womit er denn bekundet, daß die Welt der Tatsachen für ihn nicht existiert.

Die gleiche Mißachtung legt er an den Tag, wenn an ihn die Aufforderung ergeht, ein Beispiel zu nennen. Sofort schweift er in erträumte Welten, oder doch, wenn man ihn zwingt, auf diesem Planeten zu bleiben, in die Wüste oder an das Meeresufer, so daß man sich fragt, ob denn wirklich der Fall, daß man von Löwen angefallen oder vom Tod des

Ertrinkens gerettet wird, zu den typischsten Erlebnissen im Bekanntenkreis der Philosophen gehört. Die »Wenn-So«-Sätze, die ausgedachten Beispiele und endlich der voreilige Wunsch nach Definitionen kennzeichnen nicht so sehr den unbefangenen Anfänger als vielmehr den philosophisch verbildeten Dilettanten. Und immer ist er es, der durch seine Scheinweisheit den ruhigen und einfachen Untersuchungsgang stört.

Ich erinnere mich einer Logik-Übung, wo der Wunsch, von allgemeinen Definitionen auszugehen, – in der Meinung, daß man die fraglichen Begriffe sonst nicht anwenden könne – viele unfruchtbare Mühe hervorgerufen hat. Es wurde nämlich, trotz meiner Warnungen, die zuerst aufgeworfene Frage festgehalten: »Was ist ein Begriff?«

Und so dauerte es denn auch nicht lange, daß nach flüchtigem Hinweis auf das Beispiel des Begriffs der Lampe die »allgemeine Lampe« erschien, ausgestattet mit allen wesentlichen Merkmalen aller besonderen Lampen, und der Kampf um den Nachweis der Existenz dieser, mit allen wesentlichen Merkmalen aller besonderen Lampen ausgestatteten Lampe aufs heftigste entbrannte. Meine bescheidene Frage: ob diese »allgemeine Lampe« mit Gas oder Elektrizität oder mit Petroleum betrieben werde, blieb, als der philosophischen Erörterung unwürdig, unbeantwortet; bis erst nach vielen Stunden gerade durch die Wiederaufnahme der Frage nach dem Betriebsstoff die Existenz der »allgemeinen Lampe« verneint werden mußte. Man entdeckte nämlich, daß verschiedene Beleuchtungsarten für eine und dieselbe Lampe – und sei sie noch so allgemein – sich ausschließen. Man hatte damit, von der Anwendung ausgehend, – unvermutet – den Satz des Widerspruchs entdeckt nach regressiver Methode. Den Begriff aber des Begriffs zu definieren, das blieb ein vergebliches Bemühen, wie ja auch im Kreis des Sokrates die Definitionen fast immer mißglückt sind.

Dürfen wir wirklich annehmen, daß solche Mißerfolge ihren Grund allemal in Umständen haben, die außerhalb der sokratischen Methode selbst liegen? Könnte nicht doch in ihrem Wesen eine Schranke liegen, die es unmöglich macht, tiefere Probleme mit ihr zu bewältigen?

Aber ehe wir hierüber eine abschließende Entscheidung fällen, wollen wir noch eines die Anwendung der sokratischen Methode erschwerenden Umstandes gedenken, der, so eng er auch mit ihrem Wesen zusammenhängt, doch noch außer ihr liegt und berücksichtigt sein will, ehe man der sokratischen Methode selbst Grenzen zieht.

Man hat den Sinn der sokratischen Dialoge darin gesucht, daß das gemeinsame Denken die Wahrheit leichter ins Bewußtsein treten lasse als das schweigende Nachsinnen. Daran ist offenbar vieles richtig. Und doch wird manch einer gegen dies Lob bedenklich gestimmt, der bei einer philosophischen Debatte das Durcheinander der Fragen und Antworten vernimmt und, trotz Wahrung einer äußeren Disziplin, die Ruhe vermißt, die zum Nachdenken gehört. Es kann nicht ausbleiben, daß die Aussprüche anderer als störend empfunden werden, sei es, daß man sich durch gute Bemerkungen bevormundet fühlt, sei es, daß man durch schlechte abgelenkt wird. Es kann nicht ausbleiben, daß die Fortsetzung der Mitarbeit zu einer Nervenprobe wird, zu der dann auch noch die wachsenden Anforderungen an den Takt und an die persönliche Toleranz beitragen.

Diese Störungen können durch den Leiter weitgehend ausgeschaltet werden, indem er z.B. verständnislose Antworten scharenweise übergeht, die richtigen Antworten mit sokratischer Ironie in Zweifel zieht oder eine nervöse Unruhe durch ein verständnisvolles Wort zur Entspannung bringt. Aber seine Kraft, die Harmonie des Gedankenspiels herzustellen, hat ihre Grenze da, wo die Bereitschaft auf der Gegenseite fehlt, die gemeinsame Arbeit mit Kraft zu fördern.

Man mag sagen, daß der Schüler infolge seiner noch unvollkommenen Einsicht viele Störungen nicht vermeiden kann; aber die Hindernisse, die ich hier im Auge habe, liegen nicht auf intellektuellem Gebiet, und an ihnen findet eben darum auch die größte Kunst des Lehrers eine unübersteigliche Schranke.

Seine Fähigkeit, die geistige Disziplin durchzuführen, kann sich ihrerseits nur entfalten auf Grund einer Willensdisziplin von seiten der Schüler. Es mag Ihnen befremdlich klingen – aber es verhält sich in der Tat so –, daß man zum Philosophen wird nicht durch die Gaben des Geistes, sondern durch die Anstrengungen des Willens.

Jawohl, das Philosophieren erfordert besondere Geisteskraft. Aber wer wird sie aufbieten?

Gewiß nicht der, der sich auf seine bloße Geisteskraft verläßt. Er wird unfehlbar mürbe werden, wenn bei tiefer dringendem Studium die Schwierigkeiten sich häufen. Er wird zwar, dank seiner Intelligenz, diese Schwierigkeiten noch erkennen, sogar sehr deutlich erkennen. Aber die Spannkraft, sich die Aufgabe immer von neuem zu stellen, bis zum Ziel bei ihr zu beharren und nicht vor dem zersetzenden Zweifel zu kapitulieren – diese Spannkraft ist nur die Kraft eines stählernen Willens; eine Kraft, von der der tändelnde Witz des bloßen Dialektikers nichts weiß. Das Feuerwerk seines Geistes ist für die Wissenschaft am Ende gerade so unfruchtbar wie die Geistesstumpfheit, die schon vor dem ersten Hindernis zurückweicht. Es ist kein Zufall, wenn diejenigen Forscher, die in der Geschichte der Philosophie die Dialektik entscheidend fortgebildet haben, zugleich Philosophen waren in des Wortes ursprünglicher Bedeutung. Nur weil sie die Weisheit liebten, haben sie vermocht, die »zahlreichen Schwierigkeiten und die große dazu erforderliche Mühe« auf sich zu nehmen, von denen Platon in einem Brief spricht, wo es denn weiter heißt:

»Ist nämlich, wer das hört, ein wahrhafter Freund der Weisheit, innerlich mit ihr verwandt und als Gottbegeisterter berufen, sich mit ihr zu befassen, so glaubt er, Kunde erhalten zu haben von einem Wege, der in ein Wunderland führt, das zu erreichen er fortab alle Kraft einsetzen müsse: lieber will er auf das Leben verzichten als auf dieses Ziel.«

»Ganz anders diejenigen, die mit der Philosophie nicht wahrhaft verwachsen sind, sondern sich in dem nur äußerlichen Farbenschimmer bloßer Meinungen gefallen, gleichend den Leuten, deren Körper von der Sonne gebräunt ist: wenn sie den Umfang des Wissensgebietes und das hohe Maß der erforderlichen Anstrengung gewahr werden und sehen, daß die streng sittliche Lebensweise die einzig für diese Aufgabe passende ist, so erscheint ihnen die Sache schwierig und über ihre Kräfte hinausliegend.«

Das ist das klare und sicherste Kennzeichen der »Genußmenschen, die zu ausharrender Anstrengung unfähig sind. So geprüft, können sie die Schuld nie auf den« Leiter »schieben, sondern nur auf sich selbst, auf ihre Unfähigkeit nämlich, alles für die Erfüllung der Aufgabe Erforderliche zu leisten.«[23]

»Kurz und gut: wer sich nicht innerlich mit der Sache verwandt fühlt, den kann auch Fassungskraft und Gedächtnisstärke hier nicht zum Ziele führen; denn bei widerstrebender Geistesrichtung schlägt die Philosophie in der Seele überhaupt nicht Wurzel.«[24]

Die Willenskraft, die wir mit PLATON von dem Philosophen fordern müssen, erst zu bilden, kann nicht, gleichsam nebenher, im philosophischen Unterricht gelingen. Sie muß als Frucht der vorausgehenden Erziehung mitgebracht werden. Sache des Leiters ist es, die nun einmal unerläßlichen Forderungen an den Willen unnachgiebig hochzuhalten, aus Achtung vor den Schülern selbst. Fehlt es ihm an der dazu nötigen Festigkeit, läßt er sich zu angeblichen Erleichterungen bewegen, oder führt er sie selbst herbei, um die Gefolgschaft festzuhalten, so hat er sein philosophisches Ziel bereits verraten. Er darf keine andere Wahl kennen, als

23 PLATON: Briefe. A. a. O., Seite 70f.
24 Ebenda, Seite 76.

auf seinen Ansprüchen zu bestehen – oder die Arbeit aufzugeben. Alles andere ist würdeloser Kompromiß.

Natürlich soll der Schüler wissen, welche Forderungen im einzelnen an seinen Willen gestellt werden. Diese Forderungen erschöpfen sich in dem Minimum dessen, was dazu gehört, Gedanken in Gemeinschaft zu prüfen.

Es handelt sich also zunächst um die Mitteilung von Gedanken und nicht von Wissensstoff, sei dieser auch das Wissen um fremde Gedanken. Es handelt sich ferner um ihre Mitteilung in deutlicher, klarer Sprache. Erst der Zwang zur Mitteilung gibt eine Handhabe für die Prüfung der Bestimmtheit und Klarheit der eigenen Vorstellungen. Die Berufung auf das richtige Gefühl, dem nur der Ausdruck mangelt, gilt hier nicht. Das Gefühl ist zwar der erste und nächste Führer auf dem Weg zur Wahrheit, aber es ist ebensooft ein Beschützer der Vorurteile. In einer wissenschaftlichen Frage bedarf daher das Gefühl der Aufklärung, damit es nach Begriffen und geordnetem Schlußverfahren beurteilt werden kann. Diese Untersuchung verlangt eine Mitteilung der Gedanken in einer vernehmlichen und gemeinverständlichen Sprache, die keine Vieldeutigkeit duldet. Die Einführung einer Kunstsprache ist für das Philosophieren nicht nur nicht erforderlich, sondern der Sicherheit seines Fortganges sogar schädlich. Sie bringt die ohnehin abstrakten und schwierigen metaphysischen Angelegenheiten in das Licht einer Geheimwissenschaft, zu deren Enthüllung nur höhere Geisteskräfte taugen, und verhindert dadurch die Besinnung auf die Entscheidungen der unbefangenen Urteilskraft, die, wie wir gesehen haben, den Ausgangspunkt des sinnvollen Philosophierens bilden. Die unbefangene Urteilskraft hält sich für ihre Urteile an gegebene Begriffe und nicht an künstliche Reflexionen und verständigt sich über sie im engen Anschluß an den Sprachgebrauch.

Um diese Begriffe rein aufzufassen, bedarf es freilich ihrer Isolierung. Durch Abstraktion gelingt es, die anfangs mit anderen Vorstellungen vermengten Begriffe abzusondern, sie nach und nach in ihre Elemente zu zerlegen und durch solche Erörterungen zu den Grundbegriffen aufzusteigen. Die Anknüpfung an die gegebenen Begriffe behütet den Philosophen davor, sein künftiges System mit bloß ausgedachten Gegenständen und willkürlichen Hirngespinsten zu bevölkern. Denn zieht der Philosoph die unbefangene Urteilskraft nicht zu Rate, so wird er sich verleiten lassen, die philosophischen Begriffe konstruktiv durch willkürliche Zusammenfügung einzelner Merkmale zu bilden, ohne die Gewähr für die Existenz eines der Konstruktion entsprechenden Gegenstandes. Was ihn dann noch mit dem kritischen Philosophen verbindet, ist allenfalls noch der Gebrauch der gleichen Worte. Er bezeichnet seinen künstlichen Begriff mit dem gleichen Wort wie jener seinen gegebenen Begriff. Er will freilich unter diesem Wort etwas anderes verstanden wissen. Er sagt: Ich – und meint: Weltvernunft. Er sagt: Gott – und meint: Seelenfrieden. Er sagt: Staat – und meint: Macht, die keinem Gesetz unterworfen ist. Er sagt: Ehe – und meint: unauflösliche Liebesgemeinschaft. Er sagt: Raum – und meint: Ohrlabyrinth. Die Sprache ist bei ihm mit einem künstlichen Sinn erfüllt. Sie ist, obwohl man es ihr nicht anmerkt, in Wahrheit eine Kunstsprache – und eine weit gefährlichere, als wenn der Philosoph durch Prägung von Fremdwörtern den besonderen Sinn seiner Sprache angedeutet hätte. Denn der Gleichklang der Worte verleitet den Unbefangenen, diesen Worten die ihm geläufigen Begriffe unterzulegen, was dann zu Mißverständnissen Anlaß gibt. Sie verleitet aber – was verhängnisvoller ist – den Schöpfer der Kunstsprache, sich einer gleitenden Wortbedeutung zu bedienen und mit Hilfe solcher Begriffsverschiebung Scheinbeweise zu führen. In diesem Mißbrauch bloßer Nominaldefinitionen stoßen wir auf einen der verbreitetsten und tiefstliegenden dialektischen Fehler, einen Fehler, dessen Aufdeckung eben dadurch erschwert ist, daß die Tatsache der Begriffsverschiebung nicht ohne weiteres durch Verweisung auf die Anschauung feststellbar ist. Aber sie verrät sich durch ihre Folgen, durch die eigentümliche Erscheinung, daß sich dem geführten Scheinbeweis mit Hilfe der gleichen Nominaldefinition ein Gegenbeweis gegenüberstellen läßt, der den gleichen Schein des Rechts für sich hat.

Das berühmteste und in der Tat denkwürdigste Beispiel solcher Antithetik bilden die von Kant entdeckten und aufgelösten Antinomien. Was Kant von diesem klassischen Beispiel der Antinomien sagt, daß es nämlich die wohltätigste Verirrung in der Geschichte der Vernunft sei, da es zum Anstoß wird, dem Grund des Blendwerks nachzuforschen und die Versöhnung der Vernunft mit sich selbst herzustellen, das hat entsprechende Bedeutung für jeden Fall eines solchen dialektischen Widerstreits.

Es scheint vielleicht, als ob wir mit den letzten Betrachtungen etwas abgeirrt wären, da wir doch bei der Forderung standen, daß sich der Schüler einer vernehmlichen und gemeinverständlichen Sprache bedienen soll. In Wahrheit aber haben wir uns nun ein tieferes Verständnis verschafft für die Bedeutung dieser Forderung.

Was gewinnen wir nach alledem mit dieser Forderung an den Schüler?

Nur wer durch das Band dieser Sprache sich an die gegebenen Begriffe hält und in deren Erörterung geübt ist, schärft seine Kritik gegenüber jeder willkürlichen Definition und gegenüber jedem Scheinbeweis, der aus solcher Nominaldefinition erschlichen wird. Es gelingt im sokratischen Unterricht, wenn die Forderung einer einfachen und reinen Sprache eingehalten wird, durch bloßes Hinschreiben der Lehrsätze zweier einander widerstreitender Doktrinen die Aufmerksamkeit auf die ihnen zugrunde liegende Nominaldefinition zu lenken, deren Mißbrauch aufzudekken und damit beide Lehrmeinungen zu stürzen. Es gelingt diese dialektische Leistung – und das ist das an ihr Bedeutsame – nicht durch Gedankenblitze, sondern methodisch,

d. h. hier: durch schrittweises Aufsuchen der versteckten Voraussetzung, die den einander widerstreitenden Urteilen zugrunde liegt.

Und es gelingt das Auffinden dieser Methode, wenn derjenige, der durch ein solches Sophisma stutzig geworden ist, auf den Sinn der Worte achtet, die, bei ungekünsteltem Gebrauch, ihn auf die Spur des Fehlers weisen.

Verstehen Sie mich recht. Ich mache mich nicht zum Vertreter der Ansicht, wonach der sogenannte »gesunde Menschenverstand« und seine Sprache ausreichten, um die Ansprüche wissenschaftlichen Philosophierens zu befriedigen. Ich habe auch nicht die Absicht, durch den Hinweis auf einfache und, wie es scheint, leicht zu erfüllende Anfangsbedingungen die Tatsache zu verschleiern, daß das Philosophieren in seinem Fortgang eine strenge und schwer zu bewältigende Kunst der Abstraktion verlangt. Worauf es mir ankommt, ist dies: Daß der erste Schritt zur Ausbildung dieser Kunst von niemand ungestraft übersprungen werden kann. Der Abstraktion muß etwas vorliegen, von dem sie abstrahiert. Was der Philosophie zuerst und greifbar vorliegt, ist die Sprache als Bezeichnung der Begriffe durch Worte. In ihrem Reichtum, dessen Quellen mannigfach fließen, lebt verborgen die Vernunft. Der Verstand deckt, indem er die durch Anschauung bestimmten Vorstellungen absondert, die Vernunfterkenntnis auf.

Wie SOKRATES unablässig bemüht war, die Schlosser und Schmiede zu befragen und sich mit seinen Schülern zu allererst über ihr Treiben zu verständigen, so soll jeder Philosoph anknüpfen an die lebendige Sprache, um die Sprache seiner abstrakten Wissenschaft aus ihren reinen Elementen zu entwickeln.

Damit bin ich am Ende der Forderungen, die für den Schüler gelten. Ihre Schwierigkeit liegt nicht in der Erfüllung ihrer Einzelheiten, sondern in der Bindung an ihre Gesamtheit. Ich sagte vorhin: Der Arbeitsvertrag fordert von dem Schüler nichts anderes als Mitteilung der Gedanken. Sie werden verstehen, wenn ich dasselbe jetzt mit den Worten ausdrücke: Er fordert von ihm Unterwerfung unter die Methode des Philosophierens, wobei der sokratische Unterricht nichts anderes bezweckt, als dem Schüler die Selbstprüfung zu ermöglichen über die Einhaltung seines Vertrages.

Unsere Prüfung der sokratischen Methode nähert sich ihrem Ende. Nachdem wir die die Anwendung betreffenden Schwierigkeiten erörtert haben, bleibt noch das eine Bedenken stehen, ob die Ungunst ihres Schicksals nicht doch, wenigstens zum Teil, in ihr selbst begründet ist, ob nicht in ihr selbst eine Grenze liegt, die ihre Brauchbarkeit einschränkt.

Wenn uns etwas veranlassen muß, dieses Bedenken ernst zu nehmen, so ist es die merkwürdige Tatsache, daß gerade der eigentliche Vollender der kritischen Philosophie, der Wiederhersteller der sokratisch-platonischen Lehre von der Wiedererinnerung und der Selbstgewißheit des Geistes, daß gerade dieser Größte unter allen Sokratikern die sokratische Unterrichtsmethode nur bedingt anerkannt hat, weil er sie für unzureichend hielt, die Selbstverständigung des Geistes zum Ziel zu führen. Er billigt ihr zu, daß sie den Lehrling anfangs leiten kann, er fordert sogar mit Bestimmtheit, daß aller philosophische Unterricht dem Geiste der sokratischen Methode folge, deren Wesen nicht sowohl in der dialogischen Form bestehe, als vielmehr darin, »von gewöhnlichen Gegenständen des täglichen Lebens auszugehen und sich durch diese erst auf wissenschaftliche Ansichten hinüberführen zu lassen«.[25] »Sobald es aber«, wie FRIES sagt, »auf höhere Wahrheiten ankommt, die der Anschaulichkeit und der täglichen Lebenserfahrung entzogener sind«, hält er nichts davon, den Schüler die Wahrheit selbst finden zu lassen.[26] »Hier«, sagt er, »muß der Lehrer eine

25 Fries: System der Logik, Seite 449. 3. Auflage, 1837, neu herausgegeben Leipzig 1914.

26 Fries: Die Geschichte der Philosophie, erster Band, Seite 253. Halle 1837.

nach feinen Abstraktionen gebildete Sprache mitteilen, welche eben noch nicht vollständig im Besitz des Schülers ist, sondern ihm durch den Unterricht erst angebildet werden soll.«[27]

Von dieser Art des mitteilenden Unterrichts, die freilich – nach FRIES' eigenen Worten – »Schritt vor Schritt zum Mitdenken einladet«[28], hat FRIES in seinem Lehrroman »Julius und Evagoras« eine Probe gegeben. Und in der Tat, sokratisch ist dieser Unterricht nicht.

So wenig ich einen wirklich gelungenen platonischen Dialog, wie er historisch nicht vorliegt, zum Gegenstand einer philosophischen Übung machen würde, gerade weil er den erfinderischen Gedankengang des Schülers vorwegnimmt, so wenig liegt bei »Julius und Evagoras« ein Hindernis vor, dieses Buch einer solchen Übung zugrunde zu legen. Denn die Entwicklung der abstrakten Gedankengänge, die dem Leser hier geboten wird, – so musterhaft sie im übrigen ist – »ladet« den Schüler zwar zur kritischen Nachprüfung des Vorgetragenen »ein« – wie FRIES es verlangt –, aber sie bietet keinerlei Gewähr, daß er der Einladung Folge leistet und, auf eigene Füße gestellt, der Schwierigkeiten Herr werden wird, die ihm dann in den Weg kommen könnten. Lassen Sie Ihre Schüler das schöne und aufschlußreiche Kapitel über die »Quellen der Gewißheit« studieren, und ich mache mich anheischig, in einer sokratischen Aussprache den Nachweis zu liefern, daß bei den Schülern noch alles fehlt, das Gelernte selbständig zu verantworten. Den Schlüssel für dieses Rätsel bietet Ihnen GOETHES Wort: »Man sieht nur, was man weiß.«

Es nützt nun einmal nichts, eine richtige, klare und wohlbegründete Lehre vor dem Schüler auszubreiten – es nützt nichts, selbst wenn der Einladung zum Mitdenken vom Schüler Folge geleistet wird – ja es nützt sogar nichts,

27 Fries: System der Logik, Seite 436. A. a. O.
28 Ebenda.

den Schüler auf die Schwierigkeiten hinzuweisen, die der überwinden muß, der selbständig solche Ergebnisse finden will. Dem Schüler, der zur selbständigen Beherrschung des philosophischen Lehrgehalts vordringen soll, kann es nicht erspart bleiben, aus der bloßen Kenntnisnahme der Probleme und ihrer Schwierigkeiten herauszutreten und in unablässiger Übung mit ihnen zu ringen, um sie, durch den täglichen Umgang mit ihnen, mit all ihren Tücken und Fallstricken und in ihren mannigfachen Gestalten meistern zu lernen. Der Vortrag des Lehrers, der, wie FRIES verlangt, in einer »nach feinen Abstraktionen gebildeten Sprache« erfolgen soll, verhüllt aber, gerade vermöge seiner Sicherheit und Reinheit, die Schwierigkeiten, die der Bildung solcher Geistesklarheit und Wortschärfe im Wege stehen, und bringt es mit sich, daß letzten Endes nur der schon sokratisch Gebildete den philosophischen Gehalt und die Festigkeit und Selbständigkeit der Darstellung sich zu eigen machen wird.

Was FRIES die sokratische Methode hat unterschätzen lassen, hat seinen Grund einmal darin, daß er in der Methode des SOKRATES die sokratische Methode nicht fand und nicht finden konnte, und in dieser Tatsache eine Bestätigung erblickte für seine Ansicht von der Unzulänglichkeit der sokratischen Methode. Der andere Grund – und ich glaube, der tiefere – liegt in dem besonderen Charakter der Friesschen Genialität. FRIES vereinigte mit einem in der Geschichte der Philosophie einzig dastehenden Wahrheitsgefühl eine Sprachbegabung, die ihm mit nachtwandlerischer Sicherheit das dem philosophischen Gedanken angemessene Wort lieferte. Ein so überlegener, freier und reicher Geist wird stets nur schwer die hinreichende Berührung finden mit der Geistesart der weniger selbständig Denkenden. Er verkennt leicht die Gefahr des Dogmatismus, die dem Unselbständigeren auch da noch droht, wo der belehrende Vortrag, für sich betrachtet, das höchste Maß an Klarheit und Bestimmtheit des Ausdrucks erreicht hat. Ein solcher Geist kann durch seine Überlegenheit ein Führer der Jahrtausende werden, aber er ist darauf angewiesen, daß sich Lehrer finden, die seine Sprache erst aufschließen, indem sie mit Hilfe der sokratischen »Maieutik« jene beschwerlichen und langwierigen Übungen einleiten, die den nicht schrecken dürfen, der ein Jünger der Philosophie werden will.

Ich behaupte, daß dieser Kunst keine Grenzen gesetzt sind. Ich habe es erlebt, daß eine sokratische Übung über einen so abstrakten Gegenstand wie den der philosophischen Rechtslehre nicht nur gelang, sondern bis zum Aufbau des Systems hinaufführte.

Sie werden sagen: Das sind Behauptungen! – und die sokratische Ironie reicht bei mir noch aus, meine mißliche Lage, die ich übrigens im ersten Satz meiner Rede zugestanden habe, zu bekennen. Denn für die Sache, die ich hier führe, wird schließlich doch niemand anders als durch das Zeugnis des Experiments und also durch eigene Erfahrungen gewonnen werden.

Aber sehen wir uns um: Gibt es nicht vielleicht wenigstens ein Gegenexperiment, das seinerseits einfach und bekannt genug ist, um uns einen bündigen Rückschluß auf die uns beschäftigende Frage zu gestatten?

Was für ein Experiment könnte das sein?

Wenn ein nicht-sokratisch geleiteter Unterricht in der Philosophie zum Ziel führen könnte, so müßte ein solcher Unterricht in einer Wissenschaft, die nicht mit den besonderen Schwierigkeiten der philosophischen Erkenntnis zu kämpfen hat, in der vielmehr, vom ersten bis zum letzten Schritt, auch bei dogmatischem Vortrag, alles restlos und lückenlos klar wird, a fortiori zum Ziel führen.

Fragen wir uns: Gibt es eine solche Wissenschaft? Und wenn es sie gibt, erfreut sie sich eines Platzes inmitten der Unterrichtsfächer an unseren Schulen und Hochschulen?

Wir wissen alle: Eine solche Wissenschaft gibt es in der Tat. Die Mathematik erfüllt die beiden verlangten Bedingungen. »Wir sind im Besitz«, sagt einer der klassischen französischen Mathematiker. Das fragliche Experiment liegt uns also vor, und wir müssen sein Ergebnis nur mit der nötigen Unvoreingenommenheit betrachten.

Was lehrt es?

Wir wollen hier nichts beschönigen und niemanden anklagen. Aber da wir Lehrer heute unter uns sind, wollen wir das öffentliche Geheimnis ruhig aussprechen: Der Erfolg ist – im großen betrachtet – ein negativer. Wir wissen alle aus eigener Erfahrung, daß selbst fähige und Anstrengungen nicht scheuende Schüler und Hochschüler, wenn man sie auf Herz und Nieren prüft, schon in den elementaren mathematischen Angelegenheiten unsicher sind und ihr Nicht-Wissen entdecken.

Der Rückschluß, von dem ich sprach, läßt sich also ziehen; und ich sehe vor ihm kein Entrinnen. Es mag einer sagen: Es gibt überhaupt kein Verstehen bei irgendeinem Unterricht. Das läßt sich vertreten. Aber darüber sprechen wir als Pädagogen nicht. Wir gehen hier von der Möglichkeit eines sinnvollen Unterrichts aus. Und da kommen wir zu dem Schluß, daß, wenn anders es überhaupt eine Gewähr für das Verstehen einer Sache gibt, der sokratische Unterricht solche Gewähr übernimmt. Und damit haben wir mehr gewonnen, als wir suchten. Denn dieser Schluß gilt ja nicht nur für die Philosophie, sondern für jedes Fach, wo überhaupt von Verstehen die Rede sein kann.

Daß jener pädagogische Mißstand in der Tat nicht nur die Schuld unfähiger Lehrer ist, sondern noch einen tiefer liegenden Grund haben muß, daß, mit anderen Worten, auch der beste mathematische Unterricht, wenn er nach dogmatischer Methode erfolgt, trotz aller seiner Klarheit gründliches Verständnis nicht erzwingen kann, das bestätigt uns ein Experiment, das im großen durch die Geschichte selbst angestellt worden ist und das die Beachtung aller Freunde des mathematischen Unterrichts verdient.

Die Elemente der Infinitesimalrechnung, die heutzutage bereits im Unterricht an den höheren Schulen behandelt werden, sind, was Klarheit und Strenge der Begründung betrifft, erst seit der Mitte des 19. Jahrhunderts ein fester und allgemein anerkannter Besitzstand der Wissenschaft geworden. Zwar waren ihre wichtigsten Ergebnisse schon seit LEIBNIZ und NEWTON allgemein bekannt, aber über ihre Grundlagen herrschte ein Streit, der trotz der zahlreich und unermüdlich wiederholten Versuche, hier Klarheit zu schaffen, nur immer neue Dunkelheiten und Paradoxien zutage förderte, so daß der geistreiche BERKELEY, nicht ohne Grund bei der damaligen Verfassung dieser mathematischen Disziplin, den Beweis zu führen unternehmen konnte, daß sie an Unverständlichkeit ihrer Lehren den Dogmen und Mysterien der Theologie nicht nachstünde.[29] Wir wissen heute, daß alle diese Rätsel lösbar, ja daß sie – dank den Arbeiten eines CAUCHY und WEIERSTRASS – wirklich gelöst sind und daß dieser Zweig der Mathematik derselben restlosen Klarheit und Durchsichtigkeit des Aufbaus fähig ist wie die elementare Geometrie. Die volle Evidenz stellt sich auch hier ein, sobald nur einmal die Aufmerksamkeit auf den entscheidenden Punkt gelenkt ist. Aber eben dies gelingt nur schwer und bleibt eine Kunst, die sich jeder Schüler von neuem selbst erarbeiten muß.

Wie sehr dies der Fall ist, dafür will ich als Beweis zwei besonders denkwürdige Tatsachen anführen.

Die eine ist der Umstand, daß sich in der seit ihrem Erscheinen allgemein bekannten und berühmten Darstellung NEWTONS jener entscheidende, von CAUCHY und WEIERSTRASS zur Geltung gebrachte Gesichtspunkt nicht nur überhaupt angegeben findet, sondern dies auch in einer Formulierung, die an Klarheit, Präzision und Prägnanz die

29 George Berkeley: The Analyst; or, a Discourse addressed to an Infidel Mathematician. Wherein it is examined whether the Object, Principles, and Inferences of the modern Analysis are more distinctly conceived, or more evidently deduced, than Religious Mysteries and Points of Faith. 1734.

höchsten Ansprüche erfüllt, die die Wissenschaft heute zu stellen vermag – ja noch mehr, unter ausdrücklicher Warnung vor eben dem Mißverständnis, das, wie wir heute wissen, die nachfolgenden Generationen der Mathematiker so sehr in seinem Bann gehalten hat, daß sie das eindringliche »Hüte dich!« – »Cave!« – an der ihnen allen bekannten klassischen Stelle des Newtonschen Werkes[30] überhaupt nicht in ihr Bewußtsein aufzunehmen vermochten.

Die andere Tatsache, die zu dieser gleichsam das Gegenstück bildet, ist der Umstand, daß auch noch nach WEIERSTRASS der endlich beigelegte Streit abermals aufleben konnte. Und zwar nicht nur bei Dilettanten, an denen es nie mangeln wird, sondern unter der Führung eines gerade um die Funktionentheorie so verdienten Forschers wie PAUL DU BOIS-REYMOND. Seine »Lösung«, so erklärt er selbst, »ist, daß es ein Rätsel bleibt und bleiben wird«.[31]

Welch eindringlich mahnendes Beispiel für das Mißverhältnis zwischen der objektiven Klarheit und systematischen Vollkommenheit einer wissenschaftlichen Lehre einerseits und der pädagogischen Gewähr für das Verständnis andererseits. Gerade der philosophische Kopf, der auch ein mathematisches Ergebnis nicht bloß hinnehmen will, sondern darüber philosophiert, d.h. es in den Grundlagen zu verstehen und mit seinem übrigen Wissen in Harmonie zu bringen strebt, gerade er muß, wenn er nicht zu den Seltenen gehört, die aus eigener Kraft zur Klarheit durchdringen, scheitern. Und so kommt es dahin, daß selbst die Mathematik, statt das unverrückbare Richtmaß und Vorbild zu bleiben, durch das auch der Philosophie geholfen werden könnte, vielmehr von dieser mit in den Strudel der Verwirrung hineingezogen wird.

30 Newton: Philosophiae naturalis principia mathematica, Liber primus, Scholium.

31 Paul du Bois-Reymond: Die allgemeine Funktionentheorie, erster Teil, Seite 2. Tübingen 1882.

Hiermit glaube ich zugleich die gewichtigste Äußerung beantwortet zu haben, die mir über den Wert der sokratischen Methode für den mathematischen Unterricht bekanntgeworden ist. Diese Äußerung stammt nämlich von keinem anderen als – WEIERSTRASS. WEIERSTRASS hat der sokratischen Methode eine eigene Abhandlung gewidmet.[32] Schon diese Tatsache allein ist ein Ausdruck der Schätzung und des Verständnisses, die der tiefdenkende Mathematiker und Pädagoge unserem Gegenstand entgegengebracht hat. Und dasselbe bezeugen im einzelnen seine Ausführungen. Wenn WEIERSTRASS dennoch den Wert der sokratischen Methode, deren grundsätzliche Durchführbarkeit in der Philosophie und in der reinen Mathematik – im Gegensatz zu den Erfahrungswissenschaften – er nachweist, für den Unterricht an den Schulen nur gering veranschlagt, so einmal, weil ihm die äußeren Schwierigkeiten, die hier unleugbar bestehen und von denen ich ausführlich gesprochen habe, unüberwindlich erscheinen. Sodann aber offensichtlich auch aus einer, bei dem Genie des großen Forschers sehr begreiflichen, Vorliebe für den zusammenhängenden Vortrag mit seinen großen Überblicken und der architektonischen Schönheit seines Aufbaus. Er gesteht zwar zu, daß ein solcher Vortrag, »wenn er von Erfolg sein soll, Schüler von bereits reiferem Geiste voraussetzt«. Doch da nach seiner Meinung auch »die sokratische Methode in ihrem wahren Geiste durchgeführt« »weniger für Knaben als für reifere Jünglinge paßt«, so fragt man vergeblich, woher die Reife des Geistes kommen soll, die der nicht-sokratischen Lehrart den Erfolg sichert. –

Welche Reife des Geistes müssen unsere Schüler haben, wenn wir ihnen zumuten, den WEIERSTRASS-Schüler PAUL DU BOIS-REYMOND und den NEWTON-Schüler EULER an Tiefe des Verständnisses zu übertreffen!

32 Weierstrass: Mathematische Werke, dritter Band, Anhang, Seite 315–329. Berlin 1903.

Unser Ergebnis könnte zu pessimistischen Folgerungen stimmen. Aber recht besehen stehen wir nicht am Ende. Was wir gefunden haben, weist uns ja gerade den Weg, den Grund des Mißstandes zu beheben, der als solcher allerdings schwerlich pessimistisch genug beurteilt werden kann.

Der Weg geht über die Mathematik. Es steht bei den Mathematikern, dem Skandal ein Ende zu machen, der bisher nicht nur das Ansehen der Philosophie gänzlich zerrüttet hat, sondern auch die Mathematik selbst mit dem Verlust des Ranges bedroht, den sie, dank ihrer machtvollen Stellung im Unterricht, im Geistesleben der Menschheit bisher behauptet hat.

Bei der hilflosen Lage, in der sich die Sache der sokratischen Methode befindet, kann die Hilfe nur kommen von einer Wissenschaft her, die jene Vorzüge vereinigt, von denen ich gesprochen habe, und die in der Tat nur der Mathematik zukommen, Vorzüge, die ihr einen Vorsprung sichern, den die Philosophie aus eigener Kraft nie einholen wird.

Charakter und Ansehen der Mathematik als Wissenschaft stehen noch fest genug. Die Evidenz ihrer Ergebnisse kann durch keinen noch so kläglichen Unterricht auf die Dauer verdunkelt werden und wird immer eine Handhabe zur Orientierung bieten, mag sonst auch alles in Dunkelheit und Verwirrung stürzen.

Und so appelliere ich denn an die Mathematiker. Mögen sie sich der Geistesmacht bewußt werden, die in ihren Händen ruht, und des ihnen damit zufallenden Führerberufs in den Reichen der Wissenschaft und des Unterrichts. Die Philosophie kann heute den ihr von Haus aus zufallenden Schutz der geistigen Güter nicht übernehmen, deren Schicksal an das der sokratischen Methode geknüpft ist. Sie selbst ist, nachdem sie ihr Stiefkind verstoßen und sich dadurch seines belebenden und verjüngenden Einflusses beraubt hat, so kraftlos geworden, daß sie nunmehr bei ihrer

Schwesterwissenschaft Aufnahme und Hilfe für die verstoßene Tochter erbitten muß.

Wenn ich daher heute am Anfang von einem Gebot der Ritterlichkeit sprach, das mich zum Anwalt der Verschmähten macht, so bin ich doch weit davon entfernt, meine Ohnmacht zu verkennen.

Ich kann dieses Gebot der Ritterlichkeit nicht anders erfüllen als dadurch, daß ich meinen Schützling der Obhut der Mathematik anvertraue, in der Zuversicht, dort eine Pflegestätte für die Verstoßene zu wissen, in der sie sich kraftvoll entfalten kann, um endlich, wenn sie erstarkt sein wird, in ihre Heimat zurückzukehren und dort wohlgeordnete und gesetzliche Zustände einzuführen, und so zum Guten zu wenden, was an ihr gesündigt worden ist.

GUSTAV HECKMANN

Lenkungsaufgaben des sokratischen Gesprächsleiters

7. Kapitel

Sechs pädagogische Maßnahmen
Die dem sokratischen Gespräch zugrunde liegende Wahrheitsauffassung

Es ist sokratischer Grundsatz, daß Einsichten in allgemeine Zusammenhänge gewonnen werden nur, indem das konkrete Erfahrene aufgefaßt und analysiert wird, wobei die mit der konkreten Erfahrung verknüpfte allgemeine Erkenntnis deutlich wird und für sich ausgesprochen werden kann. Daß dem so ist, wird auf eben dieselbe Art und Weise einleuchten, nämlich indem wir uns anschauen, wie z.B. in den Seminaren, über die ich berichtet habe, Einsichten gewonnen worden sind.

In dem Seminar über das Wollen erkannten wir durch genaues Auffassen von Hans' Kampf um seine Identität, vor allem seines Überwindens einer Niederlage in diesem Kampf, daß das Auffassen des Wertes, »der zu werden, der er sein wollte«, ihm zum Überwinden seiner Angst verhalf. Hätten wir weiterarbeiten können, so hätten wir sicherlich die vom Konkreten weiter entfernte allgemeine Einsicht gewonnen: Eine hinreichend klare Werteinsicht kann ihr entgegenwirkende Kräfte wie Angst überwinden.

In dem Seminar über mathematische Wahrheit haben wir nur durch Aufbauen der Beweise des Satzes des Pythagoras und einiger anderer Sätze Einsicht in die Struktur des mathematischen Beweises gewonnen. Und durch Analyse der *von uns selber erarbeiteten* Beweise haben wir das Phänomen Basisvoraussetzung in den Blick bekommen und konnten darangehen, es durch begriffliche Merkmale zu definieren.

In dem Seminar über die Freiheit kamen wir zu der Einsicht, durch welches Verhalten Lore mehr Freiheit gewann, nur dadurch, daß wir die einzelnen Schritte ihres Emanzipationsprozesses anschauten. Nur so erkannten wir deren Bedeutung, vor allem die Bedeutung der inneren Aktivitäten. Eine für das Freiwerden so bedeutungsvolle innere Aktivität wie das Offensein Lores für ihr entgegengebrachte Kritik, das Nichtüberfahren der Kritik, das Offensein für den von ihrem eigenen Gefühl bestätigten Wahrheitsgehalt dieser Kritik konnte uns, vor allem auch ihr selber, nur durch Festhalten der Aufmerksamkeit bei jedem einzelnen Schritt des Prozesses in den Blick kommen. Indem wir die Bedeutung dieses Offenseins für Lores Freiwerden erkannten, haben wir den ersten Schritt getan zu der allgemeinen Einsicht: Für das Realisieren von Werten in unserem Handeln ist es wesentlich, leise Hinweise unseres Wertgefühls, unseres Gewissens nicht zu überfahren.

Ein Gespräch ist sokratisch, wenn es dem einzelnen Teilnehmer dazu verhilft, den Weg vom konkreten Erfahrenen zur allgemeinen Einsicht selber zu gehen. Welche Arbeit dazu notwendig ist, wird in den Berichten über die Seminare geschildert. Nur indem der einzelne diese Arbeit selber leistet, gewinnt er Einsicht.

Im sokratischen Lehrgespräch hat der Gesprächsleiter *die pädagogische Aufgabe*, dafür zu sorgen, daß dies geschieht. Welche *pädagogischen Maßnahmen* stehen dafür zur Verfügung?

1. Zu allererst muß er die Teilnehmer auf ihr eigenes Urteilsvermögen verweisen, indem er seine eigene Meinung über die erörterte Sache nicht zu erkennen gibt. Dieses *Gebot der Zurückhaltung* gilt jedenfalls für den Leiter des sokratischen *Lehr*gesprächs. Als Lehrer muß er den Teilnehmern an Einsicht in die erörterte Sache oder doch an Erfahrung im Bemühen um Einsicht voraus sein. Dadurch sind seine Argumente herausgehoben, und wenn er sie äußern würde, würde das den Teilnehmern das unbefangene Prü-

fen der von ihnen vorgebrachten Argumente stören. Ihre Aufmerksamkeit würde auf die Argumente des Gesprächsleiters gelenkt, würde von ihrem eigenen Denken abgezogen werden.

Nelson unterstreicht die Bedeutung dieser Maßnahme mit der Feststellung, »daß ein unbedingt auszuschaltender Einfluß derjenige ist, der von den Urteilen des Lehrers ausginge. Gelingt die Ausschaltung dieses Einflusses nicht, dann ist alle weitere Mühe eitel. Der Lehrer hat alles getan, was an ihm ist, dem eigenen Urteil des Schülers durch Anbieten eines Vorurteils zuvorzukommen.«[1]

2. Der Gesprächsleiter muß die Teilnehmer dazu bringen, *im Konkreten Fuß zu fassen*, und dafür sorgen, daß beim Fortschreiten zu allgemeineren Einsichten der Zusammenhang mit dem Konkreten immer bewußt bleibt. Er wird etwa die Teilnehmer auffordern, einen in allgemeiner Formulierung geäußerten Gedanken durch ein Beispiel zu erläutern. Beispiele sind für den Zweck, den sie im sokratischen Gespräch haben, mehr oder weniger geeignet. Je näher ein Beispiel dem Erfahrungsbereich der Teilnehmer ist, desto besser ist es. Am fruchtbarsten ist es, etwas von einem Teilnehmer wirklich Erlebtes zu untersuchen, vorausgesetzt, es läßt sich in dem Gesprächskreise offen, ohne Behinderung durch Peinlichkeit oder Beschämung, vorbringen; wenn nicht alles Wesentliche mitgeteilt werden kann, dann kann das Beispiel nicht helfen, der Wahrheit auf die Spur zu kommen. Jedoch sollte der Gesprächsleiter Geduld haben, wenn nicht gleich etwas Selbsterlebtes, sondern et-

1 [Leonard Nelson: Die sokratische Methode (1922). In: L. N.: Gesammelte Schriften. Bd. 1. Hamburg: Meiner, 1970. Im folgenden zit. mit Band und Seitenzahl. – Leonard Nelson: Vom Selbstvertrauen der Vernunft. Schriften zur kritischen Philosophie und ihrer Ethik. Hrsg. von Grete Henry-Hermann. Hamburg: Meiner, 1975. Im folgenden zit. als Sv mit Seitenzahl. – Alle weiteren Seiten- und Kapitelangaben sowie Seminarhinweise beziehen sich auf die Ausgabe des *Sokratischen Gesprächs*, der der hier abgedruckte Auszug entnommen ist; vgl. Textnachweise S. 215.]
Nelson: I 292 und Sv 214.

was bloß Angenommenes, Konstruiertes als Beispiel vorgebracht wird; wirkliche persönliche Erfahrungen werden schon noch eingebracht werden, wenn die Teilnehmer miteinander vertraut werden (vgl. Bericht über das Freiheitsseminar, S. 55).

3. *Das Gespräch* als Hilfsmittel des Denkens voll ausschöpfen. Darauf achten, ob die Teilnehmer einander wirklich verstehen, und wo das zweifelhaft ist, eine genaue Verständigung herbeizuführen suchen. Dabei wird jedem Teilnehmer ein doppeltes Bemühen zugemutet: einmal die eigenen Gedanken so auszudrücken, daß der andere sie verstehen kann; sodann das Bemühen, die Gedanken des anderen aufzufassen. Zu beidem trägt der Gesprächsleiter bei durch Fragen wie: »Wie hast du Paul verstanden?«, und an Paul: »Bist du richtig verstanden worden?«. Oder wenn der Gesprächsleiter selber einen vorgebrachten Gedanken noch nicht versteht: »Ich verstehe noch nicht; kann mir jemand helfen zu verstehen, was Grete meint?« Erst durch das Herbeiführen des genauen gegenseitigen Verstehens wird das Gespräch zu einem machtvollen Hilfsmittel zur Klärung und Vertiefung des Denkens aller Beteiligten.

4. *Festhalten der gerade erörterten Frage.* Dazu muß der Gesprächsleiter von Zeit zu Zeit zu ihr zurückführen, wenn das Gespräch in benachbarte Fragen abgeglitten ist. Er muß dafür sorgen, daß den Teilnehmern bewußt ist, welche Frage gerade zur Diskussion steht, und muß das Gespräch bei dieser Frage festhalten, bis sie hinreichend geklärt ist oder bis die Gruppe sich bewußt und mit Begründung entschließt, zu einer anderen Frage überzugehen. Der Grund für einen Wechsel kann die Einsicht sein, daß man, um in der gerade erörterten Frage weiterzukommen, zunächst eine andere untersuchen muß. Er kann auch das Gefühl sein, in der gerade erörterten Frage nicht weiterzukommen, ohne daß man das Hindernis erkennen kann. Dann kann es zweckmäßig sein, das Thema von einer anderen Seite her anzufassen.

In den ersten Jahren meiner sokratischen Arbeit habe ich an Kreuzwegen der Untersuchung, wenn wir vor der Alternative standen, uns zuerst diese oder zuerst jene Teilfrage vorzunehmen, versucht, auch diese Entscheidung sokratisch auszudiskutieren.

Die darauf verwandte Zeit und Mühe hat sich immer als völlig ergebnislos erwiesen. Manchmal ist aus dem Zusammenhang der Untersuchung klar, welche Teilfrage jetzt untersucht werden muß. In Fällen aber, in denen mehrere Fragen sich zur Fortführung der Untersuchung anbieten, ist es im Laufe meiner sokratischen Erfahrung nie gelungen, die Entscheidung für den einen oder anderen Weg durch einleuchtende Gründe herbeizuführen. Es ist, als wolle man an einen bestimmten Punkt in einem im übrigen unbekannten Gelände gelangen und stünde vor einem Hindernis, das man entweder links oder rechts umgehen kann; man hat aber keinen Anhaltspunkt für die Entscheidung. Den Versuch, solche Kreuzwegentscheidungen auszudiskutieren, habe ich aufgegeben. Haben wir im sokratischen Gespräch eine solche Entscheidung zu treffen, so schlage ich der Gruppe unter Hinweis auf meine vergeblichen Versuche vor, die Entscheidung nach unserem Belieben zu treffen, etwa durch Abstimmung.

5. *Hinstreben auf Konsensus.* Solange in einer bestimmten Frage noch Meinungsverschiedenheiten bestehen, solange eine bestimmte Aussage noch nicht die Zustimmung aller Beteiligten findet, ist es natürlich, sich mit diesem Stand der Dinge noch nicht zufrieden zu geben. Im sokratischen Gespräch wollen wir über bloß subjektives Meinen hinauskommen. Deswegen prüfen wir, welche Gründe wir für unsere Behauptungen haben und ob diese Gründe von uns allen als zureichend anerkannt werden. Das Hinausstreben über bloß subjektives Meinen, das Streben nach intersubjektiv Gültigem, nach Wahrheit, wie wir früher unbefangen sagten, ist Motiv des sokratischen Gesprächs.

Heute sprechen wir nicht mehr so unbefangen von Wahrheit wie früher. Das Streben nach Wahrheit und der Anspruch, die Wahrheit in einer bestimmten Frage erkannt zu haben, werden vielfach als Vermessenheit empfunden. Vom sokratischen Standpunkt aus möchte ich dazu folgendes sagen:

Wenn wir im sokratischen Gespräch Konsensus über eine Aussage erreicht haben, dann hat dieser den Charakter des Vorläufigen: Bis auf weiteres bestehen keine Zweifel mehr an der erarbeiteten Aussage. Jedoch kann uns ein bisher nicht erwogener Gesichtspunkt in den Blick kommen, der neue Zweifel hervorruft. Dann muß die bisher nicht mehr angezweifelte Aussage von neuem geprüft werden. Niemals aber wird eine Aussage erreicht, die neuer Revisionsbedürftigkeit grundsätzlich entzogen wäre.

Zu diesen Feststellungen kommen wir durch einen Induktionsschluß, auf Grund von Erfahrungen, die wir mit dem Begründen von Aussagen, insbesondere im sokratischen Gespräch, gemacht haben. Der Obersatz dieses Induktionsschlusses ist die Voraussetzung, daß der Prozeß, durch Nachdenken über Erfahrenes Einsichten zu gewinnen, durch die Struktur der Vernunft bestimmt ist.

Können wir das schrittweise Sich-freimachen von Irrtum, das schrittweise Überwinden von Zweifeln als eine Annäherung an die Wahrheit auffassen, mit der Einschränkung allerdings, daß die reine, der Irrtumsmöglichkeit und Revisionsbedürftigkeit entzogene Wahrheit unerreichbar bleibt? Gegen diese Auffassung ist eingewandt worden: Wenn es irrtumsfreie Wahrheit nicht gibt, dann können wir diesen Begriff nicht verwenden; dann hat die Redensart »der irrtumsfreien Wahrheit näherkommen« keinen Sinn.

Das sokratische Gespräch setzt in der Tat den Begriff »irrtumsfreie Wahrheit« nicht voraus. Es setzt voraus, daß wir eine Aussage als falsch oder als nicht hinreichend begründet erkennen können. Dann geben wir sie entweder preis oder suchen sie so zu modifizieren, daß wir Einwände gegen die modifizierte Aussage nicht mehr sehen. So gewinnen wir Aussagen von der Qualität: bis auf weiteres als begründet anerkannt. Soviel können wir erreichen. Nicht erreichen können wir Aussagen von der Qualität: der Irrtumsmöglichkeit und der Revisionsbedürftigkeit endgültig entzogen. Im sokratischen Gespräch streben wir das Erreichbare an, und das ist der Sinn des Konsensus im sokratischen Gespräch. Er hat immer den Charakter: bis auf weiteres.

In dieser Position scheinen mir sinngemäß vereinigt einerseits die Position Albert Schweitzers: »Als unverlierbaren Kinderglauben habe ich mir den an die Wahrheit bewahrt«,[2] andererseits die Max Borns:

> »Ich glaube, daß Ideen wie absolute Richtigkeit, absolute Genauigkeit, endgültige Wahrheit usw. Hirngespinste sind, die in keiner Wissenschaft zugelassen werden sollten. ... Diese Lockerung des Denkens scheint mir als der größte Segen, den die heutige Wissenschaft uns gebracht hat. Ist doch der Glaube an eine einzige Wahrheit und deren Besitzer zu sein, die tiefste Wurzel allen Übels auf der Welt.«[3]

Mit dem kritischen Gebrauch, ja mit der Vermeidung des Wortes Wahrheit wird jedoch die Idee der Wahrheit, die das abendländische Denken beflügelt und Wissenschaft und kritisches Denken erst hervorgebracht hat, nicht preisgegeben. Im Gegenteil: eben diese Idee veranlaßt die von ihr Motivierten zu kritischem Selbstverständnis. Im sokratischen Gespräch sind wir von ihr motiviert. Sie veranlaßt uns, die Erfahrung, die wir im sokratischen Gespräch machen, mit Begriffen zu beschreiben, die kritischer Prüfung standhalten.

2 Albert Schweitzer: Aus meinem Leben und Denken. Meiner Verlag. Hamburg 1949, S. 217.

3 Max Born: Von der Verantwortung des Naturwissenschaftlers. Nymphenburger Verlagshandlung. München 1965, S. 183.

Ich kehre zurück zu den pädagogischen Maßnahmen, mit denen der sokratische Gesprächsleiter arbeitet, und komme zur letzten:

6. *Lenkung.* Hierhin gehören die Maßnahmen, durch die der Gesprächsleiter das Gespräch in fruchtbare Bahnen lenkt. Ich habe sie in den Berichten diskutiert: SS. 20ff., 23, 25f., 40, 51. Durch sie sowie durch die vierte Maßnahme – Festhalten an der gerade erörterten Frage – bewahrt der Gesprächsleiter das Gespräch vor dem Schicksal vieler ungeleiteter Gespräche: vor dem Verlieren eines klaren Gedankenganges, dem Zerfließen und Versanden des Gesprächs. Schon deswegen ist der Gesprächsleiter entlastet von der Aufgabe, seine Position zu der diskutierten Sache zu vertreten: ist er freigestellt für die andere Aufgabe, den Weg zu beobachten, den das Gespräch nimmt, und darüber zu wachen, daß wesentliche Fragen angegriffen und fruchtbare Ansätze aufgegriffen werden.

An diesem *Teil*ziel muß der Gesprächsleiter seine Lenkungsmaßnahmen orientieren. Das Teilziel bleibt dem *Haupt*ziel untergeordnet: den Teilnehmern zum Erarbeiten von Einsichten zu verhelfen. Dieses Hauptziel setzt den Lenkungsmaßnahmen die in der ersten pädagogischen Maßnahme formulierte Grenze: Niemals darf der Gesprächsleiter den Teilnehmern den Prozeß der eigenen Urteilsbildung dadurch stören, daß er ihnen sein eigenes Urteil zur erörterten Sache durch seine Lenkung irgendwie nahelegt.

Der Gebrauch der Tafel ist nicht eine neue pädagogische Maßnahme, sondern ein Hilfsmittel, das die Durchführung fast aller hier aufgezählten pädagogischen Maßnahmen erleichtert. Im sokratischen Gespräch sucht man Gedanken durch präzise Formulierungen auszudrücken; man arbeitet an den Formulierungen. Oft muß man eine solche ständig gegenwärtig haben. Dabei ist das Festhalten an der Tafel eine große Hilfe. Nelson bemerkt, daß es »durch bloßes Hinschreiben der Lehrsätze zweier einander widerstrebender Doktrinen« gelingt, »die Aufmerksamkeit auf die ihnen zugrunde liegende« falsche Voraussetzung »zu lenken, deren Mißbrauch aufzudecken und damit beide Lehrmeinungen zu stürzen«.[4]

Nelson sagt hier, bei welcher pädagogischen Maßnahme er in diesem Falle das Anschreiben als Hilfsmittel benutzt: bei einer Maßnahme der Lenkung. Und er sagt, *was* gelenkt wird: Die Aufmerksamkeit der Teilnehmer wird auf einen Punkt gelenkt, dessen Bedeutung für die Untersuchung der Gesprächsleiter erkennt, die Teilnehmer noch nicht. Auf keinen Fall darf die Lenkung der *Bildung eines eigenen Urteils* der Teilnehmer vorgreifen.

Die sechs pädagogischen Maßnahmen stellen sehr unterschiedliche Anforderungen an den Gesprächsleiter. Die ersten beiden: Zurückhaltung der eigenen Auffassung zur Sache und das Heranführen der Diskussion an konkrete Erfahrung, sind relativ einfach. Seine eigene Auffassung zur Sache nicht erkennen zu lassen, erfordert vom Gesprächsleiter lediglich einen auf dem Verstehen des Sinns dieser Maßnahme beruhenden Entschluß. Und um die Teilnehmer zu veranlassen, einen Gedanken an einem Beispiel aus ihrer eigenen Erfahrung deutlich zu machen, braucht er sie nur beharrlich dazu aufzufordern.

Höhere Anforderungen an den Gesprächsleiter stellt die dritte Maßnahme: das Hinarbeiten auf gegenseitiges Verstehen der Teilnehmer. Das kann mühsames Kontrollieren erfordern, etwa von der Art: »Würde Hans noch einmal sagen, wie er Grete verstanden hat?« Und dann an Grete: »Hat er dich richtig verstanden?« Der Gesprächsleiter darf aber solche Mühe nicht scheuen, wenn er den Eindruck hat, daß gegenseitiges Verstehen noch nicht voll erreicht ist. Verbale Zustimmung eines Teilnehmers zu dem von einem anderen Gesagten ist noch keine Gewähr für gegenseitiges Verstehen. Ein Ja kann überzeugend oder weniger überzeu-

4 Nelson: I 307 und Sv 229.

gend vorgebracht werden. Wenn der Gesprächsleiter nicht von Natur aus ein Gespür für solche Unterschiede hat, dann wird er es sich durch Erfahrung im sokratischen Gespräch erwerben: durch Aufmerksamkeit nicht nur auf das, was die Teilnehmer sagen, sondern auch darauf, wie sie es sagen, und auf ihr gesamtes Verhalten im Gespräch. Die gleiche Anforderung an den Gesprächsleiter stellt die fünfte Maßnahme: Er muß erkennen, ob ein Konsensus auf der an Gründen orientierten Überzeugung der Teilnehmer beruht oder ob einige halbherzig zustimmen, ohne überzeugt zu sein.

Die vierte Maßnahme, das Festhalten an der gerade erörterten Frage, erfordert vom Gesprächsleiter die Selbstkontrolle, ob er noch sieht, welche Frage diskutiert wird, oder ob er den Überblick verloren hat, und wenn letzteres der Fall ist, den Entschluß zu der Frage: »Ich sehe nicht mehr, über welche Frage wir sprechen; würde einmal jemand diese Frage nennen?«

Die höchsten Anforderungen an den Gesprächsleiter scheint mir die sechste Maßnahme zu stellen: das Erkennen und Nutzen fruchtbarer Ansätze und Fragen. Hierzu muß der Gesprächsleiter den Teilnehmern voraus sein an philosophischer Einsicht und an Erfahrung mit dem Mühen um philosophische Einsicht. Beides erwirbt er sich nur durch lange, von philosophischem Studium begleitete Erfahrung in der Leitung sokratischer Gespräche.

Wer mit der Leitung sokratischer Gespräche beginnt, tut deswegen gut daran, mit Themen zu beginnen, die sich nicht allzu weit von der konkreten Erfahrung entfernen; also z.B. konkrete Konflikte auf eine faire, gerechte Lösung hin zu untersuchen, jedoch die Frage nach dem abstrakten Prinzip gerechter Konfliktentscheidung zunächst beiseite zu lassen. Er tut ferner gut daran, seine Aufmerksamkeit als Gesprächsleiter auf die leichter zu handhabenden ersten fünf pädagogischen Maßnahmen zu konzentrieren, die sechste jedoch zunächst außer acht zu lassen. Sollte dann das Gespräch sich so entwickeln, daß Gesprächsleiter und Teilnehmer die Zusammenhänge nicht mehr überschauen, fruchtbare Ansätze als solche nicht mehr wahrnehmen, dann sollte das Gespräch abgebrochen werden. Denn dann besteht nicht mehr viel Aussicht, daß es fruchtbar wird. Im Zusammenhang mit den Schwierigkeiten des sokratischen Gesprächs erinnert Nelson an den Freimut, mit dem Platon diese in seiner Darstellung hervortreten läßt: »ja, Platon läßt Gespräche abbrechen, weil den Teilnehmern die Geduld ausgeht …«[5]

Die sechs pädagogischen Maßnahmen enthalten Forderungen an den Gesprächsleiter. Gelten sie nicht aber für alle Gesprächsteilnehmer? Durch lange Schulung im sokratischen Gespräch kann in der Tat erreicht werden, daß in der Gesprächsgruppe die Aufmerksamkeit auf die sechs Forderungen wach ist. Über ein solches Gespräch berichtet das 11. Kapitel. In diesem Gespräch brauchte ich mich als Gesprächsleiter um die sechs Forderungen in der Tat nicht zu kümmern; die Teilnehmer beachteten sie von sich aus, während ich durch Anschreiben an der Tafel half und frei war, eigene Erfahrungen in das Gespräch einzubringen.

Mit diesem Niveau kann aber die sokratische Arbeit nicht beginnen. Für lange Zeit hat der Gesprächsleiter eine besondere Aufgabe: Damit die Gesprächsteilnehmer ihre ganze Aufmerksamkeit der erörterten *Sache* zuwenden können – und nur dadurch bekommt das Gespräch Gehalt –, nimmt der Gesprächsleiter ihnen die Sorge um den *Gang* des Gesprächs ab. Er wacht darüber, daß das von den Teilnehmern Vorgebrachte im Gespräch gründlich verarbeitet und daß vom einzelnen Teilnehmer die Arbeit geleistet wird, durch die Einsicht entsteht. Erst allmählich können die Teilnehmer dahin kommen, die sechs pädagogischen Maßnahmen selber zu beachten.

5 Nelson: I 284 und Sv 206.

9. Kapitel

Das pädagogische Problem der Lenkung

Als Lenkung habe ich im 7. Kapitel die Maßnahmen bezeichnet, durch die der Gesprächsleiter das Gespräch in fruchtbare Bahnen lenkt oder vor ergebnislosem Zerfließen bewahrt. Gelenkt wird durch diese Maßnahmen der Weg, den das Gespräch in dem erörterten Sachbereich nimmt. Jedes Tun des Gesprächsleiters also, durch das er die Teilnehmer dazu zu bringen sucht, eine bestimmte Teilfrage oder Einzelheit zu beachten, zu erörtern oder aber nicht zu erörtern, ist Lenkung in diesem Sinne. In diesem Kapitel werde ich das Wort Lenkung durchgängig im engen Sinne dieser Definition gebrauchen, nicht in dem weiteren Sinne, in dem man auch die übrigen im 7. Kapitel aufgezählten pädagogischen Maßnahmen als Lenkung bezeichnen könnte.

Ich gebe einige Beispiele für Lenkung in diesem engeren Sinne:

Als in dem Seminar über das Wollen die Gruppe nicht recht vorankam mit der Frage, weshalb Karls Wollen, Dieter zu helfen, gegen die ihm entgegenstehenden inneren Widerstände nicht durchdrang, schlug ich vor, uns zunächst den Fall eines gegen innere Widerstände erfolgreichen Wollens anzuschauen und mit den dabei gewonnenen Erkenntnissen zu Karls erfolglosem Wollen zurückzukehren. Das führte dazu, daß die Bedeutung von Werteinsichten für die Kraft eines Wollens eindrucksvoll hervortrat und die Gruppe diese wichtige Einsicht gewann. Es ist fraglich, ob sie sie gewonnen haben würde, wenn wir nur Karls Fall erfolglosen Wollens untersucht hätten.

In dem im 5. Kapitel referierten Seminar sprach Käthe von »Selbstbestimmung« und nannte als Beispiele dafür so verschiedenartige Erfahrungen wie Freude an der Natur und Befriedigung über eine gelungene eigene Leistung. Offensichtlich schwebte ihr dabei eine sich verschiedenartig manifestierende menschliche Grunderfahrung vor, deren Wesen sie aber zunächst nicht klar erkannte. Nachdem eine Fülle weiterer Beispiele für diese Grunderfahrung zusammengetragen worden war, forderte ich die Gruppe auf, das all diesen Beispielen gemeinsame Merkmal aufzusuchen. Das führte zum Erkennen des Wesens dieser Grunderfahrung und zum Finden einer sie treffenden Bezeichnung.

In dem Seminar über Wahrheit in der Mathematik erlahmte die Aktivität der Gruppe. Ihr Interesse am Wahrheitsproblem der Mathematik war nicht sehr stark, und die Schwierigkeiten des Problems waren groß. Hätte ich damals den Vorschlag gesehen, durch den ich das Gespräch auf einen fruchtbaren Weg hätte lenken können, so hätte ich das getan, um der Gruppe erfolgloses Mühen zu ersparen. Wie ich unter dem Stichwort »Verfehlte Lenkung« berichtet habe (3. Kap., S. 40), habe ich aber damals diese Möglichkeit nicht gesehen.

Die Lenkungsmaßnahmen sind also Hilfen des Gesprächsleiters, durch die er das Gespräch auf einen fruchtbaren Weg hin oder von einem aussichtslosen Weg weg lenkt.

Sie sind von der Art: Tut erst einmal diesen Schritt, dann werdet ihr weiterkommen. Sie nehmen der Gruppe das Tun des Schrittes keineswegs ab. Und schon gar nicht suggerieren sie ihr, zu welchem Ergebnis nach Meinung des Gesprächsleiters der Schritt führen wird.

Ein guter Meister wird seinem Lehrling nicht wiederholt die Erfahrung des Nichtkönnens vermitteln, indem er ihn vor zu schwierige Aufgaben stellt. Damit würde er ihm das Selbstvertrauen und die Freude an der Arbeit zerstören. Er wird vielmehr dem Lehrling Aufgaben stellen, die dessen Kräfte voll herausfordern, aber nicht überfordern, und wird die Schwierigkeit der Aufgaben im Fortgang der Ausbildung steigern.

Dieses für alles Lehren und Erziehen gültige methodische Prinzip bestimmt auch den sokratischen Unterricht.

Der sokratische Lehrer wird die Kräfte der Schüler herausfordern, ihnen gedankliche Anstrengungen und auch das Durchstehen von Durststrecken zumuten – meine Seminarberichte geben Zeugnis davon. Ein bloßes Scheitern an übergroßen Schwierigkeiten, die bloße Erfahrung des Nichtkönnens jedoch wird er den Schülern zu ersparen suchen. Ich habe es einmal erlebt, daß eine lange sich hinziehende sokratische Arbeit in völliger Ergebnislosigkeit und in Depression aller Beteiligten, Gesprächsleiter und Teilnehmer, endete. Das war für keinen von uns eine gute, die Freude am Denken anspornende und das Vertrauen in die Kraft des eigenen Denkens belebende Erfahrung. Der sokratische Lehrer wird darauf aus sein, den Schülern die Erfahrung, daß man durch angestrengtes gemeinschaftliches Bemühen zu wesentlichen Einsichten kommen kann, so intensiv und so ausgedehnt zu verschaffen, wie es unter den gegebenen Umständen möglich ist.

Ausschließlich diesem Ziel sollten seine Lenkungsmaßnahmen dienen, und ausschließlich unter dem Gesichtspunkt, ob sie ihm dienlich sind oder nicht, sind sie zu beurteilen.

Die Teilnehmer das Gewinnen von Einsichten so intensiv und so ausgedehnt erfahren lassen, wie es unter den gegebenen Umständen möglich ist – ich sehe im wesentlichen zwei Umstände, die einschränken, was möglich ist: erstens die geistigen Voraussetzungen und Interessen der Teilnehmer, zweitens die für die Arbeit zur Verfügung stehende Zeit.

Die Bedeutung des ersten dieser beiden Faktoren wird deutlich z. B. an jener Situation in dem Seminar über Wahrheit in der Mathematik, als das Interesse der Teilnehmer an dem Problem sich als zu schwach erwies, um die zur Bewältigung der Schwierigkeiten erforderliche Anstrengung aufzubieten. Damals mußte die Gruppe sich entscheiden, ob sie das Thema »Wahrheit in der Mathematik« aufgeben und statt dessen etwa das Thema »Wahrheit zwischen Menschen« angreifen wollte. In meinem Bericht über jene Situation und über das Zustandekommen der Entscheidung habe ich gesagt: »Ich hatte mir vorgenommen, die Gruppe nicht im mindesten zurückzuhalten, falls sie beschlösse, die Untersuchung über mathematische Wahrheit abzubrechen.« (3. Kap., S. 41) »Ohne zu dieser Untersuchung motiviert zu sein, konnte die Gruppe die Schwierigkeiten nicht durchstehen, und ich konnte ihr die Motivation nicht von außen einpflanzen.« (S. 42) Vor die Wahl zwischen mehreren Vorschlägen gestellt, entschied sich die Gruppe dann doch eindeutig für Fortsetzung und Untersuchung über mathematische Wahrheit, und es war offensichtlich, daß jetzt die Motivation vorhanden war. Die Arbeit wurde dann auch so weit vorangetrieben, daß wohl alle das Gefühl hatten, das ich für meinen Teil ausdrückte mit dem Satz: »Die Schinderei hat sich gelohnt.« (3. Kap., S. 43)

Auch die Bedeutung des zweiten Faktors, der verfügbaren Zeit, sei an einem Beispiel erläutert: Als in dem im 5. Kapitel berichteten Seminar Paul physiologische Kriterien zur Sprache brachte (S. 64), als es um das Phänomen erhöhter Intensität des inneren Lebens ging, wies ich diesen Gedanken zurück mit dem Argument: Wir untersuchten ein Phänomen der inneren Erfahrung, und dazu würde uns die Untersuchung äußerer, z. B. physiologischer, Vorgänge nicht helfen können. Mein Motiv für diese *Lenkung* weg von Pauls Gedanken war: Er warf eine neue bedeutungsvolle, aber nicht kurz zu behandelnde Problematik auf: die der Unterscheidung und des gegenseitigen Verhältnisses äußerer und innerer Vorgänge, äußerer und innerer Erfahrung. Die dem Seminar zur Verfügung stehende Zeit würde wahrscheinlich nicht ausgereicht haben, um sowohl dieses neue Problem zu klären als auch das uns beschäftigende einer Grunderfahrung, die Käthe im Sinn hatte und, noch nicht treffend, »Selbstbestätigung« nannte. Ich entschied, bei der Untersuchung jener Grunderfahrung zu bleiben und das Problem äußere Vorgänge – innere Vorgänge nicht anzugreifen.

Daß wir an dieser Stelle des Seminars die uns verfügbare Zeit in Rechnung stellen und uns entscheiden mußten, welches der beiden Probleme wir vorziehen wollten, ist richtig. Aber die Art, wie ich hier die Lenkung durchgeführt habe, war nicht gut. Ich hätte der Gruppe die Situation, wie ich sie sah, darstellen sollen, nämlich daß wir vor zwei wichtigen, nicht rasch zu bewältigenden Problemen standen und daß die Zeit des Seminars wahrscheinlich nicht ausreichen würde, um beide zu klären. Und dann hätte die Gruppe entscheiden sollen, welches der beiden Probleme sie zunächst in Angriff nehmen wollte angesichts des Risikos, daß wir dann zur Erörterung des anderen keine Zeit mehr haben würden.

Lenkung strebt immer eine Entscheidung über den einzuschlagenden Weg an, wobei der Gesprächsleiter einen bestimmten Weg für zweckmäßig hält. Pädagogisch gut ist die Lenkung, bei der die Gruppe in Kenntnis der Gründe, die der Gesprächsleiter für seinen Vorschlag hat, die Entscheidung selber trifft; bei der also der Gesprächsleiter lediglich die Entscheidung der Gruppe herbeiführt. Pädagogisch schlecht ist die Blindlenkung, bei der die Gruppe nicht merkt, daß sie gelenkt wird oder bei der sie nur spürt, daß der Gesprächsleiter etwas von ihr will, ohne erkennen zu können, was er will. Von der ersten Art waren mein Vorschlag, ein gegen innere Widerstände erfolgreiches Wollen zu untersuchen, und mein Herbeiführen der Entscheidung, ob die Gruppe die Untersuchung der mathematischen Wahrheit abbrechen wollte. Von der zweiten Art war zu Beginn des Seminars über das Wollen mein Unterstreichen der speziellen Formulierungen in zwei Sätzen, wobei ich darauf aus war, die Teilnehmer auf das hinter den speziellen Formulierungen erkennbare allgemeine Problem hinzuweisen (2. Kap., S. 19).

Ich sehe noch ein weiteres Kriterium zur pädagogischen Beurteilung von Lenkungsmaßnahmen: Pädagogisch fragwürdig ist eine Lenkungsmaßnahme, die den Teilnehmern eine Einsicht vorwegnimmt, die sie selber hätten finden können. Das war der Fall im zweiten der im Anfang dieses Kapitels angeführten drei Beispiele. Die Gruppe hatte eine Reihe innerer Erfahrungen recht verschiedener Art als Beispiele für das, was Käthe »Selbstbestätigung« nannte, zusammengetragen. Indem ich die Gruppe aufforderte, das diesen inneren Erfahrungen gemeinsame Merkmal aufzusuchen, nahm ich ihr die Erkenntnis vorweg, daß diese inneren Erfahrungen ein gemeinsames Merkmal haben müssen. Es wäre besser gewesen, ich hätte das nicht getan, sondern hätte die Gruppe lediglich beim Anschauen der zusammengetragenen Erfahrungen festgehalten. Irgendwie würde sie auf den Gedanken gekommen sein, das diesen Erfahrungen Gemeinsame durch ein bestimmtes Merkmal zu charakterisieren.

Mit diesen beiden Kriterien zur Unterscheidung pädagogisch guter von pädagogisch fragwürdiger Art der Lenkung ist aber das grundsätzliche pädagogische Problem der Lenkung noch nicht entschieden: Ist nicht das auf Lenkung im oben definierten engen Sinne ganz verzichtende sokratische Gespräch dem von ihr Gebrauch machenden pädagogisch grundsätzlich vorzuziehen? In Diskussionen über die sokratische Methode ist mir wiederholt ein nicht klar begründeter Widerstand gegen die Lenkungsmaßnahmen begegnet, der durch die eben formulierte Frage ausgedrückt werden könnte. Oder durch die noch bestimmtere: Schult nicht ein auf Lenkungsmaßnahmen verzichtender sokratischer Unterricht das zu Einsichten führende eigene Denken stärker, als es der mit Lenkung arbeitende sokratische Unterricht tut? Das wäre also ein sokratischer Unterricht, in dem der Lehrer seine eigene Meinung zu dem erörterten Problem nicht zu erkennen gibt und nur mit folgenden pädagogischen Maßnahmen arbeitet; dem Kontakthalten mit der konkreten Erfahrung, der genauen Verständigung der Teilnehmer untereinander, dem Festhalten einer Teilfrage bis zu ihrer Lösung, dem Hinstreben auf Konsensus. In einem solchen Unterricht würde der Gesprächsleiter, wenn er z.B. sieht, daß im Gespräch ein fruchtbarer, weiterführender Ansatz angesprochen ist, ohne daß die Teilnehmer ihn bemerken, es geschehen lassen, daß die Teilnehmer diesen Ansatz ungenutzt liegen lassen. Die hier vorgelegten Berichte zeigen nicht dieses Maß an Zurückhaltung des Gesprächsleiters; sie zeigen nur das auch mit Lenkung arbeitende sokratische Gespräch. Ich habe nie auf den Verzicht auf Lenkung hin experimentiert, weil mir das soeben formulierte Problem erst spät klar geworden ist.

Das grundsätzliche pädagogische Problem der Lenkung kann sicher nur durch Erfahrung entschieden werden; nur dadurch, daß die Erfahrungen mit einer auf Lenkung verzichtenden sokratischen Methode verglichen werden mit den Erfahrungen mit einer Lenkung benutzenden sokratischen Methode, wie meine Berichte sie schildern. Das vergleichende Experiment mit einem auf Lenkung verzichtenden sokratischen Unterricht ist meines Wissens bisher nicht durchgeführt worden.

Folgendes jedoch glaube ich auf Grund meiner Erfahrungen sagen zu können: Das pädagogische Ziel, die Gesprächsteilnehmer das Gewinnen von Einsichten so intensiv und so ausgedehnt erfahren zu lassen, wie es bei den in der Teilnehmergruppe gegebenen geistigen Voraussetzungen und Interessen einerseits, der der Gruppe zur Verfügung stehenden Zeit andererseits möglich ist, – dieses Ziel läßt sich ohne Lenkung nicht erreichen. Die in diesem Kapitel angesprochenen Beispiele von Lenkung zeigen es. Jede dieser Maßnahmen half dazu, ein Stück auf dieses Ziel hin zu gehen.

Damit ist aber die grundsätzliche pädagogische Frage noch nicht beantwortet: Kann eine Form der sokratischen Methode, die auf Lenkung in dem oben definierten engen Sinne und damit auf das Vermitteln manch guter Einzelerfahrung von Einsichtgewinnen verzichten, zur Kräftigung des zu Einsichten führenden Denkens nicht doch mehr leisten als die von Lenkung Gebrauch machende sokratische Methode, wie sie in meinen Berichten geschildert ist?

Bei fortschreitender sokratischer Schulung der Gesprächsteilnehmer entfällt schließlich das Problem der Lenkung. Das sokratische Gespräch verliert dann den Charakter des Lehrgesprächs, in dem der Gesprächsleiter Lehrer ist; es wird ein Gespräch unter Gleichen. Über ein solches berichtet das 11. Kapitel. Hier kam Lenkung durch den Gesprächsleiter nicht mehr vor, und auch die anderen pädagogischen Maßnahmen wandte er nicht mehr an. Er war mit den anderen gleichberechtigter Gesprächsteilnehmer, der lediglich den Hilfsdienst des Anschreibens an der Tafel leistete.

WOLFGANG KLAFKI

Heckmanns Beitrag zur Weiterentwicklung des sokratischen Gesprächs

Worin besteht Gustav Heckmanns Leistung für die Weiterentwicklung der Konzeption des sokratischen Gesprächs über jene Konzeption hinaus, die Leonard Nelson, der entscheidende philosophische Lehrer Heckmanns, entwickelt hatte und deren Hauptquelle nach wie vor Nelsons Göttinger Vortrag »Die sokratische Methode« aus dem Jahr 1922 ist?

Ich möchte auf meinem jetzigen Erkenntnisstand und ohne Anspruch auf Vollständigkeit Gesichtspunkte zur Sprache bringen; einige davon sind von Gustav Heckmann selbst mehr oder minder nachdrücklich, insbesondere in seinem Buch *Das sokratische Gespräch* aus dem Jahre 1980[1], angesprochen worden; sofern das der Fall ist, geschieht es immer mit jener Bescheidenheit der Selbsteinschätzung, die für ihn so charakteristisch war.

Erstens: Gustav Heckmann ist es gelungen, in einem jahrzehntelangen Prozeß – neben seiner Lehrtätigkeit, seiner philosophisch-pädagogischen Forschungsarbeit und seinen Publikationen über philosophische Grundlagenfragen des sokratischen Gesprächs und über dessen Praxis sowie über zentrale erkenntnistheoretische, moral- und politikphilosophische Fragen, seinen allgemeinpolitischen, hochschulpolitischen und schulpolitischen Aktivitäten – eine wachsende Zahl von Frauen und Männern unterschiedlichen Alters, die vor allem an Pädagogischen Hochschulen, Universitäten, in der Erwachsenenbildung oder als Lehrerinnen oder Lehrer in Schulen tätig waren bzw. sind, zu Leitern sokratischer Kurse heranzubilden bzw. fortzu-

1 Heckmann 1980.

bilden. Er hat das als Anleiter zur Gesprächsführung, dadurch, daß er seine eigene Gesprächsleitung mit den Teilnehmern solcher Kurse zur Diskussion stellte, durch Beratung und eine Art solidarischer Supervision bei der Leitung sokratischer Gespräche durch Kursteilnehmer oder »vor Ort«, an der jeweiligen Wirkungsstätte der Interessenten, schließlich durch die Reflexion und Diskussion von Grundproblemen des sokratischen Gesprächs getan. Dabei sind in der gemeinsamen Arbeit – im Wechselspiel von Erfahrung und Reflexion – Grundzüge einer Methodik solcher Gesprächsleiter-Bildung und -Fortbildung entwickelt worden.[2]

Diese vor allem von Heckmann betriebene Entwicklung der Gesprächsleiter-Ausbildung zu einer festen Einrichtung des Sokratiker-Kreises hat nun noch eine zusätzliche Folge gehabt: Kreative Versuche einzelner Gesprächsleiterinnen und -leiter und die – nicht selten kontroversen – Diskussionen innerhalb dieses Kreises haben nach meiner Einschätzung erheblich dazu beigetragen, substantiell bedeutsam Erweiterungen und Veränderungen des »klassischen« Konzepts der sokratischen Gespräche im Sinne Nelsons vorzunehmen. Auch in dieser Hinsicht ist Gustav Heckmann, indirekt und direkt, wohl der entscheidende Anreger gewesen, gewiß nicht hinsichtlich jedes einzelnen Versuchs oder Vorschlags, wohl aber hinsichtlich der prinzipiellen Bereitschaft, jenes ursprüngliche Konzept Nelsons nicht nur

2 Detlef Horster hat innerhalb seines Buches *Das Sokratische Gespräch in Theorie und Praxis* (Horster 1994) an einem Beispiel ausführlich sein eigenes Vorgehen bei der Anleitung von Kursleiterinnen und Kursleitern dargestellt und kommentiert; vgl. S. 100–114. Der Kreis der Leiterinnen und Leiter hat sich, zunächst unter Gustav Heckmanns Betreuung, um die Ausbildung weiterer Gesprächsleiterinnen und -leiter bemüht. Nachdem sich jene Gruppe, die in der Nelson/Heckmann-Tradition steht, im Januar 1994 als »Gesellschaft für Sokratisches Philosophieren e. V.« konstituiert hat, hat sie sich 1995 eine knapp gefaßte Ausbildungsordnung für Interessenten, die Leiterinnen oder Leiter sokratischer Gespräche werden wollen, gegeben. Diese Ordnung ist abgedruckt in Knappe/Krohn/Walter 1996, S. 133 f.

fortzuführen und zu ergänzen, sondern wesentliche seiner Elemente selbst auf den Prüfstand zu stellen. Davon soll in den folgenden Hinweisen die Rede sein.

Zweitens: Eine methodische Ergänzung von hohem Gewicht ist das sogenannte »Metagespräch«, ein inzwischen im Sokratiker-Kreis meines Wissens voll akzeptiertes, nicht mehr umstrittenes Element der sokratischen Gesprächsmethode. Gustav Heckmann hat betont, daß er weder den gemeinten Gesprächstypus noch den Begriff »Metagespräch« erfunden habe, sondern daß beides im Laufe der Arbeit mit Teilnehmern sokratischer Gespräche entstanden sei. Aber er ist nach der Einschätzung mehrerer anderer Autoren doch wohl derjenige gewesen, der dieses Element, das sich bei Nelson nicht findet, seit dem Ende der 60er Jahre als erster in seiner vollen Bedeutung erkannt und ihm einen festen Platz in der sokratischen Methodik gesichert hat. In seinem Buch über das sokratische Gespräch heißt es (S. 9): »Der Terminus bezeichnet das Unterbrechen des forschenden Sachgesprächs durch ein Gespräch über das Sachgespräch. Ich stelle es gern unter das Motto: Jedes Unbehagen muß artikuliert werden.« Ich füge hier ein: Die Nähe zu einer Grundregel der Gesprächsführung im Sinne der »Themenzentrierten Interaktion« nach Carl Rogers und Ruth Cohn ist unverkennbar, ohne daß mit diesem Hinweis eine durchgehende Übereinstimmung der Methodik sokratischer Gespräche einerseits und der »Themenzentrierten Interaktion« andererseits behauptet werden soll. – Im Heckmann-Zitat heißt es dann weiter: »Hier wird vorgebracht, was uns in der gemeinsamen Arbeit nicht befriedigt. Das kann Kritik am Verhalten einzelner Teilnehmer oder des Gesprächsleiters sein. Es kann Unzufriedenheit mit der Schwerfälligkeit, Unergiebigkeit, Unübersichtlichkeit des Gesprächs sein, deren Ursache wir noch nicht kennen. Wir überlegen, wie wir solche Mängel abstellen können. Es kommt auch vor, daß Freude über ein gut gelungenes Gespräch im Metagespräch ausgesprochen wird und wir uns klar machen, wodurch das Gespräch so gut gelang. Ein Metagespräch wird eingelegt, sobald ein Teilnehmer oder der Gesprächsleiter das Bedürfnis danach anmelden.« Andere Autoren, wie etwa Rainer Loska in seinem aspektreichen Buch *Lehren ohne Belehrung* aus dem Jahr 1995, empfehlen, erstens für solche Metagespräche mit den Teilnehmern jeweils von den Sachgesprächen gesonderte Zeiten zu vereinbaren und zweitens die Leitung dieser Gespräche einem Teilnehmer, nicht dem Leiter des Sachgesprächs zu übergeben.[3] Aber das sind Unterschiede hinsichtlich methodischer Details.

Drittens: Ich komme zu einem weiteren Aspekt, unter dem Gustav Heckmann neue Elemente in die Entwicklung der Theorie und Praxis sokratischer Gespräche eingebracht hat. Einstweilen ist es für mich noch eine offene Frage, ob es sich dabei nur um eine Ergänzung oder um eine substantielle Erweiterung bzw. Veränderung der Nelsonschen Konzeption der Gesprächsführung handelt.

Es geht hierbei um das Spektrum der Themen sokratischer Gespräche. Gustav Heckmann hält zunächst an folgender These Nelsons fest: Die Methode des sokratischen Gesprächs ist u.a. durch die Bestimmung definiert, daß es »nur mit dem Instrument des Reflektierens über Erfahrungen, die allen Gesprächsteilnehmern zur Verfügung stehen«, arbeitet. Allein unter dieser Bedingung könnten Teilnehmerinnen und Teilnehmer solcher Gespräche sich die kognitive Grunderfahrung erarbeiten, durch ihre eigene, kommunikativ vollzogene Vernunfttätigkeit zu argumentativ begründeten Erkenntnissen zu gelangen. »Fragen, deren Beantwortung anderer Instrumente bedarf« als der Reflexion auf eigene Erfahrung, »scheiden also aus«, so heißt es bei Heckmann in sinngemäßer Übereinstimmung mit Nelson (Heckmann 1980, S. 8). Aus diesem Prinzip folgern beide Autoren, daß zwei Problembereiche die

3 Vgl. Loska 1995, S. 182.

zentralen Gegenstandsfelder sokratischer Gespräche sein müßten: Mathematik und Philosophie, und zwar, so formuliert Heckmann, »Philosophie im weitesten Sinne, einschließlich Wissenschaftstheorie, einschließlich der Grundfragen von Politik und Erziehung« (Heckmann 1980, S. 8). Aber seine Erläuterung dieses weiten Philosophiebegriffs enthält noch eine zusätzliche Bestimmung. Er fügt an der zitierten Stelle und in etlichen analogen Aussagen hinzu: »einschließlich Fragen zur Struktur unserer inneren Erfahrung«.

Was damit gemeint ist, läßt sich beispielhaft an einem Thema eines sokratischen Gesprächs verdeutlichen, über das Heckmann in seinem Buch berichtet: In diesem Gespräch ging es letztlich zweifellos um die zentrale moralphilosophische Prinzipienfrage, ob es argumentativ begründbare Kriterien für unser Wollen gibt, soweit solches Wollen ethisch relevant ist. Aber die Gespräche jenes rund 30 Stunden umfassenden Seminars bewegten sich nicht oder noch nicht explizit auf dieser Ebene genereller Bewertungskriterien für unser Wollen und Handeln, sondern sie galten der Aufhellung, der denkenden Aufklärung innerer Konflikterfahrungen, ausgehend von sehr konkreten Beispielen einzelner Teilnehmer bzw. Teilnehmerinnen. Im vorliegenden Fall war es zunächst die Erfahrung eines in der sozialpädagogischen Betreuung von Drogenabhängigen tätigen Teilnehmers, der in intensiven Bemühungen um einen mehrfach rückfälligen, drogenabhängigen jungen Mann an die Grenze seiner Kraft gelangt war, diese Hilfe-Intention durchzuhalten, weil die immer wieder eintretenden Enttäuschungen seine Hoffnung untergruben, jenem jungen Menschen erfolgreich helfen zu können. Ist es, so lautete sinngemäß die Leitfrage des ganzen Gesprächs, ethisch zu rechtfertigen, individuelle Grenzen, an die das eigene, an begründbaren ethischen Prinzipien orientierte Wollen eines Menschen stößt, anzuerkennen und die übernommene Aufgabe aufzugeben? Das Ausgangsbeispiel wurde im Laufe des Seminars durch ähnliche oder mindestens vergleichbare innere Konflikterfahrungen anderer Teilnehmerinnen und Teilnehmer ergänzt.

Die reflexive Kommunikationsarbeit des gesamten Seminars ist dann – wie schon betont wurde – im wesentlichen auf der Ebene der gründlichen, geduldigen Analyse und der sprachlich präzisen Beschreibung und Deutung solcher inneren Erfahrungen verblieben, nicht im Sinne irgendeiner Art von Individual- oder Gruppentherapie, sondern als schrittweises Herausarbeiten von Faktoren und Faktoren-Konstellationen, die sich in der Kommunikation der miteinander Sprechenden über analoge Erfahrungen als typische, bis zu irgendeinem Grade überindividuelle, innere, ethisch bedeutsame Strukturerfahrungen erwiesen.

Gustav Heckmann hat in seinem Buch noch ein zweites, ausführliches Beispiel des gleichen Typus, in diesem Falle zum Thema der inneren Freiheit, dargestellt; aber auch in einigen weiteren Beispielen gibt es Phasen mit einer ähnlichen Gesprächsintention.

Nun gehört ja auch bei Nelson die Forderung, vom Konkreten auszugehen, zu den fundamentalen Prinzipien seiner Konzeption des sokratischen Gesprächs, und auch er spricht in diesem Zusammenhang von den eigenen Erfahrungen der Teilnehmer als dem unverzichtbaren Ausgangsmaterial der im Gespräch zu entwickelnden Reflexionen. Indessen: Wenn ich recht sehe, zielt Nelsons Erfahrungsbegriff in diesem Zusammenhang vorwiegend oder ausschließlich auf Erfahrungs*urteile*. Wenn er solche Urteile über ethisch relevante Erfahrungen der Teilnehmer zum Ausgangspunkt von Gesprächen über moralphilosophische Fragen machte und in der bekannten, nicht selten rigoristischen Strenge zunächst darauf beharrte, daß das von Teilnehmerinnen und Teilnehmern in ihrem Urteil Gemeinte in oft mühsamer Arbeit sprachlich präzis, für alle verständlich formuliert und damit erst diskutierbar gemacht wurde, so liegt hier ein anderer, engerer, sozusagen bereits kognitiv gefilterter Erfahrungsbegriff zugrunde als dort, wo Gustav Heckmann von »innerer Erfahrung« spricht und dafür eintritt, unter dem Gesichtspunkt der Gesprächsthematik Erörterungen über die Struktur solcher inneren Erfahrungen als einen legitimen Typus sokratischer Gespräche anzuerkennen. »Innere Erfahrungen« in diesem Sinne sind durch das Merkmal der Komplexität gekennzeichnet. Diese Komplexität ergibt sich dadurch, daß in ihnen kognitive und emotionale Momente, moralische Selbst- und Fremdansprüche, Ängste, das individuelle Bedürfnis nach Bewahrung dessen, was jemand in einer bestimmten Phase seiner Entwicklung als unverzichtbar für die eigene Identität ansieht, usf. in einer zunächst oft schwer durchschaubaren Weise ineinanderspielen. Daher erfordert ihre reflexive Analyse, das Herausarbeiten ihrer Struktur und die Aufgabe, so gewonnene Erkenntnis in die Form präziser Aussagen zu bringen, nicht weniger kognitive Anstrengung als andere sokratische Gespräche auch. Dabei betont Gustav Heckmann, daß es auch in sokratischen Gesprächen dieses Typs nicht um individuelle Psychotherapie oder um Gruppentherapie geht, sondern um das Erarbeiten intersubjektiver Erkenntnis über Strukturen innerer Erfahrung als Voraussetzung für die Reflexion über ethische Urteile und ethisches Handeln.[4]

Viertens: Wenn ich eben die Frage offengelassen habe, ob die Erweiterung des Gegenstandsbereichs sokratischer Gespräche um diese Dimension komplexer innerer Erfahrungen durch Gustav Heckmann – und nicht nur durch ihn – nur als eine Ergänzung des Nelsonschen Konzepts zu betrachten ist oder eine substantielle Änderung bedeutet, so

4 Detlef Horster kritisiert Heckmanns Auffassung: Gespräche über Themen, die aus akuten Konflikterfahrungen einzelner oder mehrerer Teilnehmer erwachsen, seien »mindestens brisant und […] problematisch«; damit werde »der Weg von einem philosophischen zu einem psychologischen Gespräch eröffnet« (Horster 1994, S. 84). Diese Kritik trifft Heckmanns Intention m. E. nicht.

bin ich überzeugt, daß es sich bei dem Aspekt, den ich jetzt anspreche, wirklich um ein Umdenken hinsichtlich einer der fundamentalen Basisannahmen Nelsons handelt.

Gemeint ist die folgenreiche Revision des Nelsonschen Wahrheitsbegriffs bei Gustav Heckmann, eine Revision, die gewiß nicht primär Konsequenz einsamer Reflexion, sondern einmal mehr eine Folgerung aus sokratischen Gesprächen mit anderen Nelson-Schülern, unter ihnen vor allem Minna Specht, gewesen ist.

Nelson war der Überzeugung, daß es nicht nur im Bereich der Mathematik und der Disziplinen der theoretischen Philosophie, vor allem der Erkenntnistheorie auf ihrer höchsten Reflexionsebene, die Möglichkeit zeitlos-allgemeingültiger Erkenntnis gäbe, sondern auch im Bereich der Praktischen Philosophie, also in der Moralphilosophie und der Rechtsphilosophie. Nicht, daß Nelson der Meinung gewesen wäre, daß jedes faktische sokratische Gespräch über moral- bzw. rechtsphilosophische Probleme zur Erkenntnis »absoluter ethischer Wahrheiten« führen könne oder müsse. Aber man interpretiert ihn wohl richtig, daß er den Gewinn solcher Erkenntnisse als regulativen Orientierungsmaßstab der in sokratischen Gesprächen gesuchten Wahrheit bzw. Wahrheiten betrachtete. Erkenntnisse dieses Niveaus beruhen nach Nelson auf »unmittelbarer Erkenntnis«, wobei »unmittelbar« nicht irgendeine Form irrationaler Erleuchtung bezeichnet, sondern eine kognitive Erfahrung, genauer: kognitive Evidenzerfahrungen, die erst am Ende mühsamer, in sokratischen Gesprächen vollzogener Reflexionsprozesse aufleuchten und deren Gültigkeit sich vor dem Hintergrund solcher stringent durchgehaltener Prüfung von Argumentationen auf ihre Voraussetzungen hin zuletzt als nicht mehr bestreitbar, in diesem Sinne als »evident« erweist.

Gustav Heckmann hat dieses Theorem Nelsons irgendwann auf seinem philosophischen Entwicklungsweg aufgegeben. Der früheste Beleg für diesen Denkschritt, der mir bekannt ist, ist sein Aufsatz aus dem Jahre 1953 zum Thema »Das sokratische Gespräch, die Wahrheit und die Toleranz«, ein Beitrag zur Gedenkschrift für Leonard Nelson.[5] Heckmann hat Teile dieses Textes später als selbständiges Kapitel in sein Buch über *Das sokratische Gespräch* aufgenommen.

Hier ist es nicht möglich, die Entfaltung des Argumentationsganges noch einmal nachzuzeichnen. Es muß – sozusagen »unsokratisch« – genügen, anhand einiger Zitate an das Ergebnis des Argumentationsganges zu erinnern.

In dem Beitrag aus dem Jahre 1953 heißt es im Schlußabschnitt, mit Bezug auf eine frühere Textstelle: »Den Glauben an allgemeingültige Wahrheiten in dem Sinne, daß wir eine Gewähr haben könnten dafür, daß das von uns als Wahrheit Erfaßte und Ausgesprochene in jeder Hinsicht von Irrtum und Mißdeutung frei ist, habe ich bereits verneint« (S. 232). Der Grund für diese Absage liege darin, daß »auch unsere Erkenntnis im Bereich ethischer Probleme an Erfahrung geknüpft« sei, in diesem Falle: an ethische Erfahrungen. Menschliche Erfahrung aber sei »grundsätzlich unabgeschlossen« (S. 228) bzw. unabschließbar. Individuelle Veränderungen des Bewußtseins angesichts ethisch relevanter Erfahrungen oder übergreifende historische Veränderungen können Menschen vor neue, bis dahin unbekannte sittliche Probleme stellen. »Mit dieser Unabgeschlossenheit der sittlichen Erfahrung ist aber wiederum die Unabgeschlossenheit unserer Erkenntnis von der allgemeinen, philosophischen sittlichen Wahrheit notwendig verknüpft. Die schärfste begriffliche Fassung des Sittengesetzes kann uns dessen Wahrheit nicht aufschließen, wenn nicht liebendes Verstehen des anderen und gereifte Selbsterkenntnis uns für die praktische Bedeutung dieser Wahrheit für unser Leben empfänglich machen. Mit dem Verstehen und der Selbsterkenntnis aber kommen wir nie

5 Specht/Eichler 1953, S. 203–236.

zu Ende, also auch nicht mit der sittlichen Erkenntnis« (S. 229f.).

Die Folgerung Heckmanns aus dieser Einsicht ist aber nicht der ethische Relativismus. Denn in Fortsetzung des Resümees heißt es: »Der Glaube an die Wahrheit und an des Menschen Kraft zur Wahrheit bleibt.« Man darf meines Erachtens sinngemäß hinzufügen: Hier ist ein durch philosophische Reflexion auf Erfahrung und durch argumentative Reflexion vermittelter »Glaube« gemeint. Heckmann schreibt weiter: »Wir erfahren, daß es uns immer wieder gelingt, einen Irrtum zu überwinden, ein neues Stück Wahrheit zu fassen. Nie aber können wir sagen, an welcher Stelle dieses menschlichen Wahrheitsweges wir stehen; die Grenze zwischen der Wahrheit und dem Irrtum, die in unserer bisher errungenen Überzeugung enthalten sind, bleibt uns auf allen Stationen des Weges verborgen.« »Glauben an die Wahrheit« bezeichnet Gustav Heckmann nun – zum Unterschied von der Annahme absolut-allgemeingültiger Evidenzerkenntnisse – als Überzeugung von der Möglichkeit »objektiver Wahrheit« in folgendem Sinne: »Wo immer Prüfungsmethoden möglich sind, Kriterien, die uns eine Vermutung oder Überzeugung entweder als irrig erkennen lassen oder aber darauf hindeuten, daß sie Wahrheit enthält, da treffen wir auf dieses Moment der Objektivität der Wahrheit. Die Kriterien mögen je nach dem Wahrheitsgebiet, um das es sich handelt, sehr verschiedener Art sein. [...] Worauf es ankommt, ist, daß, wo immer wir das Bemühen, Irrtum von Wahrheit zu scheiden, für sinnvoll halten, wo immer wir darauf aus sind, Kriterien für diese Unterscheidung zu entwickeln, wir das Moment der Objektivität der Wahrheit [...] voraussetzen« (S. 234).

Dieser Wahrheitsbegriff bleibt also gebunden an das Kriterium strenger, kommunikativer Prüfung von Argumenten, an einen Reflexionsprozeß, der zwar nie abschließbar ist, in dem aber im Prinzip immer ein rationaler Konsens der Beteiligten erarbeitet werden kann, ein Konsens, der verantwortbare, also an Kriterien prüfbare praktische Entscheidungen jenseits bloß individueller »guter Absichten« ermöglicht. Daß dieser Wahrheitsbegriff mit dem Toleranzprinzip unlösbar verbunden ist, darauf kann ich hier nur noch hinweisen.

Diese Auslegung des Wahrheitsproblems steht nun auch in einem stringenten Zusammenhang mit einem weiteren Beitrag Gustav Heckmanns zur Entwicklung des sokratischen Gesprächs über Nelson hinaus: mit seiner Einsicht in die Unverzichtbarkeit des Demokratieprinzips. Diesem Aspekt wende ich mich nun abschließend zu.

Fünftens: Der Nachweis, daß in Gustav Heckmanns philosophisch-pädagogischen Grundüberzeugungen spätestens seit der Zeit seines Exils in Dänemark und England dem Demokratieprinzip ein zentraler Stellenwert zukam und daß nach 1945 die argumentative Begründung dieses Prinzips in seiner theoretischen und praktischen Weiterarbeit auch an der sokratischen Methode dort, wo es um Fragen der Praktischen Philosophie ging, ein wesentliches Moment gewesen ist, bedarf in diesem Kreise keiner ausführlichen Erläuterung.[6] Leonard Nelson hingegen hat unter Berufung auf seine Ethik und Rechtsphilosophie und auf seinen Wahrheitsbegriff sowohl auf der Ebene der politischen Philosophie als auch auf der konkret-politischen Ebene, bezogen vor allem auf die Weimarer Republik und ihre politische Wirklichkeit, immer wieder seine scharfe Ablehnung der Grundprinzipien der Demokratie als politischer Ordnungsform bekundet; er hat bis in sein Todesjahr 1927 hinein eine kompromißlose Demokratiekritik verfochten.

Gustav Heckmann nun hat, ähnlich wie andere Nelson-Schüler vor und nach ihm, in seinem 1973 veröffentlichten Aufsatz »Leonard Nelsons Kampf um die Rationalität«[7] Irrtümer, Brüche in der Logik der Argumentation und un-

6 Vgl. Klafki 1983.
7 Heckmann 1973.

ausgewiesene, höchst fragwürdige Voraussetzungen jener Demokratiekritik seines Lehrers herausgearbeitet, Fehlschlüsse Nelsons, dessen philosophisches Werk – aus der Rückschau betrachtet – den inhaltlichen Bestimmungen des Demokratie- bzw. des Demokratisierungsprinzips vielfach so nahe zu stehen scheint: etwa mit der Anerkennung des Rechtsgedankens, des Gleichheitsprinzips im Anspruch auf Interessenbefriedigung aller und zugleich mit dem Widerspruch gegen jede Form von Ausbeutung, Privilegierung, Herrschaft von Menschen über Menschen qua Tradition, Macht, Besitz, schließlich mit dem Postulat der argumentativen Begründung von Entscheidungen und Handlungen.

Die Frage, welche Vorgänge, Ereignisse, Erfahrungen und Erkenntnisse es gewesen sind, die die meisten oder alle Nelson-Schüler dazu bewogen haben, sich implizit oder explizit von jenen Positionen ihres philosophischen Lehrers zu lösen und die Bereitschaft und Fähigkeit zu kritischer Reflexion, die er in ihnen geweckt hatte, nun auch auf dessen eigenes Werk, insbesondere auf sein politisches Denken und Handeln zu richten, diese Frage hat mich schon seit den 80er Jahren beschäftigt. Auf meine Bitte hin hat Gustav Heckmann mir im Juli 1983 in einem Brief ausführlich geantwortet. Ich möchte einige zentrale Aussagen jenes Briefes zur Frage, welche Gründe die Nelsonianer zu einer positiven Haltung der Demokratie gegenüber gebracht haben, zitieren: »Ich glaube«, so schreibt er, »dieser Sinnesänderung liegt zugrunde eine Erfahrung, die Nelson im Deutschland von Weimar nicht hat machen können (auch wir, seine Schüler, nicht), (eine Erfahrung,) die eine Reihe seiner Schüler gemacht haben in Ländern wie England, Dänemark, Frankreich: in einer Gesellschaft zu leben, die von Toleranz geprägt ist; in der die Menschen die andere Auffassung des anderen achten; in der man erfährt, daß solche Toleranz ein Wert ist, das Zusammenleben menschlicher macht. In einer solchen Gesellschaft wird Demokratie mehr als das formale Prinzip der Mehrheitsentscheidung.

Die demokratischen Institutionen sind die einer Gesellschaft der Toleranz angemessenen Verfahren politischer Entscheidung.«

Etwas später heißt es: »Nelson hat [...] nie eine von Toleranz geprägte Gesellschaft erfahren. Für ihn war Toleranz nur ein ›Ausfluß der Überzeugungslosigkeit und Heuchelei‹. Er hatte seine ganze geistige Energie aufzubieten, um gegen den Zeitgeist ›Alles ist relativ‹ den Glauben an eine sittliche Wahrheit zu verteidigen [...] Welche Werte das politische Weltbild eines Menschen bestimmen, hängt davon ab, welche ihm in seiner Erfahrung in den Blick gekommen sind, welche er konkret erfahren hat. Mitbestimmung ist ein Wert, der Nelson nicht in den Blick gekommen ist.« Etwas später schreibt Heckmann mit Bezug auf erste Mitbestimmungsbemühungen an der Pädagogischen Hochschule Hannover: »Ich habe diesen Wert der Mitbestimmung aller Beteiligten an unserer PH erfahren. Ich könnte ihn so formulieren: Je mehr in einer politischen Ordnung die von den Entscheidungen Betroffenen an den Entscheidungen mitwirken, da, wo dies sinnvoll möglich ist, desto mehr Demokratie enthält die politische Ordnung.« Die Briefpassage schließt mit einer friedenspolitischen Akzentuierung des Gedankens: »Wie wichtig dieser Wert ist, zeigt sich auch daran: je mehr Demokratie, im soeben definierten Sinne, eine politische Ordnung enthält, desto bessere Voraussetzungen haben die in dieser Ordnung lebenden Menschen, ihre Ordnung ohne tötende Waffen zu verteidigen, nach dem Beispiel der Norweger.«

Literatur

Heckmann, Gustav: Das sokratische Gespräch. Erfahrungen in philosophischen Hochschulseminaren. Hannover 1980.

Heckmann, Gustav: Leonard Nelsons Kampf um die Rationalität. In: Neue Sammlung 13 (1973) S. 364–379.

Horster, Detlef: Das Sokratische Gespräch in Theorie und Praxis. Opladen 1994.

Klafki, Wolfgang: Vernunft – Erziehung – Demokratie. Zur Bedeutung der Nelson-Schule in der deutschen Pädagogik. In: Neue Sammlung 23 (1983) S. 544–561.

Knappe, Silvia / Krohn, Dieter / Walter, Nora (Hrsg.): Vernunftbegriff und Menschenbild bei Leonard Nelson. Frankfurt a. M. 1996. (Sokratisches Philosophieren. Schriftenreihe der Philosophisch-Politischen Akademie. Bd. 2.)

Loska, Rainer: Lehren ohne Belehrung. Leonard Nelsons neosokratische Methode der Gesprächsführung. Bad Heilbrunn 1995.

Specht, Minna / Eichler, Willi (Hrsg.): Leonard Nelson zum Gedächtnis. Frankfurt/Göttingen 1953.

GISELA RAUPACH-STREY

Das Sokratische Paradigma und seine Bezüge zur Diskurstheorie

Die Praxis Sokratischer Gespräche in der Nelson/Heckmann-Tradition wird von einer Leitvorstellung getragen, die nur unzulänglich erfaßt ist mit Heckmanns eigener Erläuterung: »Sokratische Methode im weitesten Sinne wird praktiziert, wo und wann immer Menschen durch gemeinsames Erwägen von Gründen der Wahrheit in einer Frage näherzukommen suchen« (Heckmann 1993, S. 7). Heckmanns Bestimmung trifft wohl vier miteinander zusammenhängende, zentrale Aspekte des Sokratischen Philosophierens: die Verpflichtung auf Rationalität – das »Gründe suchen« enthält den ehrwürdigen Anspruch des antiken Logos-Grundsatzes –, die Intention auf Wahrheitserkenntnis und das Prinzip des Selber-Denkens, den Autonomie-Anspruch jeder Aufklärung, der im Sokratischen Philosophieren mit der Fruchtbarkeit des gemeinschaftlichen Denkens verknüpft wird. Andere, offensichtlich gesprächswirksame Elemente benennt die Bestimmung nicht, zumindest nicht explizit.

Um die der Gesprächspraxis inhärente gemeinsame Leitvorstellung besser zu erfassen, gehe ich von folgender *Präzisierung* aus:

> »Ein Sokratisches Gespräch ist eine von der Erfahrung ausgehende, personenbezogene und argumentierende Suche einer Gesprächsgemeinschaft nach der Erkenntnis der Wahrheit über ein philosophisches Problem mit der Absicht, diese Wahrheitserkenntnis nach gemeinsamer Prüfung schließlich in einem konsensfähigen Urteil zu fassen.«

Die Elemente dieses »Sokratischen Paradigmas« (Raupach-Strey 1999) seien im folgenden ausführlicher vorgestellt. Seine Reformulierung auf theoretischer Ebene als Konstrukt dient zudem dazu, es in den philosophischen Diskurs einzubringen und insbesondere zur Diskurstheorie in Beziehung zu setzen.

1. Der Marktplatz

In der sokratischen Idee des Philosophierens auf dem Marktplatz konzentrieren sich in nuce die konstitutiven Elemente des Paradigmas. Sokrates führt auf dem Marktplatz, im ungeschützten öffentlichen Raum, mit beliebigen Menschen philosophische Gespräche über sie in ihrer Lebenswelt betreffende und gleichwohl grundsätzliche Fragen.

Der Marktplatz steht zunächst dafür, daß der Ausgangspunkt des sokratischen Philosophierens bei der lebensweltlichen Erfahrung genommen wird; Philosophie entsteht aus der konkreten Lebenssituation heraus, diesseits aller Spekulation und aller Theorie. Philosophieren ist keine elitäre und vor allem keine esoterische Angelegenheit, weder in einem spirituellen noch im philosophie-didaktischen Sinn. Es wendet sich vielmehr an alle Menschen ohne Vorbedingung, der Marktplatz steht für Offenheit gegenüber Menschen, Meinungen und Sachen. Im Prinzip sind kein Mensch und kein Thema ausgeschlossen, denn wenn wir die Teilnahme an Bedingungen knüpfen würden, würden wir möglicherweise wichtige Themen, Fragen und Argumente auf dem Weg der Wahrheitssuche ausschalten. Grundsätzlich hat jeder Mensch qua Vernunft die Fähigkeit, zur Wahrheitserkenntnis beizutragen. Dies gilt unabhängig von realen Bedingungen und Unterschieden wie Alter, Geschlecht, Sozialisation, Ausbildung, Geschichte usw. Gegenüber der vernünftigen Grundkompetenz sind Niveaufragen sekundär; das Gesprächsniveau bestimmt die Gruppe. Philosophie-Treiben hat potentiell eine aufklärerische Funktion für *jeden* Menschen unabhängig von Voraussetzungen, da es jeglicher Festlegung, insbesondere jedem (auch versteckten) Dogmatismus entgegenwirkt. Der Markt als Ort der Öffentlichkeit einer Philosophie für alle enthält somit das Postulat der *Universalität der Subjekte* jenseits von Elitevorstellungen, Status- oder sonstigen Differenzen; desgleichen enthält er das Postulat eines Verzichts auf methodische Selektion der Diskursgegenstände, der möglichen Fragen und Argumentationen, sofern sie nur vernünftig sind: *Universalität des Objektbereichs.* Schließlich gilt das öffentliche Forum als Prüfstein (Kriterium) der Allgemeingültigkeit der Erkenntnisse: *Universalität der Aussagengültigkeit.*

Die Gespräche werden wohl ohne Vorbedingung und ohne Vorleistung von allen real anwesenden, als gleichberechtigt erachteten Gesprächspartner/innen geführt. Aber die zu erkennende Wahrheit ist im Prinzip unabhängig von der zufälligen Zusammensetzung der Gruppe. Denn wenn die konkrete Gruppe in endlicher Zeit jeweils nur Aspekte und Teile der Wahrheit herausfinden wird, sind sie doch prinzipiell revisionsfähig und ggf. zu einem späteren Zeitpunkt und bei anderer Gruppenzusammensetzung aufzuheben in umfassendere Einsichten. So korrespondiert unter der Chiffre des Philosophierens auf dem Marktplatz die regulative Idee der zu erkennenden Wahrheit mit der Idee der unbegrenzten Kommunikations- und Argumentationsgemeinschaft (vgl. Apel 1987, 1989 und Apel/Böhler/Rebel 1984) – beide der Aufklärung verpflichtet. Ähnlich formuliert beispielsweise der Diskurstheoretiker Dietrich Böhler dies in einem Imperativ: »Bemühe Dich stets um Kommunikation zur Kritik und Erweiterung des Verstehenshorizontes Deiner Argumente, und bemühe Dich stets um solche Verständigungsbedingungen, die der Realisierung einer bestmöglichen Weltöffentlichkeit näher kommen« (Böhler 1982, S. 111).

Die gleichsam zufällig im offenen Raum des Marktes entstehenden Sokratischen Gespräche sind jedoch nicht dem

Markt im Sinne des Warenaustausches oder allgemeiner der Ökonomie verpflichtet. Sie stehen überhaupt nicht unter Handlungsdruck oder Entscheidungszwang. Die Diskurstheorie dagegen reflektiert auch Diskurse unter Handlungsdruck und führt an dieser Stelle die Fallunterscheidung ein zwischen theoretischen und praktischen Diskursen; letztere stehen unter dem Zwang, daß am Ende eine Entscheidung gefällt werden muß. Im Paradigma der Nelson/Heckmann-Tradition sind die Sokratischen Gespräche *handlungsentlastet*, zweckfrei im klassischen aristotelischen Sinn. Sie dienen primär der Wahrheitserkenntnis, und durch den Weg der Wahrheitssuche dienen sie ebenso der Selbsterkenntnis und der Selbstbildung. Da die Einsichten jedoch theoretische wie praktische Fragen bzw. Geltungsansprüche betreffen, können Sokratische Gespräche nicht nur der Urteilsfindung, sondern *indirekt* auch einer Entscheidungsfindung dienlich sein. Wenn Sokratische Gespräche jedoch als Mittel für einen anderen, etwa pädagogischen, beratenden oder therapeutischen Zweck eingesetzt werden, ist dies nur möglich unter gewissen Einschränkungen und Modifikationen, so daß das charakteristische Element der interesselosen Wahrheitssuche leicht verloren gehen könnte. – Auch in der Diskurstheorie haben die handlungsentlasteten Diskurse insofern Priorität, als sie nicht in demselben Maße Verzerrungen unterliegen und von daher die Norm auch für zweckgebundene Diskurse abgeben.

Die aufklärerische Funktion von Diskursen hat eher den Akzent: nützlich für etwas. Folgerichtig kann die Diskurstheorie auch strategische Diskurse thematisieren. Die aufklärerische Wirkung Sokratischer Gespräche läßt sich nicht ohne weiteres verobjektivieren, sie hat vorrangig eine subjektive Dimension. Die subjektive Bedeutung von Erkenntnissen oder auch einzelnen, evtl. unscheinbar erscheinenden Erkenntnisschritten kann durchaus sehr unterschiedlich sein für verschiedene, am gleichen Gespräch beteiligte Gesprächspartner/innen. Erkenntnisse bringen nicht nur die

Sache, sondern auch den Menschen voran, aber in unterschiedlicher, von vielen Ausgangsbedingungen abhängiger Weise. Der gedankliche Entwicklungsprozeß, und erst recht die persönlichkeitsbildende Wirkung, die sokratische Arbeit zumindest auf längere Sicht auslösen *kann*, läßt sich weder herstellen, noch von außen bestimmen. Hier bedarf es des Ethos der »Hebamme«, die die eigene Person und den eigenen Willen zurücknimmt zugunsten der geistigen Selbstfindung des Gegenübers. Dieses Ziel der Persönlichkeitsbildung wird in der Diskurstheorie gar nicht thematisiert. In ihr wird der mündige Mensch zwar vorausgesetzt, aber er ist immer schon da, es wird kein Entwicklungsprozeß angenommen.

Sokratische Gespräche hängen nicht von einem Machbarkeits-Willen ab und auch nicht von einer möglichst guten Funktionsbeschreibung, nach der man sich als Gruppe oder gar als Sokratischer Leiter nur zu richten bräuchte. Für das Gelingen ist die andere, die Teilnehmerperspektive die wesentliche: die *Bereitschaft* und der *Wille*, sich vorurteilslos mit allen vorgebrachten Äußerungen, Auffassungen und Argumenten auseinanderzusetzen (d.h. eigene Vormeinungen auszusetzen) sowie die korrespondierende *Offenheit* gegenüber jeglichem(r) Gesprächspartner(in) aufzubringen. Vorurteilslosigkeit und Offenheit sind zwar diskurstheoretisch entweder als normative Sätze oder als Bedingungsbeschreibungen formulierbar,[1] aber im Sokratischen Paradigma sind sie nicht etwas Äußerlich-Strukturelles, sondern Tugenden, die die Sokratischen Gespräche tragen und die von einem aufklärerisch-humanistischen Menschenbild gespeist sind. Ohne diese Einstellungen und Haltungen im Hintergrund mitzudenken, würde dem Sokratischen Paradigma eine wesentliche Dimension fehlen.

1 In seinem ersten Entwurf betrachtete es Habermas (Habermas 1971) sogar als Vorteil, die Redeweise von Einstellungen und Eigenschaften der Individuen zu vermeiden zugunsten ausschließlich struktureller Diskurs-Bedingungs-Beschreibungen.

2. Die Verankerung in der Erfahrung

Der Ausgang Sokratischen Philosophierens ist bei der Alltagserfahrung zu nehmen; Lebenswelt und Lebenssituation sind Ursprung wie Thema originären Philosophierens. Der Sokrates der platonischen Dialoge spricht mit seinen Gesprächspartnern oft gerade über diejenigen Meinungen und Überzeugungen, die zu ihrem Metier gehören, in denen sie sich gut auszukennen meinen. Heckmann stellt ganz entsprechend als ersten Sokratischen Grundsatz auf, »im Konkreten Fuß zu fassen« (Heckmann 1993, S. 85). In die Praxis umgesetzt wird diese Forderung in der Regel durch den Ausgang von einem möglichst selbst erfahrenen Beispiel, wobei »Beispiel« im spezifischen Sinn eines abgeschlossenen, authentischen Erlebnisses gebraucht wird, das gleichwohl Beispiel *für* etwas Allgemeines ist, das es zu erheben gilt. Dieses Vorgehen, das im üblichen Sinne cum grano salis »induktiv« zu nennen wäre, impliziert einen Anspruch an die Philosophie: Redliches Philosophieren nimmt die wirklichen Erfahrungen und die Erfahrung der Wirklichkeit ernst; aus Lebenssituationen und der Lebenswelt in ihrer Vielfalt und teilweise Widersprüchlichkeit entspringen die anfänglichen Fragen und Probleme des Philosophierens, sie liefern das ursprüngliche »Material« philosophischen Nachdenkens. Philosophieren bedeutet nicht Spekulieren oder Theoretisieren in völliger Ablösung von der Wirklichkeit; vielmehr sind Verselbständigung und Hypostasierung philosophischer Gedanken zu vermeiden. Darin liegt eine Absage an jegliche Auffassung von Philosophie als Konstruktion; Aufgabe des Philosophierens ist bis in die abstraktesten Reflexionen hinein die Erfassung und Auseinandersetzung mit dieser Welt und Wirklichkeit.

Zugleich liegt darin ein methodisches Postulat: Redliches Philosophieren bleibt auf allen, auch den höheren Abstraktionsstufen mit der Wirklichkeit verbunden bzw. es muß sich ggf. eine solche Verbindung rekonstruieren, wiederherstellen lassen. Gustav Heckmann nennt dies das »Sokratische Prinzip«: »Eine Einsicht in ein Allgemeines kann nur durch Anschauen und Analysieren des unter das Allgemeine fallenden konkret Erfahrenen gewonnen werden« (Heckmann 1993, S. 17). Allgemeine Erkenntnisse werden im *schrittweisen* Abstraktionsprozeß vom Konkreten ohne Überspringen der unteren Stufen gewonnen, so daß sie auf vermittelte Weise auch auf allgemeinsten Stufen mit der Wirklichkeit verbunden bleiben, sich auf sie beziehen. Für Diskurse wird zwar die Geschichtlichkeit, lebensweltliche Bedingtheit und potentielle Interessen-Betroffenheit der realen Diskurspartner in der Theorie anerkannt, aber erst im Sokratischen Paradigma wird die daraus resultierende Herkunft der vorgebrachten Argumente mit in den Blick genommen. Das ist insofern von Bedeutung, als bei Gesprächen, an die bewußt keine Vorbedingungen gestellt werden, eben auch nicht vorausgesetzt werden kann, daß jede(r) Teilnehmer(in) die Erfahrungen, die in Anschlag gebracht werden, bereits für sich »auf den Begriff« gebracht hat. Die Diskurstheorie scheint vor diesem Prozeß die Augen zu verschließen und sich damit wesentlicher, ebenfalls diskursiv zu erschließender Einsichten zu begeben. Die gemeinsame Arbeit an der – auch von der Diskurstheorie beanspruchten – Erfahrungsbasis, deren sprachlicher Erfassung und Interpretation bewahrt vielmehr vor Hypostasierung philosophischer Gedanken, vor deren Abtrennung von Wirklichkeit und Erfahrung.

3. Der Anti-Dogmatismus

Sokrates schrieb kein Buch, erst recht kein Lehrbuch; er war überhaupt kein »Lehrer« im üblichen Verstande, der seinen Schülern »etwas« im Sinne inhaltlich bestimmter Wahrheiten beibringen wollte. Er stellte kein Lehrgebäude oder -system auf, er ließ, noch grundsätzlicher gesprochen, keine unbefragten Lehrsätze gelten. Nicht das Was, sondern das Wie, eben der Weg ist das Kennzeichen der Sokratischen Methode. Nelson nimmt diese Einstellung auf, indem er die »Ausschaltung des Dogmatismus« und den »Verzicht auf jedes belehrende Urteil überhaupt« (Nelson 1970a, S. 291) fordert. Es gibt in Sokratischen Gesprächen keinen Rekurs auf unbefragte Lehrsätze (Dogmen) oder ein Lehrsystem, nicht auf Lehrbücher oder »Schulen«. Sokratisches Denken läßt sich nicht in »Schulen« einsperren, weder wörtlich noch übertragen. Zitate im Sinne einer bloßen Übernahme von Affirmationen sind ausgeschlossen, weil sie ein Abgeben der eigenen Urteilskompetenz bedeuten würden.

Sokratisches Philosophieren ist nicht auf eine Lehre bezogen, weder als Sachautorität und somit Berufungsinstanz noch als anzustrebendes Erkenntnisziel. In diesem Sinn ist das Sokratische Philosophieren weder dogmatisch noch doktrinal.[2] Dies drückt sich aus in der Mündlichkeit der Rede und der Reflexion, die Schriftlichkeit nur als transitorisches Denkvehikel benutzt. Zugunsten des Denkprozesses verzichtet die Methode auf zusammenhängende, systematische Fixierung im Sinne einer Verobjektivierung von feststehenden, gar einen endgültigen Platz in einem System beanspruchenden Aussagen.

Insbesondere der (die) Gesprächsleiter(in) übt den Verzicht auf jegliche Belehrung; es soll alles vermieden werden, was die Gesprächsteilnehmer in ihrem Urteil beeinflussen könnte (Nelson 1970a, S. 291). Nelson hatte wohl starke Befürchtungen, daß beim geringsten Wink des Gesprächsleiters die Autonomie der Urteilsbildung beeinträchtigt und Sachgründe durch Autoritätsgründe ersetzt werden könnten. (Unsere heutigen Teilnehmer/innen sind da oft resistenter.)

2 Vgl. Schnädelbachs Unterscheidung von dialogischem und doktrinalem Philosophieren in Schnädelbach 1989.

Den Sinn des grundlegenden Prinzips der Enthaltung von Belehrung sehe ich in der *Offenheit* sowohl gegenüber dem Gesprächspartner wie auch gegenüber der Sache. Die Antworten stehen nicht schon fest; es ist der Verzicht auf vorschnelle Antworten und fertige Urteile. Wahrheit ist kein Besitz, schon gar nicht eines einzelnen Menschen, der sich als »Lehrer« zu ihrem Verkünder machen könnte. Für Leiter wie Teilnehmer gilt im Gesprächsprozeß die undogmatische Einstellung als Tugend: Vormeinungen oder gar Vorurteile werden eingeklammert, wenn es gegenläufige oder gar widersprechende Äußerungen anderer Gesprächsteilnehmer so unvoreingenommen wie möglich aufzunehmen und zu untersuchen gilt.

Und einer anderen – unguten – Gepflogenheit wirkt dieses Prinzip entgegen: In der akademischen Philosophie ist es verbreiteter Usus, Aussagen oder Positionen einer »Schule« zuzuordnen und zu glauben (oder den Anschein des Glaubens zu erwecken), sie damit verstanden zu haben. In diesem Sinne entzieht sich sokratisches Philosophieren – unbeschadet der Suche nach kommunikations-kontext-bezogener Begriffs- und Urteilsschärfe – endgültiger Verobjektivierung in feststehenden Aussagen, womöglich noch mit einem unverrückbaren systematischen Stellenwert. Es hat vielmehr zum Ziel die je eigene Urteilsbildung, die Freisetzung der eigenen Verstandestätigkeit des Subjekts. Nelson selbst hat zwar eine »doktrinale« Philosophie entwickelt, für die Sokratische Methode jedoch einen vehementen Antidogmatismus verfochten. Das bedeutet für die theoretische Grundlegung, daß seine systematisch-philosophischen Erkenntnisse zwar seinem Selbstverständnis nach auch die erkenntnistheoretische Grundlegung der Sokratischen Methode liefern, daß aber weder philosophischer Unterricht noch Sokratische Gespräche diese als Lehre mitzuteilen haben. Im Sokratischen Gespräch wird ohne Einordnung in ein System eine einzige philosophische Frage gründlich erörtert. Wollte man also eine Differenz zwischen Diskurstheorie und Sokratischem Paradigma konstruieren, wie sie zwischen philosophischem Systemanspruch kantischer Prägung auf der einen und der Diskurstheorie auf der anderen Seite gesehen werden kann, so löst sie sich paradigmatisch und de facto in diesem punktuellen Zugriff auf das jeweils zur Diskussion stehende philosophische Problem wieder auf. – Dem Antidogmatismus entspricht in theoretisch-systematischer Betrachtung als Komplement eine positive Grundannahme, die für die Sokratischen Gespräche außerordentlich bedeutungsvoll ist:

4. Das Selbstvertrauen der Vernunft

Nelson ebenso wie Sokrates verweisen ihre Gesprächspartner auf den Weg des Selbstdenkens in dem Vertrauen darauf, daß dieser Weg zu Wahrheitseinsichten führt (vgl. Nelson 1970a, S. 289). Philosophische und pädagogische Grundannahme verschränken sich hierbei: Die Vernunft muß sich selbst im Einzelsubjekt, aber auch im wechselseitigen Zutrauen von Vernunft als Klärungs- und Rechtfertigungsinstanz begreifen und anerkennen. Dies gilt insbesondere für die *letzten* Gründe. Nelson nannte dies das »Selbstvertrauen der Vernunft« (Nelson 1970a, S. 298, und Nelson 1970b, S. 33). Es ermöglicht Mündigkeit im geistigen und auf dieser Grundlage dann auch im politischen Bereich.

Sokratisches Paradigma und Diskurstheorie gehen beide von der Grundannahme aus, daß jedem Menschen Urteilsfähigkeit zuzugestehen und zuzutrauen ist. In den grundsätzlichen Fragen des Lebens wie des Erkennens ist jeder Mensch als sein eigener Experte anzusehen. Im Prinzip wird diese Disposition als gegeben vorausgesetzt, was deren Aus-Bildung nicht widerspricht. Gerade das Zutrauen zur Urteilsfähigkeit ermöglicht die Entwicklung der je eigenen Urteilskompetenz und stärkt das Bewußtsein, zum eigenen, begründeten Urteil in der Lage zu sein.

Gegen das »Selbstvertrauen der Vernunft« könnte der Einwand erhoben werden, daß damit einem unkritischen »Glauben« an die Vernunft das Wort geredet werde. Der Einwand greift aber aus zwei Gründen zu kurz: Zum einen ist der systematische Stellenwert des »Selbstvertrauens der Vernunft« bei Nelson der, die letzte Ebene der Argumentation zu bezeichnen, in der die Vernunft nicht noch einmal durch Rückgriff auf etwas anderes begründen kann, warum sie sich selber traut, ihr etwas so einleuchtet, daß Zweifel gar keinen Sinn mehr macht. Eben diese Denkfigur ist in transzendentalpragmatischen Argumentationen ebenso auszumachen wie in der philosophischen Tradition beispielsweise bei Descartes oder in Kants »Faktum der Vernunft«. Zum anderen fordert Nelson ja als Ergänzung zum Selbstvertrauen der Vernunft das gemeinsame Unternehmen der kritischen Prüfung und betreibt sie selbst – der kritischen Philosophie verpflichtet – zuweilen sogar bis zur Grenze rigider Unerbittlichkeit. Zur heutigen Auffassung vom Sokratischen Paradigma gehört zwar nicht bzw. nicht mehr Nelsons strenges Wissenschaftsideal, wohl aber die Option auf *strenge Rationalität*.

Daher ist dem Selbstvertrauen der Vernunft die *Zumutung an die Vernunft* zur Seite zu stellen: In die kritische Prüfung ist auch dann einzutreten, wenn sie mit Schwierigkeiten verbunden ist und unangenehm werden kann. Denn es geht ja um die Klärung dessen, was noch *nicht* klar ist, und dies zu klären kann mühsam und – im Bilde sokratischer Hebammenkunst – mit »Geburtsschmerzen« verbunden sein. Andere Gegenwartsphilosophen umschreiben mit anderen Bildern die Mühsamkeit, u.U. Härte des logisch-rationalen Denkanspruchs. Ein Sokratisches Gespräch würde aber zu Unrecht seinen Namen tragen, wenn es die *Anstrengung des Begriffs* sowie die Zumutung kritischer Urteilsprüfung nicht zuließe und nicht ggf. auch Aporien aushielte. Nelson spricht vom »verzweifelten Kampf um die Ehrlichkeit des Denkens und Sprechens« (Nelson 1970a,

S. 299). Da der Begriff »Kampf« antagonistische Assoziationen weckt, nenne ich es lieber ein gemeinsames Ringen um die Wahrheit, das mit Anstrengung verbunden sein kann, aber gleichwohl lohnt. Auf der Objektseite bedeutet die Zumutung an die Vernunft das Bemühen um die Güte des Urteils: Es soll der Wahrheit möglichst nahe kommen und in kritischer Prüfung Ungenauigkeiten, Unverbindlichkeiten, Vor-Urteile, Ideologien oder falschen Relativismus überwinden. Auf seiten des Subjekts bedeutet es Beharrlichkeit, ein unbeirrbares Wahrheitsstreben, sich zu Klarheit und Entideologisierung durchzuarbeiten und Voreingenommenheiten zu überwinden.

Im Gang der kritischen Prüfung wird das in einem Sokratischen Dialog jedem Menschen zugebilligte »Wahrheitsgefühl« (vgl. Nelson 1970a, S. 305) wirksam wie ein innerer Wegweiser. Es ist keine Stimmung, eher so etwas wie eine Stimme, »Einer-Erkenntnis-auf-der-Spur-sein« (Heckmann 1993, S. 78, 138). In einer sich meldenden Stimme, die den Untersuchungsgang lenkt, befördert oder Bedenken signalisiert, können wichtige Hinweise zur Wahrheitserkenntnis verborgen sein. Freilich bedarf das, worauf das autonome Wahrheitsgefühl hinweist, der gemeinschaftlichen Aufklärung: Leitideen sind ggf. genauer zu fassen und für die Gesprächsgruppe durchsichtig zu machen, Einwände zu versprachlichen und daraufhin zu prüfen, ob sie einen »Wahrheitskern« enthalten. Das Wahrheitsgefühl ist kein Wahrheitsgarant.

Gegen ein »Wahrheitsgefühl« liegen die Verdachtsmomente der Unaufgeklärtheit, der Unbegründetheit und der Unsicherheit nahe. Abgesehen davon, daß diese nicht eo ipso auf jedes Gefühl und nicht auf jedes Gefühl in gleichem Maße zutreffen, zeigt sich hier eine Stärke der vornehmlich auf J.F. Fries zurückgehenden Richtung der kritischen Philosophie: Sie wagt es, Vorgänge der »inneren Erfahrung«, die etwa auch in der Diskurstheorie ausgeblendet werden, zu benennen,[3] wenn auch in einer Begrifflichkeit, die uns heute vielleicht altmodisch anmutet. Neben dem Wahrheitsgefühl seien etwa Zweifel und Zustimmung, Empörung und Widerspruch genannt. Ihre Berechtigung kann man sich an dem auch in der alltäglichen Lebenswelt gebräuchlichen Begriff des »Rechtsgefühls« deutlich machen: Es *kann* ein durchaus berechtigtes Urteil enthalten, aber *ob* das der Fall ist, ist zu überprüfen. Analog widerspricht das Einbeziehen des Wahrheitsgefühls also keineswegs der Intention auf Begründbarkeit haltbarer Aussagen. Es ist nicht selbst Berufungsinstanz – wie in einer Evidenztheorie –, vielmehr ernst zu nehmender Hinweis auf dem Weg der Erkenntnis- und Wahrheitssuche.

5. Die Maieutik (»Hebammenkunst«)

Die Freisetzung, die Ent-Bindung der je eigenen Gedanken und Urteile ist der Kern Sokratischer Kunst. Sokrates selbst hat sich ja bekanntlich im Theätet (Platon, Theätet 150c) mit einer Hebamme verglichen, nur eben nicht für leibliche, sondern für geistige Kinder. Nicht seine eigenen Gedanken als etwas Mitzuteilendes stehen im Mittelpunkt des Gesprächs, vielmehr die Gedankenentwicklung der Gesprächspartner. Die gedanklichen Produkte sollen möglichst frei von Fremdbestimmung inhaltlicher oder kommunikativer Art ans Tageslicht kommen, also möglichst frei von Dogmatismus und Herrschaft sich entfalten können. Zur »Geburt« der je eigenen Gedanken verhilft der- oder diejenige, der (die) die Rolle der »Hebamme« übernimmt. Im allgemeinen und zunächst ist dies der (die) Gesprächsleiter(in), es können aber auch die Gesprächsteilnehmer/innen einander gegenseitig »Denkhilfe« leisten. Im Ge-

3 Deshalb wird diese Richtung des Neukantianismus ja auch die »psychologische Richtung« genannt.

sprächsprozeß sind zwei Stufen zu unterscheiden: In der *Maieutik erster Stufe* sind die sich »anmeldenden« Aussagen überhaupt erst einmal »zur Sprache« zu bringen; insbesondere ist die in Beispielen berichtete Erfahrung auf den Begriff zu bringen, d.h. so weit zu klären, daß sie in stimmenden Begriffen und Urteilen erfaßt wird. Dies ist vorrangig die Aufgabe der Person, deren eigene Erfahrung das Beispiel wiedergab; die Gruppe hat zunächst nur helfende Funktion, da alle anderen Gesprächsteilnehmer/innen nicht dieselbe, aber wohl in der Regel mehr oder weniger ähnliche Erfahrungen teilen. Diese helfende Funktion ist als erste Ebene der Kommunikation nicht zu unterschätzen. Die Maieutik erster Stufe läßt sich als *Verständigungsprüfung* charakterisieren, deren Ergebnis mitteilbar ist, insofern es sprachlich ist und als mitgeteiltes die gemeinsame Ausgangsbasis für das weitere Nachdenken, insbesondere für den Abstraktionsprozeß ist.

Im weiteren Prozeß der gemeinsamen Untersuchung sind die so gewonnenen Urteile gedanklich wie sprachlich weiter zu »klären«: auf ihre Voraussetzungen zu befragen, kritisch zu prüfen und zu begründen. Dies nenne ich die *Maieutik zweiter Stufe*. Behauptungen, Thesen oder Positionen, die im Gesprächsprozeß vertreten werden, sind argumentativ zu überprüfen und Rechtfertigungsgründe anzugeben.

Der Untersuchungsprozeß geschieht idealtypisch derart, daß über jede Aussage (möglichst restlose) Verständigung in der Gruppe hergestellt wird, bevor man fortschreitet. Sobald die Aussagen sich von der Empirie entfernen und eine erste Stufe der Abstraktion erreicht ist, kommt zur *Verständigungsprüfung* die *Zustimmungsprüfung* hinzu. Nelson und Heckmann beschreiben diese Vorgänge im bewußtseinsphilosophischen Paradigma: Jede(r) Gesprächsteilnehmer(in) stellt fest, ob die zur Diskussion stehende Aussage für ihn/sie zweifelsfrei ist. In der Selbstbeobachtung ist eindeutig feststellbar, ob sich ein – evtl. noch unbegriffener – Zweifel anmeldet oder nicht. Im Falle des Zweifels ist den Gründen nachzugehen. Hier leitet die Gesprächspartner das »Wahrheitsgefühl« (s. Abschnitt 4).

Auf der zweiten Stufe kommt die *kritische* Funktion des dialogischen Philosophierens zum Tragen. Auch hier geht es um die Freisetzung der besseren Möglichkeiten; im Spannungsbogen zwischen Subjekt und Objekt, zwischen den Wahrheit-Suchenden und der zu erkennenden Wahrheit können neue Einsichten entspringen: Die einzelnen Gesprächsteilnehmer/innen können ihre anfänglichen Gedanken ggf. revidieren, wenn der Gedankenfortschritt ihnen neue Einblicke eröffnet, und der gemeinsame Denkprozeß kann sich auf die angestrebte, konsensfähige Wahrheitserkenntnis zubewegen. In der Maieutik geht es immer *zugleich* um die Freiheit (Selbstbestimmtheit) des Denkens und den »eigentümlich zwanglosen Zwang des besseren Arguments« (Habermas 1971, S. 137).

Der Gang der Untersuchung ist von diesem doppelten Klärungsprozeß der Maieutik erster und zweiter Stufe durchzogen und kann sich in seiner Struktur zu einem komplizierten Gebilde mit Haupt- und Nebenwegen entwickeln. Zusätzlich zu der »Gedanken-Geburtshilfe« für den einzelnen ist daher dem (der) Gesprächsleiter(in) die Aufgabe übertragen, die Übersicht über den Untersuchungsgang zu behalten und die Gruppe immer wieder auf einen vereinbarten Weg zurückzuholen. Der Grund ist teils pragmatischer, teils methodischer Natur; er liegt nicht darin, daß er (sie) ein vorrangiges oder gar endgültiges Wissen zur fraglichen Sache besäße. Was der (die) Helfende einbringt, ist kein inhaltliches, vielmehr ein methodisches Wissen: das Aufzeigen des Unklaren und Unbegründeten, um klares und begründetes Urteilen zu ermöglichen, u.U. auch in der Begleitung durch Umwege hindurch. In einer Sokratischen Gesprächsgruppe kann darüber hinaus prinzipiell jede(r) für jede(n) einmal zur »Hebamme« der Gedanken, ihrer sprachlich adäquaten Erfassung und ihrer kritischen

Untersuchung werden; tendenziell ist die Gesprächsgruppe auf Aufhebung der Rollen-Asymmetrie angelegt (vgl. Raupach-Strey 1983).

Diskurstheoretische Ansätze (Apel 1989, bes. S. 60) scheinen mir die Klärungsprozesse zumindest der ersten Stufe als immer schon geleistet vorauszusetzen. Damit werden nicht nur die maieutischen Schwierigkeiten umgangen, sondern die Ergebnisse erster Stufe als verfügbar angesehen und in eine zunehmend technisierte Betrachtung von Diskursen einfügbar. Die Fruchtbarkeit ebenso wie auch die Mühe gemeinsamer diskursiver Wahrheitssuche setzt im Sokratischen Paradigma bereits bei der Aufhellung des Vorbegrifflichen ein.

Ebenso ist in der Diskurstheorie der Kerngedanke der Maieutik – die freisetzende, Personen-bezogene Denkhilfe – völlig verschwunden. Und auch in der formalen Symmetrie-Forderung der Sprechhandlungen ist ein Verständnis substantieller Ergänzungsbedürftigkeit monologischen Denkens und Argumentierens kaum noch zu entdecken. Für das Sokratische Paradigma sind dagegen das Prinzip der helfenden Ermöglichung des Denkens der jeweils *anderen* ebenso konstitutiv wie das Bewußtsein von der Unzulänglichkeit einzelner Gesprächsbeiträge und demzufolge der potentiellen Komplementarität dessen, was verschiedene Diskurspartner/innen einer Kommunikationsgemeinschaft vorbringen.

6. Das Begründungskonzept

Wie wird in Sokratischen Gesprächen der Vorgang der Begründung verstanden? Von den Erfahrungs-Urteilen, die sich zum untersuchten Beispiel einstellen, ausgehend, wird Schritt für Schritt zurückgegangen auf die zugrundeliegenden Voraussetzungen, so daß man allmählich abstraktere Aussagen von allgemeinerer Bedeutung gewinnt. Die erarbeiteten, in bezug auf Erfahrung gefällten Einzelurteile, hinter denen alle oder einige Gesprächspartner/innen stehen, werden so von den empirischen Zufälligkeiten schrittweise gelöst, auf die ihnen zugrundeliegenden allgemeinen Sätze befragt, bis man zu den philosophischen Prinzipien gelangt.

Das Begründen, dieser Kernvorgang Sokratischen Philosophierens, geschieht nach Nelson im Rückgang vom Besonderen zum Allgemeinen, zu den philosophischen Prinzipien; Nelson nannte dieses Verfahren die *»regressive Methode der Abstraktion«*. Sie hat starke erkenntnistheoretische Annahmen zur Voraussetzung: Nelson geht mit Fries davon aus, daß wir schließlich auf die letzten (er sagt »obersten«) Grundsätze und Prinzipien stoßen, die uns in einer nicht-anschaulichen unmittelbaren Erkenntnis bewußt werden. Mit anderen Worten: Wir besitzen die Kenntnis der letzten Grundsätze immer schon, aber sie sind uns zunächst nur dunkel bewußt und müssen deshalb ans Licht gebracht werden. Diese Methode »erzeugt nicht neue Erkenntnisse«, sondern erhebt, was »als ursprünglicher Besitz in unserer Vernunft ruhte und dunkel in jedem Einzelurteil vernehmlich wurde« (Nelson 1970 a, S. 281 f.). Hier zeigt sich bis in die Sprache hinein eine Verwandtschaft zur platonischen Anamnesislehre, welche Nelson jedoch in der kritischen Philosophie seit Kant und Fries von der »Umschlingung durch die platonische Mystik« (Nelson 1970 a, S. 290) befreit sieht.

Nelson hat die regressive Methode der Abstraktion im Rahmen seiner Erkenntnisphilosophie entwickelt. Sie ist zur Beschreibung des Begründungsverfahrens in der Sokratischen Methode gut brauchbar. Daran hat sich auch nach unserem heutigen Verständnis insofern nichts geändert, als wir die unserem Denken und Urteilen zugrundeliegenden Voraussetzungen und evtl. Prinzipien zu erheben suchen. Wir nehmen jedoch heute nicht mehr an, in jedem Fall bis zu den letzten, allgemeinsten Grundsätzen vorstoßen zu können, und auch nicht, daß es eine Art objektiver Stufenskala dahin gäbe.

Nelson ist in seiner Philosophie am Wissenschaftsideal orientiert, Urteile zu beweisen, d.h. zu begründen durch Rückführung auf allgemeinere Sätze, aus denen sie abgeleitet werden. Das auf Fries zurückgehende, später von Albert sogenannte »Münchhausen«-Trilemma zwischen einem Zirkel, einem unendlichen Regreß und einem Abbruch des Verfahrens, der sich dem Dogmatismus-Verdacht aussetzte, löst Nelson, ohne es explizit zu diskutieren, durch die Annahme, daß die letzten Sätze begründet werden durch »unmittelbare Erkentnis« (Nelson 1970b, S. 23).[4] Da diese ursprünglich dunkel ist, ist ihr *Aufweis* in der inneren Erfahrung die Aufgabe der kritischen Methode; Nelson nennt dieses Verfahren die »Deduktion« metaphysischer Grundsätze, die »das Geschäft der Psychologie« sei (Nelson 1970b, S. 28) – Psychologie hier noch als Teil der Philosophie zu verstehen. Die Begründung durch regressive Abstraktion ist von einer Begründung durch Ableitung, der »Deduktion« im wissenschafts-üblichen logisch-mathematischen Sinn, zu unterscheiden; sie stellt eine eigene Begründungsart dar durch Aufweis und Aufhellung des immer schon auf noch unklare Weise Gewußten und Beanspruchten, das in Nelsons Erkenntnissystem inhaltlich gefüllte Grundsätze (einschließlich grundlegender Sollenssätze) sind.

In der Diskurstheorie[5] finden wir im Anspruch auf Letztbegründung dieselbe Denkfigur. Aber während Nelson letzte metaphysische Grundsätze annimmt, setzt die Diskurstheorie »nur« formal letzte Argumentationsverpflichtungen voraus. Diese aber setzt sie voraus, und zwar

4 Zur Problematik der »unmittelbaren Erkenntnis« vgl. verschiedene Beiträge in Kleinknecht/Neißer 1994.

5 Ein gut lesbarer Zugang zu den einschlägigen Gedankengängen der Diskurstheorie bzw. Transzendentalpragmatik findet sich bei Kuhlmann (Kuhlmann 1989).

(wie bei Nelson) nicht als Setzung, vielmehr als etwas für jeden Menschen Einsehbares und Unbestreitbares. Insofern besteht schon strukturell eine klare Entsprechung zwischen Nelsons regressiver Methode der Abstraktion und der transzendentalpragmatischen Letztbegründung. Umgekehrt gilt die (Selbst-)Verpflichtung, für eine vorgebrachte Behauptung auch diskursiv einzutreten und Argumente zu ihrer Verteidigung vorzubringen, die nach Überzeugung des Sprechers oder der Sprecherin Gültigkeit beanspruchen können, im Sokratischen Paradigma ebenfalls. Die diskursive Verteidigungsbereitschaft impliziert weitere Verpflichtungen wie die der Aufrichtigkeit und der klaren und verständlichen Rede, aber auch die Bereitschaft, sich durch gute Gründe von widersprechenden Aussagen überzeugen zu lassen. Derartige Gesprächsvoraussetzungen sind ohne performativen Selbstwiderspruch nicht bestreitbar, und auch ohne petitio principii nicht begründbar; sie sind unhintergehbar, ohne sie wäre keine rationale Begründung denkbar. Eben das beansprucht Nelson in seinem System ebenfalls von den grundlegenden Prinzipien. Den Anspruch auf ein *Gesamtsystem* philosophischer Erkenntnisse, in denen die Prinzipien wie eine mathematische Axiomenmenge vollständig zu bestimmen wären, haben jedoch im Unterschied zu Nelson sowohl das Sokratische Paradigma wie die Diskurstheorie aufgegeben.

7. Das Gesprächsziel eines Wahrheits-Konsenses

Sokratische Gespräche streben nach Wahrheitserkenntnis; aber diese Wahrheit ist kein Besitz und kein Element in einem schon fixierten System, sie ist nicht statisch und nicht monologisch zu erwerben, sondern an den Prozeß des Gesprächs gebunden: Zum Paradigma der Sokratischen Gespräche gehört als Zielvorstellung der Wahrheit verbürgende Konsens. Der Weg des Miteinander-Denkens ist ausgerichtet auf Einsichten zum thematisierten philosophischen Problem, die sich in einem Urteil fassen lassen, dem alle bzw. möglichst alle Gesprächsteilnehmer/innen zustimmen können. Diese Einsichten müssen nicht unbedingt abschließend sein, sollten aber eine erste Abstraktionsstufe überschreiten. Grundannahme dabei ist, daß ein vernünftiger Konsens der Wahrheit im allgemeinen näher kommt als nicht konsensfähige Aussagen. Denn bei nicht konsensfähigen Aussagen gibt es noch zu bedenkende Einwände, die im Sinne eines rationalen Diskurses entweder auszuräumen sind, oder es ist ihnen durch Modifikation der Aussage Rechnung zu tragen, so daß die modifizierte Aussage konsensfähig wird. Ein Konsens meint keinen äußerlichen Kompromiß: Wahr wäre eine Aussage, zu deren Inhalt unter idealen Bedingungen alle Gesprächspartner/innen aus Überzeugung zustimmen könnten. Das heißt nicht, daß ein faktischer Konsens eo ipso Wahrheit verbürge. Es kann sein, daß sich zu einem späteren Zeitpunkt oder in einem anderen Kontext herausstellt, daß er erneut der Überprüfung und ggf. der Revision zu unterziehen ist; so hat es jedenfalls auch Gustav Heckmann immer wieder betont. Gleichwohl ist die regulative Idee des anzustrebenden Wahrheitskonsenses unverzichtbar. Wenn man nicht bei bloß subjektiven Meinungen und deren Austausch steckenbleiben will, ist notwendig auf das zunächst nicht Konsensfähige zu hören. Die ideale Sprechsituation ist dadurch gekennzeichnet, daß die Chancen, die verschiedenen Sorten von Sprechakten zu wählen, gleich verteilt sind, und daß in ihr nur noch der Logos-Grundsatz, der »eigentümlich zwanglose Zwang des besseren Arguments« (Habermas 1971, S. 137) Gültigkeit beanspruchen kann. Somit ist die Zielbestimmung des anzustrebenden Wahrheitskonsenses konstitutiv für den *philosophischen* Anspruch des Gesprächs, denn nur sie liefert eine gewisse Garantie, der Sache bzw. der Wahrheit näherzukommen.

Sinn und Bedeutung des Konsens-Ziels sehe ich in folgenden Überlegungen: Unser Erkenntnisvermögen ist endlich und begrenzt, daher gilt für jede Einsicht prinzipiell der Fallibilismus-Vorbehalt: Sie kann falsch sein. Insofern ist man noch nicht berechtigt anzunehmen, daß eine Aussage wahr sei, solange durch mindestens ein Gruppenmitglied mindestens ein (ernsthafter) Einwand angemeldet wird. Denn in jedem ernstgemeinten Einwand, wie absurd er zunächst auch erscheinen mag, kann ein Wahrheitskern stekken, der um der richtigen Erkenntnis willen in das Gespräch aufzunehmen ist. Allerdings heißt das nicht, daß ein solcher Wahrheitskern *notwendig* in jedem Einwand enthalten ist. Wenn kein Einwand mehr angemeldet wird, ist die Wahrscheinlichkeit geringer geworden, daß unter anderen Bedingungen (zu einem anderen Zeitpunkt, bei anderer Zusammensetzung der Gruppe usf.), dennoch Einwände auftreten würden. Möglich ist dies gleichwohl, und in diesem Fall wäre ein realer Konsens erneut der Überprüfung zu unterziehen. Als wahr könnte eine Einsicht dann bezeichnet werden, wenn sie in einem unter idealen Bedingungen stattfindenden Gespräch schließlich allen vernünftigen Wesen einleuchtete.

Für Nelson spielt der Konsens-Begriff m.E. deshalb keine Rolle, weil er in seinem System philosophischer Wissenschaft noch ungebrochen von einem direkten Wahrheitszugang des Einzelsubjekts ausgeht: Die in regressiver Abstraktion aufgewiesenen unmittelbaren Erkenntnisse sind bei ihm notwendig für alle Menschen gleich. Der Dialog über behauptete Wahrheitsansprüche ist in Nelsons systematischer Philosophie nicht zwingend und das monologische Denken im Prinzip noch ausreichend erschienen, auch um die angestrebte Universalität der Erkenntnisse zu erreichen. Der prinzipielle Fallibilismus-Vorbehalt wurde erst in den kritischen Ansätzen einer philosophischen Erkenntnis- und Wissenschaftstheorie von Karl Popper (Popper 1934) und später Hans Albert (Albert 1968, bes. Kap. 1 und 2) formuliert. Allerdings ist ihre Erkenntnis-Skepsis so durchschlagend, daß der Fallibilismus bei ihnen keine Aufhebung in der regulativen Idee des Konsenses findet, und damit auch nicht der Wahrheit, an der wir im Sokratischen Paradigma festhalten.[6]

Erst durch Gustav Heckmann ist der Konsensbegriff als leitende Idee der Sokratischen Gespräche ins Zentrum des Sokratischen Paradigmas gerückt. Dies mag durch eine stärkere Wahrnehmung der Begrenzung des einzelnen Subjekts bedingt sein oder auch historische Gründe in der Erfahrung des Zerbrechens von Verbindlichkeiten zur NS-Zeit haben. Der Erkenntnis-Optimismus, um nicht zu sagen die Erkenntnis-Hybris Nelsons, ist bei Gustav Heckmann gedämpft, in ein endliches Maß zurückgeholt. Auch vom Blick des Pädagogen, der wohlwollend auf die Unfertigkeit menschlicher Erkenntnisbemühungen blickt, mag etwas dabei sein. Hinzu kommt eine Parallele zur politischen Entwicklung: Das Konsensbemühen setzt grundsätzliche Gleichberechtigung aller Gesprächsteilnehmer/innen hinsichtlich ihrer Argumentation voraus. Man hat Abstand vom Führungsprinzip gewonnen; der »Geist« der Sokratischen Gespräche ist gewissermaßen demokratischer geworden (vgl. Raupach-Strey 1989).

Will man das Konsens-Ziel geltungstheoretisch begründen, so bietet sich die Habermassche Konsens-Theorie der Wahrheit (Habermas 1971, Kap. 4; 1973) an: Nur unter der kontrafaktischen Antizipation und Unterstellung der idealen Sprechsituation können wir mit einem realen Konsens den Anspruch auf Wahrheit verbinden. Ein vernünftiger läßt sich von einem trügerischen Konsens nur unterscheiden unter der unvermeidlichen Voraussetzung dieser reziprok vorgenommenen Unterstellung. Mit ihr ist das normative Fundament sprachlicher Verständigung erreicht; in diesem Sinn ist Wahrheit als Geltungsanspruch

6 Eine detaillierte Untersuchung der Vereinbarkeit eines sinnvollen Fallibilismus-Prinzips mit dem Letztbegründungsanspruch unternimmt Karl-Otto Apel (Apel 1987).

gar nicht suspendierbar. – Freilich sind reale Sprechsituationen immer Verzerrungen unterlegen. Deshalb formulierte Karl-Otto Apel das verantwortungsethische »Ergänzungsprinzip E«: Jeder Diskursteilnehmer ist verpflichtet, darauf hinzuwirken, daß die realen Diskursbedingungen sich den idealen annähern.[7] Ebenso wird in den Sokratischen Gesprächen durch das Kommunikationsverhalten – beispielsweise die Art der Gegenfragen und des gegenseitigen Eingehens auf die Gesprächsbeiträge – für eine allmähliche Approximation der realen Sprechsituation an die ideale einer unverzerrten Kommunikation Sorge getragen.

Der Wahrheitsbegriff der Sokratischen Methode wird diskurstheoretisch in der Konsensustheorie der Wahrheit präzisiert, da er in wesentlichen Zügen identisch ist. Dennoch bleibt bei aller Parallelität ein tiefliegender Unterschied: Die Diskurstheorie kann den Weg zum Konsens letztlich nur unter dem Formalismus der äußeren Entgegensetzung von Proponent und Opponent beschreiben, während es im Sokratischen Paradigma um die inhaltliche Prüfung der Gründe und um die innere Zustimmung aus Überzeugung geht. Zwar ist der intersubjektive Zugang zur in den Diskurs eingebrachten Überzeugung nur indirekt gesichert durch die Wahrhaftigkeitsregel; aber umgekehrt hat sich auch hier – im Verzicht gleichsam auf die Erkenntnis-Substanz – eine Beschränkung der Diskurstheorie gezeigt.

7 Apel formuliert als Imperativ für moralische Langzeitstrategien am Ende der Studieneinheit 20 des Funkkollegs Praktische Philosophie/Ethik (1984) folgendermaßen: »Bemühe dich stets darum, zur langfristigen Realisierung solcher Verhältnisse beizutragen, die der Realisierung der idealen Kommunikationsgemeinschaft näher kommen!«

8. Die Gesprächsgemeinschaft

Erkenntnissubjekt Sokratischen Philosophierens ist nicht das einzelne, isolierte und sprachlose – oder nur im einsamen Monolog mit sich selber sprechende – Subjekt, vielmehr die Kommunikations-*Gemeinschaft* derjenigen, die sich ernsthaft argumentativ um Wahrheit bemühen. Gemeinsame Erkenntnis ist nur möglich – mit den Diskurstheoretikern gesprochen – durch die kontrafaktische Unterstellung der idealen Sprechsituation (Habermas 1971, S. 137), der freilich die faktische, verzerrenden Realitätsbedingungen unterliegende Sprechsituation immer erst anzunähern ist. Das Erkenntnissubjekt wird somit sowohl autonom, frei und wahrheitsfähig aufgefaßt wie auch sozial und geschichtlich bedingt, endlich (vgl. Kuhlmann 1987a, S. 149–151). Erkenntnissubjekt ist ein *soziales* Gebilde, nicht mehr ein monologisches Einzelsubjekt – darin stimmen Sokratiker und Diskurstheoretiker überein (Kuhlmann 1987b, S. 98f.).

Die intersubjektive Dimension philosophischer Erkenntnissuche und insbesondere die Kommunikationsgemeinschaft als Erkenntnissubjekt ist für Nelson in der monologischen Orientierung des bewußtseinsphilosophischen Paradigmas noch nicht im Blick. Aber auch er beansprucht das kantische Diktum, daß man nicht Philosophie, sondern nur *Philosophieren* lernen kann, und dies impliziert ja doch eine Überschreitung des einsamen Nachdenkens. Bei Heckmann ist die Intersubjektivität noch nicht begrifflich formuliert, jedoch im Postulat des Konsensstrebens enthalten und insbesondere in seinem persönlichen Ethos weitergegeben, das sich auch in der Art seiner Praxis-Reflexionen niederschlägt.

Nach heutiger Auffassung ist die *gemeinschaftliche* Wahrheitssuche konstitutives Element des Paradigmas Sokratischer Gespräche. Es läßt sich zeigen (vgl. Raupach-Strey 1989), daß das *normative Fundament* Sokratischer

Gespräche weitgehend demokratischen Werten entspricht: Die Postulate der Aufrichtigkeit und Offenheit enthalten das grundsätzliche Ernst-Meinen und das Ernst-Nehmen jeder Äußerung sowie der äußernden Personen; die angestrebte Symmetrie in der Wahl der Sprechakte enthält die Gleichberechtigung und die wechselseitige Anerkennung der Gesprächspartner/innen; der Logos-Grundsatz, daß nur der »eigentümlich zwanglose Zwang des besseren Arguments« gelten soll, läßt keine anderen Zwänge irgendwelcher Art gelten; von der Utopie der Herrschaftsfreiheit geleitet ist die praktizierte Zurücknahme von Herrschaft in der Dialogsituation und das Bemühen um die Behebung von Kommunikationsverzerrungen, soweit dies jeweils in der Realität nur irgend möglich ist. Diese grundlegenden Regeln des Miteinanderredens und das zugrundeliegende Selbstverständnis (vgl. Raupach-Strey 1997) lassen erkennen, daß das Paradigma Sokratischer Gespräche von der Vorstellung des *einsamen* Wahrheitssuchers weit entfernt ist.

In der Kant/Fries/Nelson-Tradition der Philosophie war der erkenntnistheoretische Solipsismus noch nicht völlig überwunden, aber in diesen expliziten oder impliziten Regeln überschreitet das Sokratische Paradigma von innen heraus das bewußtseinsphilosophische (ebenso wie das ontologische) Paradigma. Was die Diskurstheorie für ihre Zwecke herausgearbeitet hat – Intersubjektivität als konstitutives Element von Diskursen –, gilt nicht minder für die Sokratischen Gespräche: In der Denkfigur der als ideal zu antizipierenden unbegrenzten Argumentations- und Kommunikationsgemeinschaft und deren Regeln ist das Apriori jeglichen und damit auch jeglichen Sokratischen Diskurses benannt und präzisiert worden.

Allerdings geht diese Präzisierung auch mit einer Formalisierung einher, die im zugrundeliegenden Menschenbild dann wieder Differenzen zwischen Diskurstheorie und Sokratischen Gesprächen aufscheinen lassen.

9. Zum Menschenbild

Im Sokratischen Paradigma wird der Mensch als ein geschichtlich gewordenes Subjekt mit einem letztlich unverfügbaren und zu achtenden Persönlichkeitskern betrachtet und dementsprechend der Dialog nicht nur als Austausch von Argumenten, vielmehr in der zwischenmenschlichen Dimension als Ort möglicher Begegnung. Die Diskurstheorie aber thematisiert die Gesprächspartner/innen überhaupt nicht (mehr) als Personen, sondern verkürzt weitgehend die Menschen auf Argumentationslieferanten und den Diskurs auf einen Konsensproduktionsmechanismus. Das bedeutet nicht nur eine Vernachlässigung der Personalität, sondern trotz aller Intersubjektivität doch auch menschlicher Sozialität und Geschichtlichkeit: Es wird zum einen abgesehen von den Inhalten der Aussagen und Argumente bzw. der inhaltlichen Relevanz der Begründungen, die der einzelne ja letztlich doch darauf prüfen muß, ob sie ihm persönlich einleuchten. Zum anderen werden die *innere* Erfahrung bzw. *innere Vorgänge* wie z.B. Zweifel ebensowenig thematisiert wie das innere Verhältnis des Subjekts zu seinen Äußerungen, etwa Wahrhaftigkeit, *innere* Zustimmung, auch Freude an der Erkenntnis. Innere Vorgänge und das Binnenverhältnis des Subjekts zu seinen Äußerungen sind im Sokratischen Paradigma eine wichtige Grundlage des Gesprächs.

Ein *Gespräch*, insbesondere ein Sokratisches, geht daher in mehrfacher Hinsicht über einen Diskurs hinaus. Das Sokratische Paradigma hat eine umfassende Anthropologie im Auge, in der die Leitvorstellung vom Menschen sich nicht auf die Autonomie allein konzentriert. Sokrates' Selbstdeutung als »Hebamme für geistige Kinder männlicher Urheber« im Vergleich zum Beruf seiner Mutter Phainarete, die als Hebamme für Frauen leiblichen Kindern ans Tageslicht verhalf, setzt zwar eine dichotome Zuordnung (des Geistes zum Mann und des Leibes zur Frau) voraus, die jedoch *im* maieutischen Paradigma selbst überwindbar ist, denn in diesem ist die intersubjektiv-soziale Dimension kein Additum, vielmehr ihrerseits konstitutiv. Freilich sind die Selbsttätigkeit der Vernunft ebenso wie die Selbstbestimmung des Urteils unverzichtbare Elemente Sokratischen Philosophierens; dieses Aufklärungserbe der »Vertikale« gewissermaßen ist jedoch zu vervollständigen um eine »Horizontale« der Vernetzung, in der sich die Gesprächspartner/innen ergänzen und gegenseitig Denkhilfe leisten können. – Die horizontale Dimension der sozialen Verwiesenheit hat weiterhin über die gesprächs-konstitutive hinaus eine vorgreifend-utopische Bedeutung.

Jürgen Habermas hat den Vorgriff auf die ideale Sprechsituation als konstitutiven Schein gedeutet, der zugleich »Vorschein einer Lebensform« ist (Habermas 1971, S. 141). Dies ist eine der seltenen Stellen, in der ein Diskurstheoretiker einen den Formalismus der Diskurse überschreitenden Sinn reklamiert, der sich zugleich mit einer gesellschaftlichen Vision verbindet. Im Sokratischen Dialog ist solch ein visionäres Element nicht nur als nicht wegzudenkendes analysiert, sondern in verschiedener Weise präsent. Die Dialog-Philosophie beispielsweise (und Dialog-Pädagogik) – dem Sokratischen Paradigma verwandt – kennzeichnet diesen Überschuß in Begriffen wie »Zwiesprache«, »echtes Gespräch« oder personaler »Begegnung« (Buber 1925, 1973; Guardini/Bollnow 1956 u.a.). Nelsons gesellschaftspolitische Visionen waren sozialistischer Art; sie verbanden sich mit einem konsequenten Vernunftanspruch für die Praxis und Praxisanspruch für die Vernunft. Zumindest dies zweite: Vernunft und Praxis in Einklang zu bringen, war treibendes Motiv für Gustav Heckmann und den weiteren Kreis derjenigen, die nach 1945 die Sokratische Methode weitergepflegt haben. In diesem Sinn enthält der diskursive Umgang miteinander in den Sokratischen Gesprächen eine Vision, die auch für uns heute wirksam ist. Im maieutischen Paradigma verschränken sich Realität und

Bild der Hebammenkunst zu einem umfassenderen Verständnis des Erkenntnisprozesses als eines geistig-seelisch-leiblichen Vorgangs, der gleichwohl im sozialen Zusammenhang konstituiert wird *und* in der Zeitdimension über sich hinausweist. Eine Beschreibung auch des normativen Fundaments von Sokratischen Diskursen kann dieses visionäre, die Faktizität positiv-überschreitende Element zwar andeuten, aber immer nur bedingt einholen.

10. Zusammenfassende Betrachtung

Das »Paradigma der Sokratischen Methode« ist die Rekonstruktion der Leitvorstellung, die der Praxis Sokratischer Gespräche in der Nelson/Heckmann-Tradition zugrunde liegt. Seine Explikation habe ich mit vergleichenden Bezügen zur Diskurstheorie verbunden, die Affinitäten und Differenzen hervortreten ließen.

Für einige konstitutive Elemente läßt sich die Diskurstheorie als Hintergrundphilosophie zur Sokratischen Methode nach Nelson/Heckmann in Anspruch nehmen, das gilt vor allem für die Rolle der den Solipsismus überwindenden Intersubjektivität sowie des Konsenses für den Geltungsanspruch auf Wahrheit, für beides jedoch aufgrund der Tendenz zur Formalisierung nicht vollständig. Andere konstitutive Elemente, vor allem die erkenntnistheoretischen Grundlagen, wurden von Nelson im bewußtseinsphilosophischen Paradigma formuliert. Im transzendentalpragmatischen Paradigma werden diese gar nicht thematisiert; für erkenntnistheoretische Probleme benutzt auch die Gegenwartsphilosophie im allgemeinen andere Paradigmata. Andererseits können wir Nelsons in traditionell-doktrinaler Weise formuliertes System der Philosophie als Basis auch der Sokratischen Methode zwar heranziehen, vor allem hinsichtlich der »regressiven Methode der Abstraktion«, aber nur mit gewissen Einschränkungen (ausführlicher dazu Raupach-Strey 1994). Andere konstitutive Elemente, vor allem das Menschenbild betreffend, legen es nahe, Bezüge zu anderen philosophischen Ansätzen wie der »Dialog-Philosophie« und auch Überlegungen der feministischen Philosophie noch weiter auszuarbeiten. Trotz der aufgezeigten Verwandtschaften erschöpft sich also das in der Praxis Sokratischer Gespräche implizierte Paradigma nicht in der diskurstheoretischen Beschreibung, mögen auch Sokratisches Gespräch und Diskurstheorie beide von einer »Urintuition« des zwischenmenschlichen Dialogs gespeist sein.

Die Stärken des Sokratischen Paradigmas sehe ich in folgenden Punkten:

1. Die Berücksichtigung der Lebenswelt als legitimem Ausgangspunkt von originärem Denken und Erkennen.
2. Die Anerkennung der *inneren* Erfahrung und der *inner*subjektiven Gründe für die Zustimmung oder Ablehnung innerhalb eines Gespräches/Diskurses.
3. Anthropologische Grundbestimmungen und Einstellungen werden weder ausgeklammert, noch bloß funktionell erfaßt: Zum Bild des vernunftbestimmten autonomen Menschen kommen auch Personalität, Sozialität, Geschichtlichkeit und Begegnungsfähigkeit als Konstituentien hinzu. Das gleiche gilt für die Wechselseitigkeit von Grundeinstellungen wie Bereitschaft zum Hören auf den »Wahrheitskern« bei dem Gesprächspartner bzw. der -partnerin, zur offenen Auseinandersetzung und zu Toleranz.
4. Die Anerkennung, daß es gültige Erkenntnisse auf ganz unterschiedlichen Ebenen des Denkens und Sprechens gibt: Auf einer Stufenskala zwischen elementaren, eng auf die konkrete Lebenswelt bezogenen Einsichten und abstrakten, zu einer philosophischen Theorie ausgearbeiteten Aussagen(zusammenhängen) hat jede Stufe ihre Berechtigung und ihren Erkenntniswert. Sokratische Ge-

spräche sind grundsätzlich auf jedem denkbaren Niveau möglich.

5. Die Überwindung des einsamen und ausschließlich theoretischer Beschaulichkeit gewidmeten Denkens, die Besinnung auf den *maieutischen* Charakter intersubjektiv-dialogischen Philosophierens, dessen philosophische Implikationen und dessen Fruchtbarkeit sowohl für die persönliche Bildung wie für die zu fördernde Dialogkultur in unserer Gesellschaft.

Es dürfte somit deutlich geworden sein, daß Sokratische Gespräche nicht als bloße Anwendung einer gegebenen, einheitlichen Theorie oder gar deren abgeleiteter Modus verstanden werden können, weder der Nelsons noch der Diskurstheorie (die zudem beide in sich differenziert sind), noch anderer Theorien. Ebensowenig sind sie bloße »Heuristik« zu den »eigentlichen« philosophischen Erkenntnissen. Sokratische Gespräche haben nicht nur vorbereitenden Charakter, in bisher geübter Praxis bedeuten sie Erkenntnisgewinnung häufig auf elementaren Ebenen – was ihren Wert nicht mindert –, aber keineswegs darauf beschränkt: Auch in Hochschulseminaren wird nach Sokratischer Methode gearbeitet. Das Sokratische Paradigma ist so reichhaltig und besitzt so viel Eigenständigkeit, daß es von sich heraus philosophische Erkenntnisgewinnung begründet.

Die didaktische Bedeutung der Sokratischen Methode wird jedoch bisher noch eher unterschätzt, und diese These steht nicht im Gegensatz zur soeben behaupteten philosophischen Eigenständigkeit. Denn *»Didaktik«* darf nicht als bloße Methodik mißverstanden werden, die von der Philosophie als Fachwissenschaft vermeintlich abtrennbar und ihr subordiniert wäre.[8]

8 Einen umfassenden Begriff von »Didaktik« vertritt beispielsweise Klafki (Klafki 1970).

Sowohl nach Kant und Nelson[9] wie übereinstimmend in der gegenwärtigen Philosophie-Didaktik[10] heißt Philosophie-Lernen Philosophieren-Lernen. Das bedeutet nicht nur »nach«zudenken oder sich »fertige« Erkenntnisse vermitteln zu lassen, sondern sich selbständig *und* in Gemeinschaft mit Gesprächspartner/innen auf den Weg der kritisch-prüfenden Erkenntnissuche zu begeben. – Genau dies intendiert das Sokratische Paradigma. Wir sollten zu der in unserer gegenwärtigen Gesellschaft so dringend benötigten Dialogkultur beitragen, indem wir das Sokratische Paradigma fruchtbar machen an allen in irgendeinem Sinne der Bildung gewidmeten Lernorten: in der Philosophie- und Ethik-Didaktik, in der Lehrerbildung, in der politischen Bildung und für die Allgemeinbildung (vgl. Raupach-Strey 2000 und 2002). Das unvermeidliche, mehrfache Paradox, über eine Dialogform monologisch und schriftlich zu theoretisieren, läßt sich nur auflösen durch Praxis – durch Sokratisch-dialogische Praxis!

Literatur

Albert, Hans: Traktat über kritische Vernunft. Tübingen 1968.

Apel, Karl-Otto: Fallibilismus, Konsenstheorie der Wahrheit und Letztbegründung. In: Forum für Philosophie Bad Homburg (Hrsg.): Philosophie und Begründung. Frankfurt a.M. 1987. S. 116–211.

Apel, Karl-Otto: Das Sokratische Gespräch und die gegenwärtige Transformation der Philosophie. In: Dieter Krohn / Detlef Hor-

9 Nelson 1970c, S. 233: »Man beherrscht sie nicht durch Gelehrsamkeit, sondern durch Selbstdenken. Daher ist nicht sowohl die Philosophie, als vielmehr nur die Kunst, zu philosophieren, lernbar.« Vgl. auch Nelson 1970a, S. 271 und 283.

10 Vgl. die Konstituierungsthese von Ekkehard Martens (Martens 1983, S. 15f.).

ster / Jürgen Heinen-Tenrich (Hrsg.): Das Sokratische Gespräch. Ein Symposion. Hamburg 1989. S. 55–77.

Apel, Karl-Otto / Böhler, Dietrich / Rebel, Karlheinz (Hrsg.): Funkkolleg Praktische Philosophie/Ethik. Weinheim/Basel 1984.

Böhler, Dietrich: Transzendentalpragmatik und kritische Moral. In: Wolfgang Kuhlmann / Dietrich Böhler (Hrsg.): Kommunikation und Reflexion. Frankfurt a. M. 1982. S. 83–123.

Buber, Martin: Reden über die Erziehung. Heidelberg 1925.

– Das dialogische Prinzip. Heidelberg 1973.

Frankena, William K.: Analytische Ethik. München 1972.

Guardini, Romano / Bollnow, Otto Friedrich: Begegnung und Bildung. Würzburg 1956.

Habermas, Jürgen: Vorbereitende Bemerkungen zu einer Theorie der kommunikativen Kompetenz. In: Jürgen Habermas / Niklas Luhmann: Theorie der Gesellschaft oder Sozialtechnologie – Was leistet die Systemforschung? Frankfurt a. M. 1971. S. 101–141.

Habermas, Jürgen: Wahrheitstheorien. In: Helmut Fahrenbach (Hrsg.): Wirklichkeit und Reflexion. Pfullingen 1973. S. 211–265.

Heckmann, Gustav: Das sokratische Gespräch. Erfahrungen in philosophischen Hochschulseminaren. Neuausg. Frankfurt a. M. 1993.

Klafki, Wolfgang: Der Begriff der Didaktik und der Satz vom Primat der Didaktik (im engeren Sinn) im Verhältnis zur Methodik. In: Funk-Kolleg Erziehungswissenschaft 2. Frankfurt a. M. 1970. S. 55–73.

Kleinknecht, Reinhard / Neißer, Barbara (Hrsg.): Leonard Nelson in der Diskussion. Frankfurt a. M. 1994. (Sokratisches Philosophieren. Schriftenreihe der Philosophisch-Politischen Akademie. Bd. 1.)

Kuhlmann, Wolfgang: Tod des Subjekts? In: Herta Nagl-Docekal / Helmut Vetter (Hrsg.): Tod des Subjekts? Wien/München 1987 [1987 a]. S. 120–163.

Kuhlmann, Wolfgang: Was spricht heute für eine Philosophie kantischen Typs? In: Forum für Philosophie Bad Homburg (Hrsg.): Philosophie und Begründung. Frankfurt a. M. 1987 [1987 b]. S. 84–115.

Kuhlmann, Wolfgang: Argumentation und Transzendentalpragmatik, In: Zeitschrift für Didaktik der Philosophie 11 (1989) S. 3–10.

Martens, Ekkehard: Einführung in die Didaktik der Philosophie. Darmstadt 1983.

Nelson, Leonard: Die kritische Methode und das Verhältnis der Psychologie zur Philosophie (1904). In: L. N.: Die Schule der kritischen Philosophie und ihre Methode. Hamburg 1970 [1970b]. (Gesammelte Schriften. Bd. 1.) S. 9–78.

Nelson, Leonard: Von der Kunst, zu philosophieren (1918). In: L. N.: Die Schule der kritischen Philosophie und ihre Methode. Hamburg 1970 [1970c]. (Gesammelte Schriften. Bd. 1.) S. 219–245.

Nelson, Leonard: Die sokratische Methode (1922). In: L. N.: Die Schule der kritischen Philosophie und ihre Methode. Hamburg 1970 [1970a]. (Gesammelte Schriften. Bd. 1.) S. 269–316.

Popper, Karl: Logik der Forschung. Wien 1934.

Raupach-Strey, Gisela: Über den autoritären Rest in Gustav Heckmanns Auffassung vom sokratischen Gespräch. In: Detlef Horster / Dieter Krohn (Hrsg.): Vernunft, Ethik, Politik. Gustav Heckmann zum 85. Geburtstag. Hannover 1983. S. 315–325.

Raupach-Strey, Gisela: Über den politisch-bildenden Charakter Sokratischer Gespräche. In: Dieter Krohn / Detlef Horster / Jürgen Heinen-Tenrich (Hrsg.): Das Sokratische Gespräch. Ein Symposion. Hamburg 1989. S. 107–124.

Raupach-Strey, Gisela: Warum Leonard Nelsons Erkenntnis-Philosophie nicht vorschnell ad acta zu legen ist. In: Reinhard Kleinknecht / Barbara Neißer (Hrsg.): Leonard Nelson in der Diskussion. Frankfurt a. M. 1994. (Sokratisches Philosophieren. Schriftenreihe der Philosophisch-Politischen Akademie. Bd. 1.) S. 95–109.

Raupach-Strey, Gisela: Grundregeln des Sokratischen Gesprächs. In: Dieter Krohn / Barbara Neißer / Nora Walter (Hrsg.): Neuere Aspekte des Sokratischen Gesprächs. Frankfurt a. M. 1997. (Sokratisches Philosophieren. Schriftenreihe der Philosophisch-Politischen Akademie. Bd. 4.) S. 145–162.

Raupach-Strey, Gisela: Das Paradigma der Sokratischen Methode in der Tradition von Leonard Nelson (1882–1927) und Gustav Heckmann (1898–1996). In: Dieter Krohn / Barbara Neißer / Nora Walter (Hrsg.): Das Sokratische Gespräch. Möglichkeiten in philosophischer und pädagogischer Praxis. Frankfurt a. M. 1999. (Sokratisches Philosophieren. Schriftenreihe der Philosophisch-Politischen Akademie. Bd. 6.) S. 36–68.

Raupach-Strey, Gisela: Die Bedeutung der Sokratischen Methode für den Ethikunterricht. In: Dieter Krohn / Barbara Neißer / Nora Walter (Hrsg.): Das Sokratische Gespräch im Unterricht. Frankfurt a.M. 2000. (Sokratisches Philosophieren. Schriftenreihe der Philosophisch-Politischen Akademie. Bd. 7.) S. 90–104.

Raupach-Strey, Gisela: Sokratische Didaktik. Die didaktische Bedeutung der Sokratischen Methode in der Tradition von Leonard Nelson und Gustav Heckmann. Münster 2002.

Schnädelbach, Herbert: Zum Verhältnis von Diskurswandel und Paradigmenwechsel in der Geschichte der Philosophie. In: Dieter Krohn / Detlef Horster / Jürgen Heinen-Tenrich (Hrsg.): Das Sokratische Gespräch. Ein Symposion. Hamburg 1989. S. 21–31.

DIETER BIRNBACHER

Philosophie als sokratische Praxis: Sokrates, Nelson, Wittgenstein

Philosophiekonzeptionen, in denen Dialog und Diskurs, Kommunikation und Kritik eine zentrale methodische Rolle übernehmen, haben seit einiger Zeit Konjunktur. Während traditionell Philosophie als denkerische Anstrengung eines individuellen Subjekts verstanden wurde, soll sich das Wahre und Vernünftige nach diesen Konzeptionen statt in den privaten Intuitionen einsamer Denker in der Konvergenz der Meinungen einer »Diskursgemeinschaft« nach einem Prozeß von Austausch und Kommunikation zeigen. Das bekannteste und lange Zeit am meisten diskutierte Beispiel ist Habermas' Diskurstheorie theoretischer und praktischer Wahrheit.

Um solche Konzeptionen ihrem Anspruch und ihrer Struktur nach richtig zu verstehen, kann man an sie drei Fragen stellen:

1. Welcher *wahrheitstheoretische* Stellenwert kommt den kommunikativen Elementen in der jeweiligen Philosophiekonzeption zu? Ist der Diskurs *konstitutiv* für die philosophische Wahrheit, oder liegt diese unabhängig fest?
2. Welcher *erkenntnistheoretische* Stellenwert kommt den kommunikativen Elementen in der jeweiligen Philosophiekonzeption zu? Ist der Diskurs zur Wahrheitserkenntnis *notwendig* oder *entbehrlich*? Ist der Diskurs, das Gespräch oder der Dialog aus ihrer Sicht der einzige oder zumindest der bevorzugte Weg zu philosophischer Erkenntnis oder lediglich einer von vielen?
3. Welchen *praxeologischen* Stellenwert übernehmen die kommunikativen Elemente in der Zielsetzung dieser Konzeption? Ist der Diskurs lediglich *Konstitutionsbe-*

dingung oder *Mittel* der philosophischen Wahrheitsfindung, oder ist die Realisierung und möglicherweise Institutionalisierung des Diskurses *eigenständiges* philosophisches Ziel? Wird die Philosophie so konzipiert, daß sie ihrem Wesen nach auf den *Vollzug* von Kommunikation, Diskurs oder Kritik angelegt ist, oder macht sie von Diskurs und Vermittlung lediglich als heuristischer oder didaktischer Methode Gebrauch?

Für die überwiegende Mehrzahl der Philosophiekonzeptionen sind alle drei Fragen mit einem klaren Nein zu beantworten: Für sie sind die kommunikativen Momente weder wahrheitskonstitutiv noch erkenntnistheoretisch privilegiert. Was wahr ist, ist nach ihnen unabhängig von allen Diskursen wahr, und die Wahrheit ist nach ihnen im Prinzip auch monologisch zugänglich. Und auch die praxeologische Seite der Philosophie ist für sie nicht eigentlich wesentlich. Falls sie kommunikative Momente in ihr Modell von Philosophie aufnehmen, sind diese Momente lediglich Mittel und keine eigenständigen Zwecke. Sie sind notwendig, weil ohne sie das Ziel der Philosophie, die Wahrheitserkenntnis, nicht zu erreichen wäre, aber ihnen kommt lediglich eine abgeleitete Bedeutung zu.

Viele Philosophiekonzeptionen vermitteln bloß den Anschein, dialogisch und kommunikativ angelegt zu sein. Die meistdiskutierte Sozialphilosophie der letzten Jahrzehnte, die Gerechtigkeitskonzeption von Rawls, macht sich eine Konstruktion zu eigen, die an die Tradition der Vertragstheorien anknüpft, diese aber in einem entscheidenden Punkt abwandelt: Mehrere Vertragsparteien beraten sich hinter einem sogenannten »Schleier des Nichtwissens« darüber, welche Gerechtigkeitsgrundsätze sie für ihre Gesellschaft gelten lassen wollen, ohne ihre eigene Position in dieser Gesellschaft zu kennen. Diese Konzeption vermittelt lediglich den Anschein, diskursiv angelegt zu sein. Im Grunde ist die Beratung hinter dem »Schleier des Nichtwissens« eine bloße Illustration, die Beratenden bloße Fiktionen. Das Gedankenspiel des hypothetischen Vertrags läßt sich ebensogut von einem einzigen isolierten Beurteiler vornehmen. Schon deshalb kommt es nicht darauf an, daß es mehrere sind, die die Beratung im Rawlsschen »Urzustand« führen, da sich alle in derselben Ausgangslage vollständiger Unwissenheit befinden. Im Endergebnis ist Rawls' Konstruktion ebenso monologisch wie Kants Kategorischer Imperativ mit seiner Forderung, die moralische Zulässigkeit einer individuellen Maxime daran zu prüfen, ob man die hypothetische Verallgemeinerung dieser Maxime wollen kann, oder Hares Prinzip der hypothetischen Identifikation mit den Interessenstandpunkten aller von einem individuellen Handlungsprinzip Betroffenen.

Ich möchte mich hier einer Form des Philosophierens zuwenden, für die die Chancen gut stehen, daß sie allen drei nachgefragten Bedingungen einer dialogischen oder kommunikativen Philosophie genügt, der *sokratischen.* Die Bezeichnung »sokratisch« soll sich dabei weniger auf das historische Individuum Sokrates beziehen als auf ein zeitüberdauerndes, sich den historischen Sokrates mehr oder weniger zum Modell nehmendes Verständnis von Philosophie als einer Praxis, die der Klärung und Lösung philosophischer Probleme mit den Mitteln von Diskurs und Dialog, Frage und Antwort, kurz: mit den Mitteln einer von Regeln geleiteten Kommunikation näherzukommen versucht. An sie möchte ich die Frage richten: Wird das dialogisch-kommunikative Element der Philosophie von ihr – bzw. von denen, die eine im weitesten Sinne sokratische Philosophie konzipiert haben – als *notwendig* oder *kontingent*, als *Methode* oder auch als *Inhalt* verstanden? Dient der Dialog oder Diskurs diesen Philosophien lediglich als Heuristik, Vermittlungs- oder Darstellungsform für philosophische Wahrheiten, die im Prinzip auch anderweitig konstituiert und auffindbar sind, oder gehören die kommunikativen Elemente zur Substanz dieser Philosophie? Ist das sokratische Frage-und-Antwort-Spiel lediglich Mittel zum Zweck oder auch Selbstzweck? Diese Fragen werden im folgenden an drei Philosophen bzw. Gruppen von Philosophen gestellt, die als Theoretiker und Praktiker einer »sokratischen« Philosophie gelten können: an den platonischen *Sokrates*, an Leonard *Nelson* und die von ihm ausgehende Schule des »sokratischen Gesprächs« sowie an den späten *Wittgenstein*. Abschließend werde ich einige Konsequenzen hinsichtlich der Rolle der sokratischen Methode im Philosophieunterricht ziehen.

Die »sokratische Methode« bei Sokrates

Bei keinem der genannten »sokratischen« Philosophen findet sich das dialogische Prinzip rein und unvermischt. Am reinsten ausgeprägt finden wir es immer noch in denjenigen Zügen des platonischen Sokrates, die gemeinhin dem *historischen* Sokrates zugeschrieben werden – dem Sokrates, dessen primäres Interesse nicht auf philosophische Lehrgebäude, Theoreme oder Begriffsanalysen um ihrer selbst willen zielt, sondern auf eine mit begrifflich-analytischen Mitteln vollzogene Selbstklärung und Selbstprüfung bei sich und anderen im Namen der »Tugend«. Nimmt man Sokrates' »philosophisches Credo« aus der *Apologie* (37 d) beim Wort, nach dem für ihn »ein Leben ohne Selbsterforschung nicht lebenswert sei«, so ist für ihn das Ziel der Philosophie letztlich kein eigentlich theoretisches, sondern ein ethisches und therapeutisches: Philosophische Rationalität steht im Dienste einer Selbsterkenntnis, ohne die ein wahrhaft menschliches Leben nicht denkbar ist. Nicht Wahrheit an sich ist das Ziel, sondern ein durch Wahrheit und Wahrhaftigkeit gekennzeichnetes gutes Leben. In der Tat sieht sich Sokrates primär nicht als Lehrmeister, der eine Botschaft oder Lehre zu verkünden hat, sondern als Erzieher, und das nicht nur als ironische Pose, sondern als authentisches Element seines Selbstverständnisses.

Es paßt zu dem therapeutisch-praktischen Zug von Sokrates' Philosophieren, daß sich in dem, was man Sokrates' theoretische Leistung nennen könnte, überhaupt nur wenig ausgesprochen positive und konstruktive Momente finden. Es überwiegt das negative und destruktive – wie Nietzsche es später genannt hat – »nihilistische« Prinzip: die Kritik am falschen Schein, die Bloßstellung von Unverstand, Scheinwissen und intellektueller Überheblichkeit. Philosophische Erkenntnis ist danach weniger Wissenszuwachs als die Aufdeckung von Nicht-Wissen, die aufklärerisch-sophistische Entlarvung vermeintlicher Gewißheiten als interessengeleiteter Vorurteile. Nicht von ungefähr terminieren die meisten spezifisch sokratischen Dialoge Platons in einer – wenn nicht unauflöslichen, so doch unaufgelösten – Aporie.

Welche Rolle kommt bei diesem Entlarvungsgeschäft dem Dialog zu? Offenbar sind die sachlichen Ergebnisse des sokratischen Philosophierens in keiner spezifischen Weise von der Dialogform abhängig. Im Prinzip ließen sich die – zumeist negativen – begrifflichen Einsichten Sokrates' auch monologisch, durch die Denkanstrengung eines einsamen Sprachanalytikers gewinnen. Dialogisch wird das sokratische Philosophieren allerdings durch seine Zielbestimmung: Dieses Philosophieren ist von Anfang an erzieherisch, therapeutisch, auf Prozesse des Bewußtseinswandels hin angelegt. Es zielt auf die Selbstläuterung des »Vordenkers« Sokrates und gleichzeitig auf die der »Mitdenkenden«, die der sokratische Dialog in einen Prozeß der Bewußtseinsbildung verstrickt. Kommunikation und Hinwendung zum anderen sind nicht nur Form- und Darstellungsmomente, sondern wesentliche Zwecke dieser Philosophie. Statt das Denken der Dialogpartner zu instrumentalisieren – sei es als Resonanzkörper und Korrekturinstanz für das eigene Denken, sei es als Objekt interessierter Persuasion –, geht es diesem Philosophieren zentral um das Denken des anderen und um diesen anderen selbst. Das

Denken des anderen soll durch sokratisches Befragen geläutert werden, um letztlich die *Person* des anderen zu läutern.

Zweifellos ist das Denken des Sokrates nicht immer und überall so radikal »sokratisch«, wie es dieses Bild nahelegt. Unübersehbar finden sich bei Sokrates Spuren eines – teils eingestandenen, teils impliziten – »unsokratischen« Dogmatismus, und gerade von diesen »unsokratischen« Momenten ging historisch eine weitreichende Wirkung aus. Ich meine einerseits die für Sokrates charakteristische Figur eines inneren wahrsprechenden Orakels, des *daimonion*, andererseits Sokrates' Neigung zum Essentialismus, der Annahme eines dem Begriff entsprechenden einheitlichen Wesens.

Auch wenn die innere Stimme von Sokrates' *daimonion* in den platonischen Dialogen stets nur negativ-warnend in Erscheinung tritt (es rät ihm z.B. davon ab, sich den Staatsgeschäften zu widmen [*Apologie* 31d]), muß man in ihm doch einen dogmatischen, nichtdiskursiven Restbestand sehen, der zum dialogischen Prinzip von Sokrates' Philosophieren in einem mehrfachen Spannungsverhältnis steht. Weder werden die Sprüche des *daimonion* in irgendeiner Weise begründet oder erklärt, noch werden sie ihrerseits einer kritischen Prüfung unterzogen. Und als strikt persönliche Weisungen ohne verallgemeinerungsfähigen Gehalt wollen sie nicht recht zu der öffentlich-politischen Rolle passen, zu der sich Sokrates als Denker des Marktplatzes bekennt.

Sokrates' Neigung zum Essentialismus zeigt sich darin, daß er in der Zurückweisung der Antworten, die seine Gesprächspartner auf seine insistierenden »Was ist ...?«-Fragen geben, durchweg von zwei Voraussetzungen ausgeht:

1. daß eine zufriedenstellende Begriffsklärung nur durch eine *vollständige Definition* zu erreichen ist, und
2. daß als vollständige Definitionen ausschließlich Definitionen eines bestimmten Typs, nämlich Definitionen *per*

genus proximum et differentia specifica in Frage kommen, also Definitionen durch die Konjunktion von zwei einzeln notwendigen und zusammen hinreichenden semantischen Bedingungen.

Wenn Sokrates nach dem *Wesen* einer Sache fragt, dann ist es für ihn ausgemacht, daß sich diese Frage hinreichend nur durch eine *vollständige Definition* beantworten läßt, wobei diese Definition einem ganz bestimmten Typ entsprechen muß: Sie muß das Eine und Gemeinsame, das *hen koinon*, in der vielfältigen unter ein und denselben Begriff fallenden Dinge erkennen lassen. Zumindest aus einer Nach-Wittgensteinschen Sicht – bzw. aus der Sicht seiner bedeutungstheoretischen Vorgänger im 19. Jahrhundert (vgl. Birnbacher 1974, S. 59f.) – hat man guten Grund, diese Voraussetzungen dogmatisch zu nennen. Nicht in dem Sinne dogmatisch, daß Sokrates ein ausdrückliches essentialistisches Dogma aufstellt. Beide Voraussetzungen werden von Sokrates vorwiegend negativ ausgedrückt – durch das Ungenügen an vorgeschlagenen Teildefinitionen. Dogmatisch sind diese Voraussetzungen insofern, als sie von Sokrates als mehr oder weniger selbstverständlich gesetzt werden, während es keineswegs klar ist, ob sie überhaupt erfüllbar sind. Es ist alles andere als selbstverständlich, ob es ein einheitliches »Wesen« etwa der Gerechtigkeit gibt, das für sämtliche Teilbegriffe bzw. für sämtliche rechtmäßig unter diesen Begriff subsumierte Gestalten von Gerechtigkeit kennzeichnend ist.

Ein weiteres Stück Dogmatismus in Sokrates' Philosophieren, das mit einer dialogisch-diskursiven Philosophieauffassung nur schwer vereinbar scheint, fällt erst auf den zweiten Blick ins Auge: Sokrates' mangelnde Unterscheidung zwischen dem durch begriffliche Analyse gewährten *Explikationswissen* und der weitergehenden Interpretation dieses Wissens als eines unabhängig von semantischen Übereinkünften gültigen *Begründungswissens*. Auch wenn man die Ideenlehre, die platonische Verselbständigung der

Begriffe zu Ideen sowie die Identifikation der Inhalte dieser Ideen mit den Idealformen der jeweiligen Gegenstände nicht dem historischen Sokrates, sondern dem spezifisch platonischen Sokrates-Bild zuschreibt, ist doch unverkennbar, daß auch der vorplatonische Sokrates in den angestrebten Resultaten seiner Begriffsanalysen mehr sieht als die Bewußtmachung der Strukturen und Inhalte bestimmter sprachlicher Festlegungen. Insbesondere ethische Begriffsklärungen scheinen für Sokrates einen über die semantische Selbstvergewisserung hinausgehenden substantiell ethischen Erkenntnisgehalt zu besitzen. Die *semantische* Frage danach, was »Tugend« *bedeutet*, wird nicht klar getrennt von der *ethischen* Frage danach, was Tugend *ist*. Wer die Bedeutung des Wortes »Tugend« erfaßt hat, soll damit auch schon das *Wesen* der Tugend und insofern die *wahre* Tugend kennen. In dieser Annahme steckt jedoch, wie zuletzt Hare (1982, S. 43) deutlich gemacht hat, eine schwerwiegende Kategorienverwechslung: Zu wissen, was die sprachlichen Ausdrücke »gut«, »Pflicht« oder »Recht« in moralischen Aussagen *bedeuten*, ist etwas anderes als zu wissen, was im moralischen Sinne gut, pflichtgemäß oder berechtigt *ist*. Sokratisch-dialogische Begriffserklärungen führen zunächst nur auf ein semantisches Explikationswissen darüber, wie bestimmte Begriffe gebraucht werden, nicht aber bereits auf ein Wissen darüber, ob dieser Gebrauch in normativer Hinsicht berechtigt oder unberechtigt ist. Einen in der Alltags- oder in bestimmten Fachsprachen verbreiteten Begriff etwa von »Gerechtigkeit« zu explizieren, bedeutet nicht, ihn dadurch auch schon ethisch zu legitimieren. Analyse ist allenfalls eine notwendige, in keinem Fall aber eine hinreichende Bedingung ethischer Erkenntnis. Gerade aber der Gebrauch, den Sokrates von seiner Methode in ethischen Kontexten macht, weckt Zweifel daran, ob er sich der Differenz zwischen analytischem Explikationswissen und fundierendem Begründungswissen hinlänglich bewußt war.

Leonard Nelson und das »sokratische Gespräch«

Die Stärken und Schwächen eines sokratischen Vorgehens sind – außer von Karl Weierstraß, der die »sokratische Methode« auf ihre Anwendbarkeit insbesondere im mathematischen Unterricht untersucht hat (vgl. Weierstraß 1903) – in neuerer Zeit am gründlichsten von Leonard Nelson analysiert worden. Zugleich hat Nelson die Dialogführung des Sokrates, so wie sie uns in den platonischen Dialogen begegnet, mit unmißverständlicher Schärfe kritisiert. Während der Sokrates der platonischen Dialoge zur Erreichung seiner Ziele auch vor manipulativen Mitteln – einschließlich der offenen Verhöhnung seiner Gesprächspartner – nicht zurückschreckt, soll das sokratische Gespräch, wie es Nelson in seiner programmatischen Rede zur »Sokratischen Methode« (Nelson 1922) entwirft, auf einer Haltung wechselseitiger Achtung fußen, die eine persönliche Bloßstellung und Beschämung kategorisch ausschließt. Während der platonische Sokrates über weite Strecken das Gespräch dominiert und seine Gesprächspartner auf die Rolle jasagender Statisten reduziert, denen keine Zeit gelassen wird, seine Denkbewegungen selbständig nachzuvollziehen, soll sich der Gesprächsleiter bei Nelson (für den das »sokratische Gespräch« kein Dialog, sondern ein Gruppengespräch ist) in Geduld und Zurückhaltung üben, nicht dozieren und keine Suggestivfragen stellen, sondern den Gesprächsteilnehmern bei der Artikulation ihrer eigenen Gedanken Zeit lassen – die Zeit, die sie brauchen, wenn sie die Unzulänglichkeiten ihrer Gedanken aus eigener Kraft erkennen und korrigieren können sollen. Während der platonische Sokrates – gleich einem »Zitterrochen« (*Menon* 80 a), wie er seine Attacken ironisch beschreibt – seine Gesprächspartner irritiert und benommen macht, soll der Gesprächsleiter nach Nelson seine Gesprächspartner nur im guten Sinne elektrisieren, nämlich zu eigenem Denken stimulieren. Während Sokrates die Mitdenker ihrer besten Kräfte beraubt, besteht

der Philosophie selbst, nicht mehr nur Weg, sondern eigenständiges Ziel. Das sokratische Gespräch dient weder primär der Vermittlung unabhängig gewonnener philosophischer Erkenntnisse, noch ist sie eine bloße Übung zur Aneignung einer philosophischen Technik, auf die nach erlangter Beherrschung verzichtet werden kann. Sie ist vielmehr die Praxis der Philosophie selbst. In ihr fallen Wahrheitsfindung und Vermittlung nicht länger auseinander – ohne daß dabei die Rolle des Gesprächs überschätzt und ihm (wie in der Diskurstheorie Habermas') zugleich eine wahrheitskonstitutive Funktion oder ein irgendwie geartetes Erkenntnisprivileg zugeschrieben würde.

Nelsons Ausgestaltung der sokratischen Methode als Methode des philosophischen Unterrichts bedeutet in vielen praktischen Hinsichten einen Fortschritt über den platonischen Sokrates hinaus. Die pädagogischen Mängel des platonischen Sokrates werden durch eine Reihe klarer prozeduraler (von Heckmann kanonisierter) Vorschriften für das Verhalten der Teilnehmer und des Gesprächsleiters korrigiert. Die theoretischen Fortschritte sind ebenfalls deutlich. Ein theoretischer Fortschritt besteht darin, daß Nelson die sokratische Tendenz zur Gleichsetzung von Explikations- und Begründungswissen zumindest als problematisch durchschaut. Es gelingt ihm jedoch nicht, die erkannte Kluft zwischen dem durch die Regressionsmethode gewonnenen Explikationswissen und einem unabhängig fundierten Begründungswissen überzeugend zu überbrükken: Während das Explikationswissen durch sokratische Induktion und Abstraktion gewonnen werden soll, wird für das Begründungswissen eine nicht weiter nachprüfbare und sich Dialog und Diskurs systematisch entziehende intuitive Evidenz postuliert.

Klar formuliert findet sich die Differenz zwischen regressiv gewonnenem Explikationswissen und einem unabhängig fundierten Begründungswissen in einem Text von 1918, »Die Kunst, zu philosophieren«:

»Wenn gleich das erörterte Abstraktionsverfahren zur Auffassung der philosophischen Grundsätze hinreicht, so ist damit doch nicht auch schon ihre Begründung gegeben. Denn sie werden dadurch nur als die tatsächlichen Voraussetzungen der zergliederten Urteile und also als deren allgemeinste Gründe aufgewiesen; sie können folglich nicht umgekehrt hinsichtlich ihrer Rechtmäßigkeit auf jene gegründet werden. Sollen sie daher nicht überhaupt ohne Begründung bleiben, so bedürfen wir eines eigenen Verfahrens, durch das sich der Grund ihrer Gültigkeit ermitteln läßt« (Nelson 1918, S. 242f.).

Aber das von Nelson im folgenden angegebene Verfahren, »durch das sich der Grund ihrer Gültigkeit ermitteln läßt«, ist im Grunde keins. Es reduziert sich auf die schlichte Kenntnisnahme eines »Faktums der Vernunft«, einer Faktizität, die mit der Vernunft selbst als »Vermögen der unmittelbaren Erkenntnis« (1918, S. 244) gegeben sein soll. Die Gewißheit dieser Erkenntnis soll jede Frage nach einer weiteren Begründung entbehrlich machen: »Sie liegt in uns, allem Zweifel des Verstandes unüberwindlich, kraft der *Tatsache* des Selbstvertrauens der Vernunft« (1918, S. 243). Diese Antwort paßt aber nicht nur wenig zu dem skeptischen und eher *miß*trauenden als *ver*trauenden Geist der sokratischen Methode, sondern ist auch argumentativ denkbar unbefriedigend. Wie soll die Tatsache – wenn es eine Tatsache ist –, daß die Vernunft sich selbst vertraut, dieses Vertrauen *begründen* können? Solange Nelsons Redeweise vom »Selbstvertrauen der Vernunft« nicht mehr besagt als die *psychologische* Tatsache, daß sich »die Vernunft« vertraut, d.h. dazu neigt, ihren Erkenntnisansprüchen eine hohe Glaubwürdigkeit beizumessen, mag sie empirisch zutreffen, trägt aber erkenntnistheoretisch nichts aus. Soll mit der Redeweise vom »Selbstvertrauen der Vernunft« dagegen gemeint sein, daß die von der Vernunft für evident gehaltenen Grundsätze nicht nur vermeintlich, sondern tatsächlich wahr sind und insofern eine echte Erkenntnis darstellen, trägt sie ebenfalls nichts aus, da damit ein notwendiger Zusammenhang zwischen subjektiver Evidenz und objektiver Wahrheit zwar behauptet, aber nicht begründet wird.

Das beim platonischen Sokrates mehr oder weniger implizit bleibende Problem der Differenz zwischen Explikationswissen und Begründungswissen wird also bei Nelson als Problem sichtbar. Es gelingt Nelson jedoch nicht, diese Differenz erkenntnistheoretisch angemessen zu deuten. Die sokratische Methode kann, solange sie regressiv verfährt, stets nur auf Explikationswissen führen: auf ein Wissen davon, welche Begriffe, Prinzipien und Normen unserem Denken tatsächlich zugrunde liegen, auf eine – in Strawsons Sinn – »deskriptive Metaphysik«, deskriptive Erkenntnistheorie oder deskriptive Ethik. Eine regressiv gewonnene philosophische Einsicht besteht darin, einzusehen, daß *das* die Voraussetzungen sind, die unserem Urteilen zugrunde liegen. Weiter reicht diese Einsicht jedoch nicht. Vor allem ist damit noch keine Einsicht in die *Angemessenheit* der aufgewiesenen Begriffe, die *Wahrheit* der aufgewiesenen Prinzipien und die *Rechtmäßigkeit* der aufgewiesenen Normen gewonnen. Diese Differenz wird erst von dem letzten der hier betrachteten »sokratischen« Denker, dem späten Wittgenstein, in seiner ganzen Tragweite ermessen.

Sokratisches Denken bei Wittgenstein

Verschiedentlich (z.B. von Kaufmann 1958, S. 76ff., und Pitcher 1967, S. 29f.) ist auf die zahlreichen persönlichen, methodischen und philosophischen Gemeinsamkeiten zwischen Wittgenstein und Sokrates hingewiesen worden. Unübersehbar sind bereits die »Familienähnlichkeiten« zwischen den Persönlichkeiten: die exzentrische Position zur Gesellschaft, die Kultivierung der Einfachheit – in der äußeren Erscheinung wie in Sprache und Denken –, die »platonische« Neigung zu Jünglingen, bei der sich Erotik und Lehrer-Schüler-Verhältnis vermischen, und das streng individuelle existentielle Ethos, das sich – die Unerklärlichkeit von Sokrates »daimonion« noch überbietend – dem Wittgenstein des *Tractatus* (6.421) zufolge nicht einmal »aussprechen« läßt. Unübersehbar sind auch die Ähnlichkeiten im philosophischen Stil. Wie Sokrates ist Wittgenstein weniger ein Dozierender als ein hartnäckig und leidenschaftlich Fragender, der auch dann von einem Problem nicht abläßt, wenn Gesprächspartner und Zuhörer seiner längst überdrüssig geworden sind. Philosophische Lehre ist für beide kein Vortrag, sondern ein Gespräch im kleinen Kreis, umrahmt von einer mehr oder weniger großen Gruppe von Zuhörern, die sich – quasi als antiker Chor – nur hin und wieder ins Gespräch einschalten.

Was uns berechtigt, dem (späten) Wittgenstein ein spezifisch *sokratisches* Philosophieren zuzuschreiben, sind allerdings weniger diese äußeren als die tieferliegenden Gemeinsamkeiten der Methode, der Methodologie und des Verständnisses von Wesen und Aufgaben der Philosophie. Denn auch wenn Wittgenstein niemals zum Philosophieren auf den Marktplatz gegangen ist und es ihm gänzlich fernlag, sich eine politisch-pädagogische Aufgabe zuzuschreiben, ist Wittgensteins Art des Philosophierens zweifellos »sokratisch« – mit der Einschränkung, daß an die Stelle des *realen* Dialogs über weite Strecken ein *imaginärer* Dialog tritt, bei dem der Autor selbst den Part des sokratischen Gesprächspartners übernimmt. Wie bei Sokrates ist die Funktion des Gesprächs»leiters« vorwiegend negativ bestimmt. Wie von den realen Dialogpartnern des Sokrates werden von den imaginären Dialogpartnern im ersten Teil der *Philosophischen Untersuchungen* Vormeinungen und Vorverständnisse präsentiert, die im Laufe der Untersuchung destruiert oder relativiert werden. Während dabei die Gesprächspartner des Sokrates zumeist Positionen des

Alltagsverstandes einnehmen (deren Unzulänglichkeiten von Sokrates bloßgelegt werden), repräsentieren die imaginären Dialogpartner Wittgensteins typischerweise *wissenschaftliche* und *philosophische* Theoriestücke, die von Wittgenstein als metaphysische Irrtümer, sprachlich induzierte Mißverständnisse oder Fehldeutungen bestimmter sich dem Betrachter aufdrängender »Bilder« entlarvt oder zumindest verdächtigt werden. Zu den kritisierten Fehlmeinungen gehören dabei bezeichnenderweise auch die von Wittgenstein selbst in seiner frühen Philosophie eingenommenen Positionen, allerdings des öfteren zum Ungünstigen hin überzeichnet.

Wie Sokrates geht es auch Wittgenstein nicht darum, *beliebige* philosophische Fehlmeinungen kritisch zu befragen, sondern es geht ihm um Fehldeutungen der philosophisch *zentralen* Begriffe, Prinzipien und Probleme (vgl. PU § 109). Auf diese Weise ist sichergestellt, daß bei der zunächst rein destruktiven Kritik der von den Gesprächspartnern geäußerten Meinungen immer auch ein gutes Stück konstruktiver Klärungsarbeit abfällt. »Sokratisch« ist die Methode des (späten) Wittgenstein weiterhin durch ihr exemplarisches Vorgehen, dem Ausgehen vom Einzelfall (auch wenn diesem eine andere logische Rolle zugewiesen wird als bei Sokrates oder Nelson), durch die Tendenz zur ironischen und selbstironischen Zuspitzung und zum gelegentlich ermüdenden Spiel mit dem Sinnlosen (man vergleiche Wittgensteins »grammatische Witze« [vgl. Birnbacher 1985, S. 53 f.] mit den nicht enden wollenden Schein-Etymologien des *Kratylos* 397 c ff.). Wie Sokrates setzt auch Wittgenstein viel daran, den Dialogpartnern nicht nur die Sicherheit zu nehmen, mit der sie ihre Ausgangspositionen äußern, sondern sie im Zustand der Irritation und Aporie gewissermaßen »schmoren« zu lassen. Dahinter steht bei Wittgenstein eine quasi psychoanalytische Konzeption philosophischer Therapie, nach der die Unruhe des »Ich kenne mich nicht aus« (PU § 123) durchlebt und ausgehalten werden muß, um den Weg für eine Lösung freizumachen. (Kurioserweise geht Wittgenstein sogar gelegentlich so weit zu sagen, man solle es sich in der philosophischen Neurose wohl sein lassen: »Beim Philosophieren muß man in's alte Chaos hinabsteigen, und sich dort wohlfühlen« [VB, S. 542].) Im übrigen wird wie bei Sokrates auch bei Wittgenstein kaum je eine erschöpfende Klärung der aufgeworfenen Fragen erreicht. Typisch ist vielmehr der mehr oder weniger unvermittelte Abbruch der Untersuchung (bzw. der Übergang zu einer anderen Thematik), wobei dieser in dem für Wittgenstein typischen Staccato »vermischter Bemerkungen« viel weniger auffällig in Erscheinung tritt, als er es im Legato einer systematischen Abhandlung tun würde.

Sokratisch an der Philosophie Wittgensteins ist zuallererst die ausdrückliche Bestimmung der Philosophie als *Praxis*, als kritisch-klärende und aufklärende *Tätigkeit*:

> »Der Zweck der Philosophie ist die logische Klärung der Gedanken. Die Philosophie ist keine Lehre, sondern eine Tätigkeit. Ein philosophisches Werk besteht wesentlich aus Erläuterungen. Das Resultat der Philosophie sind nicht ›philosophische Sätze‹, sondern das Klarwerden von Sätzen.«

Dieser programmatische Satz des *Tractatus* (4.112) gilt für das gesamte Werk Wittgensteins, so sehr auch seine Vorstellungen darüber, wie dieses Programm inhaltlich auszufüllen ist, gewechselt haben. Jedesmal soll die Philosophie kein irgendwie geartetes Wissen vermitteln, sondern zum Selbstdenken anregen (PU, Vorwort, S. 233), Mißverständnisse auflösen (PU § 119) und die quasi neurotischen Verkrampfungen eines fehlgeleiteten und von sich selbst irritierten Denkens therapieren (PU § 133). Insofern hat auch Wittgensteins Philosophie letztlich weniger ein theoretisches als ein praktisches oder (im antiken Sinn) *ethisches* Ziel. Der Erkenntnisanspruch der Philosophie wird ihrer therapeutischen und insbesondere selbsttherapeutischen

Funktion untergeordnet. Philosophische Probleme sind für den Kierkegaard-Leser Wittgenstein nicht objektiv bestehende Erklärungslücken, die nach einer theoretisch befriedigenden *Lösung* verlangen, sondern »individuelle Beunruhigungen« (PG § 141), die nach einer praktisch befriedigenden *Auflösung* verlangen. Letztes Ziel des Philosophierens Wittgensteins ist – ähnlich wie für die pyrrhonische Skepsis oder den Zen-Buddhismus – eine existentielle Befreiung: »Frieden in den Gedanken. Das ist das ersehnte Ziel dessen, der philosophiert« (VB, S. 511; vgl. PU § 133).

Wittgenstein war sich der Nähe zur Philosophie und Philosophieauffassung des Sokrates (dessen Ziel im übrigen weniger Frieden als Unruhe war) durchaus bewußt. Das zeigt sich u. a. in den gelegentlichen Bezügen und dem antagonistischen Verhältnis zum Essentialismus und zu dessen vermuteter Ursache, dem sokratischen »craving for generality« (BB, S. 17). Der essentialistischen Forderung, daß sich hinter der Vielfalt der unter einen Begriff subsumierten Dinge ein einheitliches Wesen finden lassen müsse, setzt Wittgenstein eine doppelte Gegenvermutung entgegen: daß alle philosophisch relevanten Begriffe polysem sind, also mehrere miteinander verwandte Teilbegriffe enthalten; und daß das Verhältnis der Instanzen der Teilbegriffe zueinander als eins der »Familienähnlichkeiten« (PU § 67) beschrieben werden muß, sich die Teilbegriffe also nur durch Merkmals*disjunktionen* statt durch Merkmals*konjunktionen* definieren lassen. Das bedeutet u. a., daß sich der Weg vom Einzelnen zum Allgemeinen für Wittgenstein als sehr viel weniger geradlinig darstellt als für Sokrates oder Nelson. Erstens repräsentiert das Einzelne nicht den ganzen Begriff, sondern nur bestimmte Teilaspekte. Und zweitens führt von den Instanzen zum Begriff kein direkter und vom begrifflichen Umfeld unabhängiger Weg. Eine »Regressionsmethode«, die das Allgemeine aus dem Einzelnen herauslesen will, muß die strukturelle Komplexität und Kontextsensitivität gerade der alltäglichsten (weil »gewachsenen«) Begriffe verfehlen. Der Analytiker, der diese Komplexität erfassen will, darf seine Aufmerksamkeit nicht auf einzelne paradigmatische Instanzen beschränken, sondern muß das ganze in sich gebrochene Spektrum der Anwendungen und die Verschiedenheit und Vielfalt ihrer Kontexte und Kriterien in den Blick nehmen.

Damit wird »Vielfalt« zur Norm auch in der Begriffsanalyse – analog zum Prinzip der Vielfalt in der induktiven Logik, nach dem die Güte eines induktiven Schlusses von den bestätigenden Instanzen auf eine empirische Verallgemeinerung u. a. von der Vielfalt der betrachteten Instanzen abhängt. Eine noch so große Zahl schwarzer Raben rechtfertigt nicht die empirische Hypothese, daß alle Raben schwarz sind; es kommt vielmehr darauf an, eine möglichst große Vielfalt von Vorkommen zu untersuchen und insbesondere diejenigen, bei denen (wie in den Polargebieten) mit einiger Wahrscheinlichkeit mit nichtschwarzen Raben zu rechnen ist. Für die Begriffsanalyse heißt das, daß der Maßstab für die Güte einer Analyse weniger das Ausmaß ist, in dem sie die zentralen Bedeutungsbereiche eines Begriffs erfaßt, als ihre Treffsicherheit in den falsifikationsträchtigeren Grenzgebieten und Grauzonen. Das ist einer der Gründe für die zuweilen bizarre Beispielwahl in der analytischen Philosophie.

Wittgensteins Konzept der »Familienähnlichkeiten« ist von zahlreichen Dunkelheiten und Unklarheiten umgeben (vgl. Birnbacher 1974, Kap. 4). Aber es läßt sich vernünftigerweise nicht bezweifeln, daß es für die Selbstdeutung einer sokratisch-analytisch vorgehenden Philosophie einen entscheidenden Fortschritt bedeutet. Nicht weniger bedeutend ist der Fortschritt, den Wittgenstein in einer anderen Hinsicht für dieses Selbstverständnis leistet, nämlich die Überwindung der sokratischen Neigung zur Identifikation von Explikations- und Begründungswissen und die Auflösung der bei Nelson unaufgelösten Spannung zwischen sokratischer Methodologie und intuitionistischer Erkenntnistheorie.

Wittgensteins Auflösung besteht darin, daß er den Erkenntnisanspruch der Philosophie skeptisch zurücknimmt und die Ergebnisse der philosophischen Analyse als das sieht, was sie sind: als Explikationen, die uns zeigen, wie das *Sprachspiel* funktioniert, und die uns dadurch ermöglichen, dessen philosophisch-metaphysische Fehldeutungen zu korrigieren. Sie sind jedoch ungeeignet, dem Explizierten »Wahrheit« oder »Berechtigung« in einem sprachspielübergreifenden, absoluten Sinn zu sichern. Die Richtigkeit einer Explikation besagt nichts über die Richtigkeit des Explizierten – nichts über die Angemessenheit der explizierten Begriffe, die Wahrheit der explizierten Prinzipien oder die Rechtmäßigkeit der explizierten Normen. Die Geltungsansprüche der philosophischen Analyse und die Geltungsansprüche der Gegenstände der Analyse dürfen nicht miteinander verwechselt werden. So kann etwa – in Wittgensteins erkenntnistheoretischer Anwendung seines analytischen Programms in »Über Gewißheit« – die Analyse des Begriffs des Wissens, wie er im Common-sense-Sprachspiel gebraucht wird, diesen Begriff allenfalls funktional-pragmatisch (in Bezug auf eine angenommene menschliche Bedürfnisstruktur), nicht aber auch erkenntnistheoretisch oder metaphysisch rechtfertigen:

> »Vom Menschen, in Moores Sinn zu sagen, er *wisse* etwas; was er sage sei also unbedingt die Wahrheit, scheint mir falsch. – Es ist die Wahrheit nur insofern, als es eine unwankende Grundlage seiner Sprachspiele ist« (ÜG § 403).

Wollte die Philosophie jedoch die Grenzen des Sprachspiels überschreiten, würde sie den Boden unter den Füßen verlieren und in einem – anders als im Tractatus nicht mehr mystisch überhöhten – Nichts grenzenloser Beliebigkeit versinken:

> »Es ist seltsam: Wenn ich, ohne besonderen Anlaß sage, ›Ich weiß‹, z. B. ›Ich weiß, daß ich jetzt auf einem Sessel sitze‹, so erscheint mir die Aussage ungerechtfertigt und

anmaßend. Mache ich aber die gleiche Aussage, wo ein Bedürfnis nach ihr vorhanden ist, so scheint sie mir, obgleich ich ihrer Wahrheit nicht um ein Haar sicherer bin, als vollkommen gerechtfertigt und alltäglich. – In ihrem Sprachspiel ist sie nicht anmaßend. Sie steht dort nicht höher als eben das menschliche Sprachspiel. Denn da hat sie ihre eingeschränkte Anwendung. Wie ich aber den Satz außerhalb seines Zusammenhangs sage, so erscheint er in einem falschen Lichte. Denn da ist es, als wollte ich versichern, daß es Dinge gibt, die ich *weiß*. Worüber Gott selber mir nichts erzählen kann« (ÜG § 553 f.).

Diese Bemerkungen dürfen nicht so gelesen werden, als sei damit über Begründungsansprüche jedweder Art der Stab gebrochen. Es wird lediglich der Rahmen zurechtgerückt, innerhalb dessen sich Begründungen bewegen müssen: innerhalb bestimmter ihrerseits nicht weiter begründbarer (Sprachspiel-)Voraussetzungen. Absolute Wahrheits- und Begründetheitsansprüche lassen sich weder für die theoretische noch für die praktische Philosophie rechtfertigen. Für das Hauptanwendungsgebiet der sokratischen Methode, die Ethik, heißt das, daß zwingende oder Letztbegründungen selbst noch für die elementarsten und unaufgebbarsten praktischen Normen nicht zu haben sind. Es bleiben allerdings hinreichend große – von Wittgenstein nicht thematisierte – Spielräume für schwächere Arten von Begründung – etwa für die Begründung abgeleiteter Normen durch intersubjektiv anerkannte Grundnormen im Sinne einer rekonstruktiven Ethik (vgl. Birnbacher 1990) oder für die Fundierung substantieller moralischer Normen in bestimmten metaethischen Bedingungen mit Hilfe nicht-deduktiver Plausibilitätsargumente (vgl. Singer 1981, Kap. 4).

Philosophiedidaktischer Ausblick: Sokratisches Philosophieren im Unterricht

Wenn Philosophie eher eine Tätigkeit ist als ein Lehrgebäude, und ihre gekonnte Ausübung eher eine Kunst als ein Wissen – von dieser »sokratischen« Überzeugung gehe ich im folgenden aus –, dann kann sich ihre Vermittlung im Schulunterricht ebensowenig auf die Analyse und Interpretation ihrer Hervorbringungen beschränken, wie sich der Kunst- oder Musikunterricht auf die Analyse und Interpretation künstlerischer oder musikalischer Werke beschränken kann. Zweifellos kommt dem Philosophieunterricht auch eine Bildungsaufgabe zu, in dessen Mittelpunkt der Nachvollzug vertrauter und weniger vertrauter Gedankenwelten steht: die Aufgabe, die philosophische Tradition und damit die historischen Grundlagen unserer Kultur zu vergegenwärtigen. Dabei müssen die Voraussetzungen für eine lebendige Auseinandersetzung mit den philosophischen Systemen, Theorien und Problemstellungen der Vergangenheit geschaffen werden. Die Texte der großen Philosophen sollten weder als bloßer Wissensstoff vermittelt noch lediglich als Inspirationsquelle oder Projektionsfläche instrumentalisiert werden. Aber der Schwerpunkt muß insgesamt auf der Anleitung und Hilfestellung zum selbständigen Philosophieren der Schüler liegen, so wie es Nelson in seiner Rede zur sokratischen Methode gefordert hat:

> »Wer im Ernst philosophische Einsicht vermitteln will, kann nur die Kunst des Philosophierens lehren wollen [...] Soll es also überhaupt so etwas wie philosophischen Unterricht geben, so kann es nur Unterricht im Selbstdenken sein [...] die sokratische Methode als philosophische Unterrichtsmethode [ist] die Kunst, nicht Philosophie, sondern Philosophieren zu lehren« (1922, S. 283).

Als Gegenstand des gemeinsamen Philosophierens empfehlen sich dabei Fragen, die genug intrinsisches Interesse wecken und komplex genug sind, um von möglichst vielen als echte Fragen empfunden zu werden – wobei diese selbstverständlich auch durch Textlektüre vermittelt sein können. Daß es Fragen sein müssen, die den Schülern »auf den Nägeln brennen«, wäre zuviel verlangt. Betroffenheit und Gefühlsnähe sind wichtige Motivationshilfen, können aber, wenn sie ein gewisses Maß überschreiten, die geforderte Sachorientierung und intersubjektive Nachvollziehbarkeit auch erschweren.

Worin wären die Ziele eines sokratisch vorgehenden Unterrichts zu sehen? Formales Ziel wäre die Einübung in ein methodisch angeleitetes, diszipliniertes und kritisches Selbstdenken, das mit den Mühen rationaler und autonomer Urteilsbildung, aber auch mit dem Glück selbständiger Erkenntnis Bekanntschaft macht. Inhaltliche Ziele wären einerseits eine möglichst umfassende Verständigung und Selbstverständigung über die für die behandelte Frage konstitutiven Begriffe, Vorverständnisse und Vorannahmen, andererseits die gemeinsame Erarbeitung von Lösungsansätzen unter genauer Reflexion auf die dabei eingesetzten begrifflichen, argumentativen und methodischen Mittel. (Im Gegensatz zu den Wissenschaften, die Sach- und Methodenfragen im allgemeinen trennen können, ist Philosophie ohne kontinuierliche Reflexion auf ihr eigenes Vorgehen nicht zu denken.) Dazu gehört u.a. die klare Unterscheidung zwischen (hermeneutischem) Explikations- und (wahrheitsorientiertem) Begründungswissen, der vor allem der herkömmlich allzu ehrfürchtige Umgang mit »schweren« Philosophen nicht immer gerecht wird. Lichtenbergs Beobachtung: »Ich glaube, so wie die Anhänger des Herrn Kant ihren Gegnern immer vorwerfen, sie verstünden ihn nicht, so glauben auch manche Herr Kant habe recht, weil sie ihn verstehen« (Lichtenberg 1789, S. 383), sollte so hartnäckig wie möglich zu falsifizieren versucht werden – gleichgültig, ob es sich um Auffassungen Herrn Kants oder um Auffassungen des jeweiligen Lehrers handelt.

Das Verständnis der eigenen und fremden Denkvoraussetzungen, so schwer es fällt und soviel damit gewonnen ist, kann jedoch nicht alles sein. Es muß übergehen in eine intersubjektive, an der regulativen Idee der Wahrheit orientierte kritische Prüfung von Geltungsansprüchen, die über die analytische Klärung von Begriffen, Argumenten und Werthaltungen hinaus diese auf ihre Angemessenheit, Relevanz, Konsistenz und intersubjektive Akzeptabilität hin befragt. Daß dabei zwangsläufig subjektive Bewertungen ins Spiel kommen, ist nicht zu bedauern, sondern zu begrüßen, mag auch die Konsensfindung (die nicht immer zu erreichen ist) weiterhin als Ziel leitend sein. Wichtig ist in jedem Fall, daß die in den Beiträgen (der Schüler wie des Lehrers) enthaltenen Momente von Expression, persönlicher Selbstdarstellung und psychischer Konfliktlösung hinter ihren Sachgehalt zurücktreten. Die sokratische Methode sollte nicht als Einladung zum wohlfeilen Austausch über Impressionen und Gefühlslagen, sondern als Einladung zu einer – gelegentlich durchaus strapaziösen – Denkarbeit verstanden werden, die strengen Verfahrensregeln und der sie exekutierenden »Regie« des Lehrers (oder eines anderen Gesprächsleiters) unterworfen ist.

Die Diskussion unter den Praktikern der sokratischen Methode hat ergeben, daß es sich dabei empfiehlt, die von Gustav Heckmann für das »sokratische Gespräch« angegebenen Regeln nicht sklavisch zu befolgen (vgl. Klafki 1983, Raupach-Strey 1983, Kleinknecht 1989). So sollte der Gesprächsleiter durchaus die Freiheit haben, im Rahmen des didaktisch Sinnvollen neben sachdienlichen Informationen auch eigene Auffassungen einzubringen. Ich plädiere nicht zuletzt auch deshalb für diese Methode, weil meine eigenen Praxiserfahrungen mit ihr (allerdings in Hochschulseminaren) durchweg positiv sind. Nicht selten übertrifft der sachliche Ertrag eines über vier Tage hintereinander kontinuierlich fortgesetzten Gesprächs den Inhalt umfangreicher Abhandlungen zum Thema. Vor allem aber kenne ich keine Art des Philosophierens, die das, was Philosophie ausmacht, mit vergleichbarer Dichte und Intensität erlebbar macht.

Literatur

Birnbacher, Dieter: Die Logik der Kriterien. Analysen zur Spätphilosophie Wittgensteins. Hamburg 1974.

Birnbacher, Dieter: »Lassen wir uns nicht verhexen!« Eine Metakritik an Wittgensteins Kritik an der Sprachverführung des Denkens. In: Dieter Birnbacher / Armin Burkhardt (Hrsg.): Sprachspiel und Methode. Berlin / New York 1985. S. 47–70.

Birnbacher, Dieter: Schopenhauers Idee einer rekonstruktiven Ethik und die moderne Medizin-Ethik. In: Thomas M. Seebohm (Hrsg.): Prinzip und Applikation in der praktischen Philosophie. Mainz/ Stuttgart 1990. S. 245–260.

Hare, Richard M.: Plato. Oxford / New York 1982.

Heckmann, Gustav: Das sokratische Gespräch. Erfahrungen in philosophischen Hochschulseminaren. Hannover 1980.

Kaufmann, Walter: Religion und Philosophie. München 1958.

Klafki, Wolfgang: Zur Frage der pädagogischen Bedeutung des Sokratischen Gesprächs und neuer Diskurstheorien. In: Detlef Horster / Dieter Krohn (Hrsg.): Vernunft, Ethik, Politik. Gustav Heckmann zum 85. Geburtstag. Hannover 1983. S. 277–288.

Kleinknecht, Reinhard: Wissenschaftliche Philosophie, philosophisches Wissen und Philosophieunterricht. In: Zeitschrift für Didaktik der Philosophie 11 (1989) S. 18–31.

Lichtenberg, Georg Christoph: Sudelbücher. Hrsg. von Franz H. Mautner. Frankfurt a. M. 1983.

Nelson, Leonard: Von der Kunst, zu philosophieren (1918). In: L. N.: Die Schule der kritischen Philosophie und ihre Methode. Hamburg 1970. (Gesammelte Schriften. Bd. 1.) S. 219–246.

Nelson, Leonard: Die sokratische Methode (1922). In: L. N.: Die Schule der kritischen Philosophie und ihre Methode. Hamburg 1970. (Gesammelte Schriften. Bd. 1.) S. 269–316.

Pitcher, George: Die Philosophie Wittgensteins. Eine kritische Einführung in den Tractatus und die Spätschriften. Freiburg i. Br. / München 1967.

Raupach-Strey, Gisela: Über den autoritären Rest in Gustav Heckmanns Auffassung vom sokratischen Gespräch. In: Detlef Horster / Dieter Krohn (Hrsg.): Vernunft, Ethik, Politik. Gustav Heckmann zum 85. Geburtstag. Hannover 1983. S. 315–325.

Singer, Peter: The Expanding Circle. Ethics and Sociobiology. Oxford 1981.

Strawson, Peter F.: Individuals. An Essay in Descriptive Metaphysics. London 1959.

Weierstraß, Karl: Über die sokratische Lehrmethode und deren Anwendbarkeit beim Schulunterrichte. In: K. W.: Mathematische Werke. Bd. 3. Berlin 1903. S. 315–329.

Wittgenstein, Ludwig: The Blue and Brown Books. Oxford 1958. [*BB*]

Wittgenstein, Ludwig: Tractatus logico-philosophicus. In: L. W.: Tractatus logico-philosophicus. (Werkausg. Bd. 1.) Frankfurt a. M. 1984. S. 7–86.

Wittgenstein, Ludwig: Philosophische Untersuchungen. In: L. W.: Tractatus logico-philosophicus. (Werkausg. Bd. 1.) Frankfurt a. M. 1984. S. 225–580. [*PU*]

Wittgenstein, Ludwig: Philosophische Grammatik. (Werkausg. Bd. 4.) Frankfurt a. M. 1984. [*PG*]

Wittgenstein, Ludwig: Über Gewißheit. In: L. W.: Über Gewißheit. (Werkausg. Bd. 8.) Frankfurt a. M. 1984. S. 113–258. [*ÜG*]

Wittgenstein, Ludwig: Vermischte Bemerkungen. In: L. W.: Über Gewißheit. (Werkausg. Bd. 8.) Frankfurt a. M. 1984. S. 445–573. [*VB*]

REINHARD KLEINKNECHT

Wissenschaftliche Philosophie, philosophisches Wissen und Philosophieunterricht

Die Philosophie ist heute mehr denn je in Gefahr, verfälscht und mißbraucht zu werden. Allenthalben breiten sich pseudophilosophische Bewegungen aus, deren Protagonisten als Verkünder höherer Erkenntnisse auftreten und den Anspruch erheben, im Sinne der wahren Philosophie den Grund allen Seins erschauen zu können. Ein international vermarkteter Trend zu Esoterik, Okkultismus, »New Age« und dergleichen gewinnt zunehmend an Einfluß, und im Bewußtsein vieler Menschen ist auch die Philosophie nichts weiter als höherer Quatsch. Die Grenze zwischen Philosophie und Nichtphilosophie erscheint heute weitgehend verschwommen. Eine Besinnung auf die wesentlichen Eigenschaften der Philosophie könnte hier Klarheit schaffen. Im folgenden wird versucht, einige Aspekte zu umreißen, auf die es dabei ankommt.

1. Philosophie als Wissenschaft

Die Philosophie ist nach ihrem eigenen Selbstverständnis eine Wissenschaft. Auf eine kurze Formel gebracht, könnte man sagen: Die Philosophie ist die Wissenschaft von den obersten Voraussetzungen, d. h. die Wissenschaft vom Prinzipiellen. In der Philosophie geht es um die Fundamente der verschiedenen Wissensgebiete. Der Philosoph stellt Fragen, wo die anderen längst aufgehört haben, noch Fragen zu stellen.

Die Ansichten darüber, welches die obersten Voraussetzungen und die allgemeinsten Strukturen der Welt sind, gehen freilich weit auseinander und sie haben sich im Laufe der Zeit erheblich geändert. Man kann daher die Philosophie nicht inhaltlich kennzeichnen, sondern nur im Hinblick auf ihre spezifische Intention: die Erforschung des Prinzipiellen. Echte philosophische Fragen sind immer Grundsatzfragen. Das Prinzipielle ist jedoch nicht der Anschauung, sondern nur dem Denken zugänglich. Wir finden es nicht einfach vor, sondern müssen mühsam darauf hinarbeiten. Von der Korrektheit des Denkens hängt hier alles ab. Die *Logik* ist daher für die Philosophie von grundlegender Bedeutung.

Da nicht jeder ein logisches Naturtalent ist, muß das logische Denken in der Regel eigens geschult werden. Eine solche Schulung ist – abgesehen von ihrer philosophischen Bedeutung – ein wirksamer Schutz vor Dogmatismus und undiszipliniertem Denken. Die Logik ist nicht, wie oft unterstellt wird, eine Behinderung, sondern eine notwendige Ergänzung der Kreativität. In der Philosophie ist die Beachtung der Logik von ausschlaggebender Bedeutung. Sie ist hier oftmals geradezu unser letzter Halt. Ohne die Beachtung der Logik wird aus der Philosophie unausweichlich Unsinn. Die Logik zu beachten ist freilich etwas anderes als über Logik zu philosophieren. Letzteres setzt, wie alles philosophische Denken, die Logik bereits voraus. Wer »also« sagt, wer etwas bestreitet oder begründet, ist an die Logik gebunden. Logik selbst setzt aber nicht Philosophie voraus. Daher darf auch die Schulung in Logik nicht mit Philosophie der Logik verwechselt werden. Man kann logische Fehler als solche erkennen, auch wenn man sich nicht philosophisch mit Logik beschäftigt hat. Wenn alle Menschen sterblich sind und wenn Sokrates ein Mensch ist, dann ist Sokrates sterblich. Dieser Schluß ist folgerichtig, wie immer man den Begriff der Folgerichtigkeit philosophisch interpretieren mag. Und wenn man aus den beiden genannten Prämissen darauf schließen würde, daß Sokrates nicht sterblich ist, so wäre das ein logischer Fehler, der durch keine Philosophie der Logik aufgehoben werden könnte.

In diesem Zusammenhang ist auch zu beachten, daß die Logik nicht dasselbe ist wie »mathematische Logik«. Letztere bezieht sich auf formale Kunstsprachen und deren syntaktische wie semantische Eigenschaften. Aber die Formeln einer solchen Kunstsprache und die aus solchen Formeln bestehenden sogenannten Ableitungen sind nur *Repräsentanten* wirklicher Aussagen und Schlüsse. Sie repräsentieren gewisse Eigenschaften von Aussagen und Schlüssen, sind aber ihrer Natur nach etwas anderes. So wie eine statistische Kurve nur gewisse Aspekte der Wirklichkeit repräsentiert – z.B. die Häufigkeit von Erdbeben in einer bestimmten Region –, so repräsentieren Formeln, formale Ableitungen usw. nur gewisse Aspekte des logischen Denkens. Im Bereich der mathematischen Logik steht uns heute ein außerordentlich reicher Wissensschatz zur Verfügung. Aber dieses Wissen betrifft nur formale, exakt definierte Konstruktionen. Das Verhältnis dieser Konstruktionen zum logischen Denken ist hingegen noch weitgehend unklar. Und im Bereich der Philosophie der Logik ist nach wie vor nahezu alles kontrovers.

Die Beschäftigung mit mathematischer Logik ist in vielen Fällen unstreitig ein Gewinn für das logische Denken. Es kann aber auch sein, daß diese Beschäftigung dem logischen Denken abträglich ist, nämlich etwa dann, wenn man sich angewöhnt, einem Schluß so lange zu mißtrauen, bis es gelungen ist, ihn durch eine formale Ableitung zu ersetzen. Man vergißt dabei, daß auch bei einer solchen Ersetzung zahlreiche logische Operationen vorausgesetzt werden, die nicht ihrerseits alle formalisiert werden können.

Grundsätzlich kann ein Logik-Training auch ohne Hinzunahme der mathematischen Logik vorgenommen werden. Für die Philosophie ist im übrigen logisches Denken zwar dringend notwendig, aber nicht hinreichend. Und für das logische Denken selbst ist die mathematische Logik weder notwendig noch hinreichend. Es gibt sehr scharfsinnige, logisch denkende Philosophen, die von mathematischer Logik keine Ahnung haben; und es gibt vorzügliche Spezialisten für mathematische Logik, die philosophische Wirrköpfe sind, weil sie keinerlei Übung im philosophischen Denken haben.

Wenn man die Fähigkeit, logisch zu denken, mit Geschicklichkeit in der Behandlung formaler Kalküle verwechselt, liegt der Irrtum nahe, logische Fragen könnten einfach durch Festsetzungen entschieden werden. Die zwischen Begriffen und Aussagen bestehenden logischen Verhältnisse erscheinen dann als manipulierbar, und es entsteht der Glaube, daß die Logik durch technische Maßnahmen hinsichtlich formaler Kalküle zweckentsprechend modifizierbar ist. Aber das ist eine Konfusion. Zwar ist es richtig, daß man beim Aufbau von Logik-Kalkülen große Freiheit hat. Viele auf derartige Kalküle bezogene Fragen lassen sich allein durch entsprechende Festsetzungen beantworten. Die Logik ist jedoch nicht dasselbe wie irgendein formaler Kalkül. Auch die Behandlung von Kalkülen wird von der Logik regiert, mit anderen Worten: auch die Metatheorie formaler Kalküle unterliegt den Gesetzen der Logik.

Freilich ist es nicht einfach, genau zu sagen, wie diese Gesetze lauten. Wenn man sich wissenschaftlich mit dieser Frage befaßt, entsteht sofort große Unklarheit. Die Ansichten der Fachleute über die Grundlagen der Logik gehen weit auseinander. Und doch sind wir im konkreten Fall in der Lage festzustellen, ob ein logischer Fehler vorliegt oder nicht. Daß z.B. die sogenannten logischen Antinomien in logisch fehlerhafte Weise zustande kommen, liegt auf der Hand. Aber diese Fehler genau zu diagnostizieren und aufzulösen, ist außerordentlich schwierig. Man wird dabei unausweichlich in philosophische Grundsatzfragen verwikkelt. Auch bei der Behandlung dieser Fragen kommt es darauf an, logisch korrekt zu argumentieren. Ob das geschieht, können wir in der Regel feststellen, selbst wenn unter den Fachleuten hinsichtlich der theoretischen Grundlagen der Logik Unklarheit und Uneinigkeit herrscht.

Die Philosophie ist der Versuch, implizite Voraussetzungen explizit zu machen, Prinzipien, die zunächst nur unklar erahnt werden, in klaren Begriffen auszudrücken. Philosophieren besteht primär im Explizieren und Axiomatisieren. Wir sind dabei nicht nur auf korrektes Denken angewiesen, sondern auch auf die Fähigkeit zu fühlen, wo im begrifflichen Dickicht die Wahrheit zu suchen ist. Man könnte dieses Gefühl als ein *Wahrheitsgefühl* bezeichnen. Dieses ist freilich nicht immer hinreichend deutlich und zuverlässig. Aber in vielen Fällen können wir uns vom Wahrheitsgefühl zumindest vorläufig leiten lassen.

Zusammenfassend ergibt sich damit folgende Kennzeichnung der Philosophie: sie ist eine vom Wahrheitsgefühl geleitete, auf Lösung grundsätzlicher Probleme hin orientierte Anwendung der Logik. Das Interesse der Philosophie geht dahin, die fundamentalen Voraussetzungen unseres Wissens klarzulegen. Was aber sind Voraussetzungen? Dieses Wort hat mehrere Bedeutungen. Damit, daß eine Aussage *A* Voraussetzung einer Aussage *B* ist, kann sowohl gemeint sein, daß *B* aus *A* folgt, als auch dies, daß *A* aus *B* folgt. Im ersten Fall ist *A* hinreichende Bedingung für *B*, im zweiten ist *A* notwendige Bedingung für *B*. Häufig handelt es sich in der Philosophie um die Aufklärung solcher Folgebeziehungen. Meistens jedoch faßt man Voraussetzungen im Sinne von Präsuppositionen auf. *A* ist eine *Präsupposition* von *B*, wenn *A* gelten muß, damit sowohl *B* als auch die Negation von *B* sinnvoll ist, ungeachtet der Wahrheit (bzw. Falschheit) von *B*.

Die Erarbeitung philosophischer Voraussetzungen ist nicht einfach. Und es gibt in der Philosophie keine letzte Gewißheit. Wir befinden uns – bildhaft ausgedrückt – in einem Sumpf, in dem wir Boden zu gewinnen suchen. Aber wir haben keine Garantie, einen Boden zu finden. Oft genug stellt sich heraus, daß der vermeintliche Boden nur verkrusteter Sumpf war. Worauf ist in der Philosophie dann Verlaß? Weder auf Tradition noch auf Autorität oder

Denkgewohnheiten kann man sich berufen; ja nicht einmal die Ansichten des Common sense sind in der Philosophie maßgebend. Vom philosophischen Standpunkt ist beispielsweise die Alltagsauffassung von der Außenwelt, der sogenannte naive Realismus, höchst bedenklich, wenn nicht sogar falsch. Kann es aber angesichts des erwähnten Sumpfes in der Philosophie überhaupt einen *Stand*punkt geben? *Nein*, wenn man darunter eine Position versteht, die über alle Zweifel erhaben ist und für alle Zeiten definitiv feststeht; *ja*, wenn es sich um eine hypothetische Position handelt, die so lange Bestand hat, bis sie unter dem Einfluß neuer Argumente wieder preisgegeben wird.

Die Probleme der Philosophie knüpfen an das scheinbar Selbstverständliche an. Um in dem, was gewöhnlich für selbstverständlich gehalten wird, überhaupt ein Problem zu finden, bedarf es eines genuinen philosophischen Interesses. Dieses ergibt sich aus der Fähigkeit, die Welt aus einer völlig anderen als der normalen Perspektive zu sehen. Es ist die Fähigkeit, das Gewohnte im Denken gewissermaßen auf den Kopf zu stellen, so daß es auf einmal rätselhaft, erstaunlich, merkwürdig erscheint. Diese Fähigkeit, sich zu wundern, ist freilich für die Entwicklung einer jeden Wissenschaft wichtig. In der Philosophie ist sie der Motor aller Bemühungen. Die Probleme der Philosophie sind von der Praxis des Lebens weit entfernt, und die Übereinstimmung mit dem Common sense ist für sie kein Wahrheitskriterium. Aus der Warte des Alltags erscheinen die philosophischen Theorien geradezu bizarr, ja verrückt. Philosophischer Materialismus, Idealismus, Solipsismus etc. haben zumindest das eine gemeinsam, daß sie für die Belange des gewöhnlichen Lebens ohne Bedeutung sind. Sie entspringen allein dem Interesse an der Lösung philosophischer Probleme. Wenn aber versucht wird, philosophische Konzeptionen für nichtphilosophische Zwecke zu verwenden, wird aus der Philosophie eine Ideologie.

2. Der provisorische Charakter der Philosophie

Einer weitverbreiteten Auffassung zufolge finden wir Sicherheit und Gewißheit nur in der Wissenschaft, während außerhalb der Wissenschaft alles fraglich und unsicher ist. Dies ist ein Mißverständnis. In Wahrheit verhält es sich gerade umgekehrt: Alle wissenschaftlichen Aussagen, soweit sie über das durch Logik oder Beobachtung Entscheidbare hinausgehen, sind prinzipiell dem Zweifel ausgesetzt, unsicher und ohne Wahrheitsgarantie. Sie sind hypothetisch, haben also den Charakter von Annahmen und gelten insofern nur provisorisch. Die Wissenschaft ist unvollkommen und einem stetigen Wandel unterworfen. Wissenschaftliche Behauptungen gelten nur bis auf Widerruf, nämlich so lange, bis sie durch andere, besser begründete Behauptungen abgelöst werden. Aus der Wissenschaftsgeschichte kann man lernen, daß Wissenschaftler immer wieder Fehler gemacht haben, und es ist nicht zu erwarten, daß sich das ändern wird.

Kennzeichnend für alle wissenschaftliche Tätigkeit ist das Streben nach Genauigkeit, Präzision, Differenziertheit und Systematik. Gerade das aber macht die Wissenschaft auch angreifbar und verwundbar. Denn je größer der Genauigkeitsgrad einer Aussage ist, je mehr Parameter berücksichtigt werden, desto geringer ist der Gewißheitsgrad dieser Aussage. Ebenso gilt umgekehrt: Je größer der Gewißheitsgrad einer Aussage ist, desto geringer ist ihr Genauigkeitsgrad. Man könnte diese Beziehung als eine Art *epistemologische Unschärferelation* bezeichnen. Sie ist grundlegend für das Verständnis der wissenschaftlichen Arbeitsweise.

Natürlich soll damit nicht bestritten werden, daß auch wissenschaftliche Behauptungen nicht selten so vertreten werden, *als ob* sie unanfechtbar und von maximaler Gewißheit wären. Das kann etwa dann der Fall sein, wenn Nichtwissenschaftler – in dem Glauben, die Wissenschaft sei ein

Hort der Gewißheit – sich den Anstrich der Wissenschaftlichkeit geben wollen und wissenschaftliche Thesen im Mund führen. Aber auch Wissenschaftler selbst verstoßen immer wieder gegen die epistemologische Unschärferelation. Manchmal beruht das darauf, daß ein Wissenschaftler in seine Ergebnisse verliebt ist und nicht möchte, daß sie von anderen allzu genau unter die Lupe genommen werden. Mancher Wissenschaftler hat sich im Laufe der Zeit so sehr an gewisse Voraussetzungen gewöhnt, daß es ihm gar nicht mehr in den Sinn kommt, diese in Frage zu stellen. Das zu tun, bleibt dann seinen Nachfolgern überlassen. Bedauerlicherweise gibt es aber auch Wissenschaftler, die um außerwissenschaftlicher Interessen willen ihre wissenschaftliche Sorgfalt und Zurückhaltung preisgeben. Wenn ein Wissenschaftler etwa zur Erreichung politischer Ziele in der Öffentlichkeit so tut, als ob er qua Wissenschaftler im Besitz unanfechtbarer, bleibender Wahrheiten wäre, so verstößt er gegen den Geist echter Wissenschaft. Die Erfahrung zeigt leider, daß gerade das manchem zum Erfolg verhilft.

Die epistemologische Unschärferelation gilt nicht nur für die Erfahrungswissenschaften, sondern auch für die als Wissenschaft aufgefaßte Philosophie. Das verdient besonders hervorgehoben zu werden, weil gerade von der Philosophie häufig etwas verlangt wird, was sie als Wissenschaft niemals bieten kann: letzte Gewißheit, Beseitigung aller Zweifel, sichere Grundlagen für das Denken und Handeln, zuverlässige Orientierung in Fragen der Moral usw. Von der Philosophie dergleichen zu erwarten, zeugt von einer wissenschaftsfremden Denkweise. Auch philosophische Aussagen haben den Charakter der Vorläufigkeit, sie sind von vielen Annahmen abhängig und daher stets vom Irrtum bedroht. Philosophische Theorien sind letztlich nur Versuche, gewisse philosophische Probleme zu lösen. Sie sind unvollkommen wie alles Menschenwerk. Betrachtet man die Philosophiegeschichte, so zeigt sich, daß die Entwicklung über alle vermeintlich absoluten Gewißheiten hinweggegangen ist. Was von den einen für eine definitive Wahrheit gehalten wird, das werfen die anderen über Bord.

Dessenungeachtet vertreten manche Philosophen die Auffassung, es sei Aufgabe der Philosophie, die einzelwissenschaftlichen Erkenntnisse auf evidente, allem Zweifel widerstehende Voraussetzungen zurückzuführen. Die Philosophie unterscheidet sich hiernach gerade dadurch von den anderen Wissenschaften, daß sie letzte Gewißheit zu geben beansprucht. Allerdings gibt es bislang keine Einigung unter den Philosophen, welche Aussagen evident sind und wie man zwischen echter Evidenz und Scheinevidenz zuverlässig unterscheiden kann. Nicht einmal hinsichtlich der Frage, was unter Evidenz genau zu verstehen ist, besteht Konsens. Natürlich ist es eine interessante und philosophisch wichtige Aufgabe, den Begriff der Evidenz zu explizieren und die Möglichkeit einer Zurückführung von Aussagen auf evidente Grundlagen zu untersuchen. Aber auch eine solche philosophische Untersuchung hat – wie alle Wissenschaft – provisorischen Charakter. Wir dürfen nicht erwarten, dabei zu unrevidierbaren, letztgültigen Ergebnissen zu gelangen. Der hypothetische Charakter der Wissenschaft macht diese Erwartung zunichte.

Ein Motiv für die Auffassung, in der Philosophie gehe es um die Gewinnung letzter Gewißheit, ist die folgende Überlegung. Nicht jede Erkenntnis kann sinnvoll bezweifelt werden. Der Zweifel setzt etwas voraus, was dem Zweifel entzogen ist. Um nämlich überhaupt an etwas zweifeln zu können, muß man zumindest wissen, woran man zweifelt; und dieses Wissen kann nicht wiederum bezweifelt werden. Allerdings ist das ein Wissen, das weder sonderlich interessant noch fundamental für das Gebäude der wissenschaftlichen Erkenntnisse ist.

An dieser Stelle setzt eine andere Überlegung ein, die – kurz zusammengefaßt – etwa so lautet: Dafür, daß eine Aussage wahr ist, muß es einen Grund geben, der von der

Aussage verschieden ist. Der Grund besteht in einem Bewußtsein von der Sache, auf die sich die Aussage bezieht. Dieses Bewußtsein kann, da es nicht selbst eine Aussage ist, als eine »unmittelbare Erkenntnis« bezeichnet werden. Die Aussage ist wahr, wenn sie mit der unmittelbaren Erkenntnis übereinstimmt, ansonsten ist sie falsch. An der Wahrheit der unmittelbaren Erkenntnis zu zweifeln ist sinnlos, da wir keine Möglichkeit haben, deren Wahrheit zu überprüfen. Vielmehr setzen wir de facto stets voraus, daß die unmittelbare Erkenntnis wahr ist.

Diese Auffassung – sie wurde in der Friesschen Schule vertreten – ist allerdings nie hinreichend klar ausgearbeitet worden. Vor allem ist der Begriff der unmittelbaren Erkenntnis eine Fehlkonstruktion. Erkannt ist nur das, was ausgesagt ist. Etwas zu erkennen, das nicht Inhalt einer Aussage ist und also nicht propositionalen Charakter hat, ist unmöglich. Eine Aussage ist allerdings nicht dasselbe wie ein Satz, sondern sie ist das, was mit einem Satz zum Ausdruck gebracht wird, was mit ihm gemeint ist. Was behauptet wird, ist das Bestehen eines Sachverhalts. Und bei der Prüfung dessen, ob eine Aussage wahr ist, sind wir immer der Möglichkeit des Irrtums ausgesetzt.

Natürlich folgt aus der Möglichkeit des Irrtums nicht die Unmöglichkeit des Wissens. Aber wir müssen – um dies noch einmal zu betonen – die Hoffnung auf die Gewinnung endgültiger, unrevidierbarer wissenschaftlicher Erkenntnis aufgeben. Wer eine solche Erkenntnis anstrebt, befindet sich bereits außerhalb der Wissenschaft. Das gilt auch für die Philosophie. Zwar kann man philosophische Untersuchungen darüber anstellen, ob es ein unfehlbares wissenschaftliches Wissen gibt. Aber eine solche Untersuchung und damit auch ihr Ergebnis haben, soweit sie wissenschaftlich sind, vorläufigen Charakter. Unfehlbarkeit ist somit allenfalls ein *Gegenstand*, aber kein *Kriterium* philosophischer Untersuchungen. Die philosophische Arbeit dient der Lösung philosophischer Probleme, und dazu sind philosophische Annahmen unerläßlich. Diese können sich bewähren, wenn sie nämlich geeignet sind, entsprechende Lösungen zu untermauern; bewähren sie sich nicht, so sind wir genötigt, es mit anderen Annahmen zu versuchen. In diesem Kampf der Gründe und Gegenstände sind wir darauf angewiesen, die relativ besten Annahmen zugrunde zu legen. Im Ergebnis kommen wir daher über ein letztlich hypothetisches Wissen nicht hinaus. Wird beispielsweise die Auffassung vertreten, daß die gesamte Wirklichkeit subjektiven Charakter hat oder daß das Bewußtsein materiell ist, so handelt es sich – wie überall in der Philosophie – um Ergebnisse, die auf hypothetischen Grundlagen beruhen und insofern revidierbar sind.

Darüber sind sich allerdings nicht alle Philosophen im klaren. Das wirkt sich u. a. in der Weise aus, daß viele Philosophen es unterlassen, deutlich anzugeben, von welchen Voraussetzungen sie ausgehen und welche Behauptungen aus diesen Voraussetzungen erschlossen sind. Die logische Ordnung der Aussagen ist aber in der Philosophie, wo die Logik oft der letzte Halt ist, von besonderer Bedeutung. Philosophie ist kein unverbindliches Herumraten, keine Schöngeisterei und keine Angelegenheit des Glaubens. Vielmehr geht es darum, ein Wissen zu erlangen, und das ist etwas anderes als ein Spiel mit bloßen Vermutungen oder Möglichkeiten. Eine philosophische Aussage zu machen erfordert eine gewisse Standfestigkeit. Man geht damit die intellektuelle Verpflichtung ein, seine Aussage so lange aufrechtzuerhalten, bis ernsthafte Gründe gegen sie vorgebracht werden. Zur Kunst des Philosophierens gehört es daher, das Streben nach philosophischen Aussagen und die daraus erwachsende Begründungspflicht mit der Einsicht in die Vorläufigkeit und Fehlbarkeit aller philosophischen Bemühungen zu vereinen.

3. Wissen und Gewißheit

Der provisorische Charakter wissenschaftlicher und damit auch philosophischer Erkenntnis, also das Fehlen einer Wahrheitsgarantie, kann leicht im Sinne eines *Fallibilismus* mißverstanden werden. Hiermit wird häufig die These bezeichnet, daß jede Erkenntnis möglicherweise falsch ist, d.h., daß die Annahme der Falschheit einer Erkenntnis nie einen Widerspruch enthält. Der so aufgefaßte Fallibilismus ist jedoch absurd, denn die Erkenntnis einer logischen Wahrheit kann nicht falsch sein. Versteht man unter »Fallibilismus« dagegen die These, daß jede Erkenntnis, die nicht notwendig wahr ist, bei der also die Annahme ihrer Falschheit keinen Widerspruch enthält, möglicherweise falsch ist, so ist dieser Fallibilismus eine logische Trivialität. Mit dem provisorischen Charakter der wissenschaftlichen Erkenntnis ist jedoch weder eine Absurdität noch eine Trivialität gemeint, sondern hauptsächlich die Abhängigkeit wissenschaftlicher Erkenntnis von Annahmen, für die es keine Wahrheitsgarantie gibt.

Hier ist die Frage naheliegend, ob es denn überhaupt eine Erkenntnis geben kann, die nicht wahr ist. Enthält nicht jede Erkenntnis ein Wissen? Und gehört es nicht bereits zum *Begriff* des Wissens, daß es wahr ist? In der Tat: Etwas Falsches zu wissen, scheint unmöglich zu sein. Dies läßt sich auch so formulieren:

1. Wenn jemand etwas weiß, dann muß das, was er weiß, auch der Fall sein.

Eine Fehldeutung von (1) wäre es, wenn man aus ihr herauslesen würde, daß alles Wissen perfekt, d.h. notwendig wahr ist. Das liefe darauf hinaus, (1) folgendermaßen aufzufassen:

2. Wenn jemand weiß, daß *A* der Fall ist, dann gilt: *A* muß der Fall sein.

Es liegt auf der Hand, daß (2) falsch ist. Denn es gibt nicht nur ein Wissen von dem, was notwendigerweise der

Fall ist, sondern auch von dem, was nicht der Fall sein muß, aber trotzdem der Fall ist. Offenbar ist mit (1) also etwas Schwächeres gemeint, nämlich dies:

3. Folgendes muß der Fall sein: Wenn jemand *A* weiß, dann ist *A* der Fall.

Gemäß (3) ist es unmöglich, etwas Falsches zu wissen. Das ist dann der Fall, wenn der Wissensbegriff unter Verwendung des Wahrheitsbegriffs definiert wird, etwa im Sinne folgender Definition:

4. *x weiß A* genau dann, wenn *x A* für wahr hält und *A* wahr ist.

Der so definierte Wissensbegriff sagt nichts über die Begründung des Wissens aus. Wenn also etwa ein Hellseher davon überzeugt ist, daß ein bestimmtes Ereignis eintreten wird und dieses Ereignis tatsächlich eintritt, so müßte man gemäß (4) sagen, er habe gewußt, daß das Ereignis eintreten werde. Sofern es bei dem in (4) definierten Begriff nur auf die Wahrheit des Gewußten ankommt, könnte man ihn als *logischen Wissensbegriff* bezeichnen. Dieser entspricht allerdings nicht dem, was wir normalerweise mit »Wissen« meinen. Wir halten nämlich im Alltag und in der Wissenschaft nur das für ein Wissen, wofür die besten Gründe sprechen. Und um eine Wissensbehauptung zu widerlegen, versuchen wir Gegengründe vorzubringen. Demgemäß kann man nur das wissen, was auch hinreichend begründet ist. Das führt zu folgendem Begriff:

5. *x weiß A* genau dann, wenn *x A* für wahr hält und *x* dafür hinreichende Gründe hat.

Nach dieser Definition ist das Wahrsein von *A* also nicht notwendig dafür, daß *A* gewußt wird. In der Tat entscheiden wir, ob jemand *A* weiß, indem wir die von ihm vorgebrachten Gründe für *A* prüfen. Wenn wir zu dem Ergebnis kommen, daß seine Gründe nicht hinreichend sind, so werden wir auch nicht zugeben, daß er *A* weiß. Insofern könnte man den in (5) definierten Begriff als *epistemologischen Wissensbegriff* bezeichnen. Um diesen Begriff vollständig zu erfassen, wäre es natürlich noch erforderlich, den Begriff des hinreichenden Grundes zu definieren. Doch das würde zu sehr vom vorliegenden Zusammenhang wegführen. Nur auf Folgendes kommt es hier an: Hinreichende Gründe sind nicht wahrheitsgarantierend. Daß also jemand hinreichende Gründe für *A* hat, impliziert nicht, daß *A* wahr ist. Ebensowenig impliziert freilich das Nichtvorliegen hinreichender Gründe für *A*, daß *A* falsch ist.

Aber kann (5) als adäquat angesehen werden, wenn das Wahrsein von *A* kein Definitionsmerkmal des Wissensbegriffs ist? Kann man etwas wissen, das nicht wahr ist? Angesichts solcher Fragen muß man sich zweierlei klarmachen. Erstens gehört es zu unserer epistemischen Grundsituation, daß wir nie aus unserem Dafürhalten gleichsam heraustreten können. Was immer wir erkennen, denken, glauben, existiert für uns nur als etwas, das wir für etwas halten. Alle unsere Feststellungen sind letztlich nur Ausdruck unseres Dafürhaltens. Ohne die Brille des Dafürhaltens sind Wahrheit und Falschheit für uns nicht existent. Das erklärt auch, weshalb – zweitens – in der Definition (5) die Wahrheit nicht als Definitionsmerkmal von Wissen aufgeführt ist. Zwar spielt die Wahrheit auch in (5) eine entscheidende Rolle, aber nicht als *Eigenschaft* des Wissens, sondern als *Anspruch*, der mit dem Dafürhalten einhergeht. Mögen wir mit »Wahrheit« noch so sehr etwas meinen, was unabhängig von unserem Dafürhalten besteht: *daß* es wahr *ist*, können wir jedenfalls nicht unabhängig von unserem Dafürhalten entscheiden. Indem wir etwas für *wahr* halten, *halten* wir es *für* wahr. Über das Dafürhalten kommen wir nie hinaus. Dieser Umstand wird in der Definition des epistemologischen, nicht dagegen in der des logischen Wissensbegriffs berücksichtigt. Wissen im logischen Sinn stellt daher im Grunde genommen ein *Ideal* dar, weil wir prinzipiell nicht über die Mittel verfügen, mit denen wir über die Erreichung dieses Ideals entscheiden könnten. Daß eine Überzeugung ein Wissen im logischen Sinn ist, können wir zwar behaupten, aber grundsätzlich nicht definitiv feststellen. Insofern ist es ein Vorzug der Definition (5), daß aus ihr *nicht* folgt:

6. Wenn *x* weiß, daß *A* wahr ist, dann ist *A* wahr.

Daß (6) dagegen aus (4) folgt, spricht gegen den logischen Wissensbegriff. Akzeptabel ist allenfalls dies:

7. *x* hält es für wahr, daß das, was *x* weiß, wahr ist.

Ja sogar das folgende Prinzip könnte man akzeptieren:

8. *x* hält es für wahr, daß das, was *x* für wahr hält, wahr ist.

Aber weder auf (7) noch auf (8) kommt es im vorliegenden Zusammenhang an. Der epistemologische Wissensbegriff entspricht der Tatsache, daß wir Wissensbehauptungen prüfen, indem wir die für das behauptete Wissen vorgebrachten Gründe prüfen. Erweisen sich diese Gründe als nicht hinreichend, so weisen wir auch den Wissensanspruch zurück.

Um den Unterschied zwischen dem logischen und dem epistemologischen Wissensbegriff sprachlich zu markieren, wird im folgenden »Wissen« im epistemologischen Sinn mit dem Index »E« und »Wissen« im logischen Sinn mit dem Index »L« bezeichnet.

Es ist logisch möglich, daß jemand etwas weiß$_E$, was nicht der Fall ist. Das spricht aber keineswegs gegen den epistemologischen Wissensbegriff. Denn *daß* jemand etwas Falsches weiß$_E$, kann man nicht wissen$_E$. Angenommen nämlich, y wüßte$_E$ folgendes: *A* ist falsch und *x* weiß$_E$, daß *A*. Dann hielte es *y* für wahr, das *x* hinreichende Gründe für *A* hat, und zugleich hielte *y A* für falsch. Es ist aber irrational, dasselbe für hinreichend begründet und zugleich für falsch zu halten. Man kann also nicht wissen$_E$, daß jemand etwas Falsches weiß$_E$. Die prinzipielle Möglichkeit, etwas Falsches zu wissen$_E$, steht dazu nicht im Widerspruch. Es gibt keine Wahrheitsgarantie für Wissen$_E$. Daraus, daß jemand hinreichende Gründe für *A* hat, folgt nicht, daß *A* wahr ist. Aber selbst wenn *A* wahr ist, kommt es beim Wissen$_E$ darauf an, hierfür hinreichende Gründe zu haben. Das bloße Wahrsein von *A* ist zu wenig.

In dem Unterschied zwischen Wissen_L und Wissen_E drückt sich ein allgemeiner Unterschied aus, der für die Philosophie grundlegende Bedeutung hat, aber noch keineswegs genügend untersucht worden ist. Es handelt sich darum, daß wir in vielen Fällen etwas intendieren, was wir in der Erfahrung nie antreffen. Um eine Beziehung zwischen dem begrifflich Gedachten und dem tatsächlich Erfahrbaren herzustellen, schlagen wir deshalb einen Umweg ein: Wir substituieren für das nur Gedachte etwas, das wir tatsächlich in der Erfahrung antreffen können. Letzteres wird dadurch für uns zu einem Repräsentanten des ersteren. Mit dieser Substitution verbinden wir die Vorstellung, daß der Repräsentant genau dann vorliegt, wenn das nur begrifflich Gedachte vorliegt. Wir fassen die Äquivalenz als ein Kriterium für das Vorliegen von etwas nicht erfahrungsmäßig Vorliegendem auf. Logisch gesehen hat dieses Kriterium den Status einer Annahme. In der Philosophie begegnen uns solche Kriterien auf Schritt und Tritt. Beispielsweise fungieren gewisse wahrnehmbare Vorkommnisse an einem wahrnehmbaren menschlichen Körper als Kriterium für ein mit diesem Körper korreliertes fremdes Bewußtsein. Dieses ist unserem eigenen Bewußtsein gegenüber grundsätzlich transzendent, und doch ist es das, mit dem wir zu kommunizieren meinen.

Auch in bezug auf das Wissen besteht ein Repräsentationsverhältnis. Das Wissen_E tritt als Repräsentant des Wissens_L auf. Wissen_L besteht in einem wahren Dafürhalten. Wir halten etwas für etwas, meinen also einen Sachverhalt. Die *Wahrheit* ist die Identität des gemeinten Sachverhalts mit einem an sich, also unabhängig vom meinenden Bewußtsein bestehenden Sachverhalt. Da aber etwas, insofern es unabhängig vom Bewußtsein ist, nicht zur Erfahrung gehört, kann das Vorliegen von Wissen_L allenfalls angenommen, nicht aber festgestellt werden. Daher substituieren wir Wissen_L durch Wissen_E und behandeln letzteres als Repräsentanten des ersteren.

Vielfach wird die Ansicht vertreten, daß ein Dafürhalten nur dann ein Wissen ist, wenn es den Charakter einer festen Überzeugung von der Art der Gewißheit hat. Dem entspricht freilich nicht Wissen_E. Da die für Wissen_E verlangten Gründe oft nur induktive Gründe sein können, muß das dadurch gestützte Dafürhalten nicht den Charakter der Gewißheit haben. In den meisten Fällen handelt es sich beim Wissen_E um ein Dafürhalten, das mit dem Bewußtsein seiner Vorläufigkeit verbunden ist, für das man also nicht seine Hand ins Feuer legen würde. Gewißheit ist somit für Wissen_E nicht notwendig. Natürlich ist umgekehrt Wissen_E auch nicht notwendig für Gewißheit. Denn jemand kann sich durchaus einer Sache gewiß sein, ohne dafür hinreichende Gründe zu haben.

Alles das gilt auch für das philosophische Wissen_E. Gewißheit tritt in der Philosophie selten auf. Denn je genauer und komplexer die Begründung einer philosophischen These ist, je mehr zusätzliche Annahmen in diese Begründung eingehen, desto geringer wird der Gewißheitsgrad dieser These sein. Unter diesen Umständen nimmt es nicht wunder, daß die Neigung, sich im Besitz endgültiger philosophischer Gewißheit zu wähnen, um so größer ist, je weniger die Fähigkeit zum kritischen Denken und zur exakten Arbeitsweise ausgebildet ist.

Im folgenden soll versucht werden, die Konsequenzen des bisher Gesagten für den Philosophieunterricht aufzuzeigen.

4. Methoden des Philosophieunterrichts

Philosophieunterricht bezweckt die Vermittlung philosophischen Wissens. Wie aber kann philosophisches Wissen vermittelt werden? Das erfordert die Beantwortung einer Vorfrage: Was ist philosophisches Wissen? Dabei sei Wissen stets im Sinne von Wissen_E verstanden; im folgenden wird also der Einfachheit halber der Index »E« weggelassen. Die Vorfrage läßt sich so beantworten: Philosophisches Wissen ist ein Wissen von der Lösung philosophischer Probleme. Jemand verfügt also über ein philosophisches Wissen, wenn er von mindestens einem philosophischen Problem eine bestimmte Lösung für richtig hält und für diese Lösung hinreichende Gründe hat. Je größer die Anzahl der philosophischen Probleme ist, für die jemand eine Lösung weiß, desto größer ist sein philosophisches Wissen.

Für die Gestaltung des Philosophieunterrichts kommt es nun sehr darauf an, philosophisches Wissen nicht mit philosophischen *Kenntnissen* zu verwechseln. Philosophische Kenntnisse sind Kenntnisse über die philosophischen Ergebnisse anderer. Dabei ist es nicht erforderlich, die fremden Ergebnisse selbst zu akzeptieren oder sonstwie begründet zu diesen Stellung nehmen zu können. Philosophische Kenntnisse zu haben setzt also kein eigenes philosophisches Wissen voraus. Zweifellos sind philosophische Kenntnisse in vielen Fällen nützlich, aber sie sind weder notwendig noch hinreichend für den Erwerb eigenen philosophischen Wissens. Manchmal sind philosophische Kenntnisse nicht einmal nützlich, sondern eher schädlich. Ein Übermaß an philosophischen Kenntnissen kann durchaus den Erwerb philosophischen Wissens beeinträchtigen oder gar verhindern. Denn das zum Philosophieren gehörende eigenständige Denken wird durch allzuviel Gelehrsamkeit nicht gerade aktiviert.

Wenn Philosophieunterricht auf die Vermittlung philosophischen Wissens abzielt, wird die Vermittlung philosophischer Kenntnisse dabei in den Hintergrund treten. Gegenstand philosophischer Kenntnisse sind philosophische Behauptungen anderer. Mitteilungen hierüber haben an und für sich lediglich ein *historisches* Interesse und gehören somit eigentlich zum philosophie*geschichtlichen* Unterricht. Für den *Philosophie*unterricht sind sie nur von untergeordneter Bedeutung. Philosophiegeschichte ist die Geschichte der Entwicklung philosophischer Probleme und ihrer Lösungen. Die Darstellung der Philosophiegeschichte ist ein mühsames und äußerst anspruchsvolles Unternehmen. Es setzt nicht nur immense Literaturkenntnisse voraus, sondern auch ein scharfes philosophisches Urteilsvermögen und die Fähigkeit, sich bei der Stoffauswahl von den sachlich angemessenen Gesichtspunkten leiten zu lassen. In Anbetracht der geradezu bizarr verschlungenen und vielfältigen, ja heterogenen Ansichten der Philosophen muß der Philosophiehistoriker über ein eigenes philosophisches Koordinatensystem verfügen, mit dem er sich in dem Gewirr orientieren kann. Dabei soll er stets objektiv sein und darf nicht fremde philosophische Ansichten verfälschen. Nur dann wird es ihm gelingen aufzuzeigen, wo ein philosophischer Fortschritt stattgefunden hat.

Hieraus ergibt sich, unter welchen Umständen die Vermittlung philosophiegeschichtlicher Tatsachen für den Philosophieunterricht von Interesse ist. Dies ist vor allem dann der Fall, wenn durch philosophiegeschichtliche Belehrung das eigene philosophische Denken angeregt wird oder wenn die Beschreibung der philosophischen Fehler anderer dazu beiträgt, eigene Fehler zu vermeiden. Prinzipiell ist die Berücksichtigung philosophiegeschichtlicher Tatsachen im Philosophieunterricht nur dann sinnvoll, wenn die philosophischen Fähigkeiten bereits so weit entwickelt sind, daß diese Tatsachen auch philosophisch beurteilt werden können. Das Verständnis philosophiegeschichtlicher Tatsachen setzt also den Unterricht im Philosophieren bereits voraus und nicht umgekehrt.

Viele Philosophen glauben, daß die Fähigkeit, selbst eine philosophische Auffassung zu entwickeln, gar nicht unterrichtsmäßig ausgebildet werden könne, und überlassen es mehr oder weniger dem Zufall, ob die Schüler es lernen, selbständig philosophisch zu arbeiten. Natürlich ist es richtig, daß der Philosophieunterricht seine besonderen Schwierigkeiten hat. Ein solcher Unterricht kann nur bei denjenigen fruchten, die ein genuines philosophisches Interesse besitzen, d.h. ein Interesse am Finden und Lösen philosophischer Probleme. Schon dieses *Finden* darf dem Schüler nicht erspart werden. Er hat nicht nur zu lernen, vorgegebene philosophische Nüsse zu knacken, sondern er muß diese Nüsse auch als solche erkennen und wissen, wo und wie man sie findet. Das setzt die Fähigkeit voraus, sich über scheinbar Selbstverständliches zu wundern und auch da noch Fragen zu stellen, wo andere längst mit dem Fragen aufgehört haben. Wer diese philosophische »Ader« nicht hat, bei dem ist jeder Philosophieunterricht vergebliche Mühe. Und wie die Erfahrung zeigt, eignen sich nur relativ wenige Menschen für die Philosophie. Das ist hier nicht anders als in anderen geistigen Bereichen. Das philosophische Interesse ist allerdings zunächst meistens nur *latent* vorhanden und muß daher durch Förderung des eigenständigen, kritischen Denkens erst geweckt werden. Nicht selten ist es anfangs durch andere Interessen verdeckt oder in diese eingewoben. Vorbedingung des Philosophieunterrichts ist es dann, das philosophische Interesse von den anderen Interessen zu lösen und in reiner Form zum Bewußtsein zu bringen.

Richtiges Philosophieren setzt die Anwendung einer Technik des Philosophierens voraus. Damit der Philosophielehrer diese Technik vermitteln kann, muß er sie selbst beherrschen. Dafür genügt es nicht, nur abstrakt zu wissen, wie man philosophische Probleme löst; wichtig ist Übung und Erfahrung im Lösen philosophischer Probleme. Die Weitergabe der Technik des Philosophierens kann in der Weise geschehen, daß der Philosophielehrer selbst ihre Anwendung vorführt und mit didaktischen Kommentaren versieht. Er legt also eigene philosophische Resultate zusammen mit ihrer Begründung dar und erklärt dabei, durch welche Überlegungen er in die jeweilige Richtung geführt worden ist. Dabei hat er sorgsam darauf zu achten, daß die Schüler das Vorgetragene nicht kritiklos hinnehmen, sondern es als Anstoß zum eigenen Denken auffassen. Der Lehrer kann dies dadurch fördern, daß er sich nicht scheut, auch eigene Fehler und Mißerfolge zur Sprache zu bringen.

Noch wirksamer als diese Methode ist die Methode des philosophischen Gesprächs. Es dient nicht der Belehrung, sondern der Übung im philosophischen Denken. Das Geheimnis des philosophischen Gesprächs besteht darin, dem Schüler zu einem philosophischen Wissen zu verhelfen, ohne ihm philosophische Kenntnisse mitzuteilen. Es kommt hier also auf die Anregung und Festigung des eigenständigen philosophischen Denkens an. Das ist die Grundidee des *sokratischen Gesprächs*. Das philosophische Gespräch ist letzten Endes immer sokratisches Gespräch. In einem sokratischen Gespräch muß der Philosophielehrer alles unterlassen, was das autonome philosophische Denken der Schüler stören könnte. Dazu gehört vor allem, daß er die Schüler in keiner Weise manipuliert. Manipulation ist nichts anderes, als den anderen daran zu hindern, mit dem eigenen Gehirn zu denken. Auch aus noch so gut gemeinten Gründen ist es nicht erlaubt zu manipulieren. Der sokratische Lehrer darf also seine eigene philosophische Auffassung auf keinen Fall durch Überredung oder gar Suggestion »verkaufen«. Vielmehr muß er die Schüler dazu veranlassen, ja manchmal geradezu zwingen, selbst nachzudenken und zu prüfen.

Das sokratische Gespräch erfordert ein besonders hohes Maß an Konzentration. Die Beschränkung der Teilnehmerzahl ist daher unerläßlich. Optimal ist der Dialog, also das Zwiegespräch zwischen Lehrer und Schüler. Je größer die Teilnehmerzahl ist, desto schwerer ist es, die Aufmerksamkeit aller auf einen bestimmten Punkt zu lenken, und desto mehr wächst daher die Gefahr der Konfusion. Allerdings ist es richtig, daß innerhalb eines größeren Gesprächskreises – d.h. bei etwa fünf bis zehn Personen – gewisse »Gesprächstugenden« an Bedeutung gewinnen, auf die es im Zwiegespräch weniger ankommt: die Fähigkeit, anderen längere Zeit zuzuhören, das Zurückstellen eigener Äußerungen, so daß jeder hinlänglich zu Wort kommen kann, und das Bestreben, auch in zunächst unklaren Äußerungen anderer einen Wahrheitskern zu finden. Solche Verhaltensweisen sind für das Gelingen eines sokratischen Gesprächs im größeren Kreis unerläßlich. Sie dienen allerdings nicht primär der Förderung des *philosophischen* Denkens, sondern mehr der Zurückdämmung von Hindernissen, die im wesentlichen durch die Größe der Gesprächsgruppe bedingt sind.

Im heutigen akademischen »Lehrbetrieb« ist es freilich nur schwer möglich, das sokratische Zwiegespräch als philosophische Unterrichtsform zu pflegen. Man wird fast notgedrungen auf einen größeren Gesprächskreis verwiesen. Der sokratische Lehrer muß dann die Funktion eines Gesprächsleiters übernehmen. Für die Leitung eines sokratischen Gesprächs gibt es keine allgemeingültigen Erfolgsrezepte. Die Art des Vorgehens hängt in vieler Hinsicht vom Bildungsstand, dem Interesse und der Gesprächskultur der Teilnehmer ab. Nichtsdestoweniger lassen sich einige Bedingungen angeben, von denen das Gelingen eines sokratischen Gesprächs entscheidend abhängt. Das Wichtigste ist, daß das Gespräch von philosophischem Geist getragen wird. Dieser äußert sich in einer aus genuinem philosophischen Interesse entspringenden, unbeirrbaren Wahrheitsliebe. Aber nur in Verbindung mit der Fähigkeit und dem Willen zum abstrakten, logischen Denken werden sich philosophische Erkenntnisse einstellen. Die Regeln der Logik sind demnach auch Regeln für das sokratische Gespräch. Aber sie genügen nicht. Es kommt auch darauf an, daß die Teilnehmer sich als Partner fühlen, also einander ernst nehmen und sich gegenseitig achten. Sie müssen Toleranz üben und partnerschaftliche Geduld miteinander haben, müssen Zähigkeit bei der Suche nach Lösungen mit wohlwollender Nachsicht dem anderen gegenüber verbinden, und nicht zuletzt ist es die Pflicht eines jeden, sich einer einfachen, klaren Sprache zu bedienen. Gedankenakrobatik zu vermeiden und sich zu bemühen, dem anderen aufmerksam zuzuhören. Wie die Erfahrung zeigt, ist es äußerst schwer zu erreichen, daß alle diese Bedingungen erfüllt sind.

Dabei hat der Gesprächsleiter eine entscheidende Funktion. Er muß dafür sorgen, daß die Aufmerksamkeit stets dem philosophischen Problem gilt und ein Konsens angestrebt wird. Wenn einzelne Schwierigkeiten haben, sich auszudrücken, ist es seine Aufgabe, sie zu ermutigen. Da er immer wieder lenkend in das Gespräch einzugreifen hat, muß er darauf achten, unparteiisch zu bleiben. Der oberste Gesichtspunkt für das sokratische Gespräch leitet sich aus der Zielsetzung ab: die Lösung philosophischer Probleme durch autonomes, gruppenbezogenes Denken. Daran haben sich alle Verhaltensweisen letztlich auszurichten.

Es ist ein großer Unterschied, ob man das sokratische Gespräch nur vom Hörensagen kennt oder ob man selbst einmal an einem solchen Gespräch teilgenommen, ja vielleicht sogar eines geleitet hat. Die Spannung und Intensität eines sokratischen Gesprächs, das Erlebnis der dem abstrakten Denken innewohnenden Notwendigkeit kann durch keine noch so genaue Schilderung ersetzt werden. Im sokratischen Gespräch kann man Zeuge davon werden, wie die Vernunft zur Sprache kommt. Wer das sokratische Gespräch nicht aus eigener Erfahrung kennt, kennt es im Grunde überhaupt nicht.

Es kommt immer wieder vor, daß ein sokratisches Gespräch ergebnislos bleibt, d.h., daß kein Konsens hinsichtlich der Lösung des gestellten Problems zustande kommt. Das Gespräch muß deshalb keine verlorene Mühe gewesen sein. Auch wenn es »nur« zu einer Klärung entgegengesetzter Positionen geführt hat, werden die Teilnehmer insgesamt zu einem tieferen Verständnis der behandelten Sache gelangt sein. Auch aus Fehlern kann man lernen. Manchmal scheitert ein sokratisches Gespräch, weil die Teilnehmer trotz großer Mühe der Schwierigkeit des Themas nicht gewachsen sind oder weil sie nicht die nötige Konzentration und logische Disziplin aufbringen. Der Gesprächsleiter muß darauf hinwirken, daß das zu lösende Problem nicht aus dem Blickfeld gerät und der »rote Faden« nicht verlorengeht.

Es gibt einige bewährte Methoden, die dem Leiter die Erfüllung dieser Aufgabe erleichtern. Dazu gehört die Verwendung einer *Tafel*, auf der die im Laufe der Diskussion erarbeiteten Ergebnisse für alle sichtbar festgehalten werden. Die Formulierung der Ergebnisse ist nicht Sache des Leiters, sondern der Gesprächsteilnehmer. Der Zwang, das eigene Denken so zu ordnen, daß es die Gestalt eines hinschreibbaren Satzes annimmt, bewirkt, wie die Erfahrung zeigt, eine erhebliche Steigerung der Konzentration. Eine andere, ebenfalls vorzügliche Methode, die Intensität des Gesprächs zu verstärken, besteht darin, daß nicht nur der Leiter, sondern auch alle Teilnehmer nach jeder Gesprächssitzung ein *Protokoll* anfertigen. Die Nötigung, das bisher Geschehene noch einmal zu überdenken und zu fixieren, trägt wesentlich zur Klärung der eigenen Gedanken bei. Sehr gut bewährt hat sich auch die periodische Abhaltung eines *Metagesprächs*, also eines Gesprächs über das Sachgespräch, in dem erörtert wird, inwieweit das Sachgespräch *sokratischen* Charakter hatte, ob die Konzentration auf das zur Diskussion stehende philosophische Problem durch irgendwelche Umstände beeinträchtigt war und wie man eventuell aufgetretene Fehlentwicklungen in Zukunft vermeiden kann. Fragen, die Gegenstand des Sachgesprächs sind, müssen jedoch außer Betracht bleiben.

Immer wieder wird gefragt, ob der Leiter inhaltlich in das Sachgespräch eingreifen darf oder ob er sich auf die rein formalen Leitungsaufgaben beschränken soll. Die Antwort hierauf ist von Fall zu Fall verschieden. In einer größeren Gruppe ist der Leiter im allgemeinen mit den Koordinationsaufgaben so sehr ausgelastet, daß es ihm gar nicht gelingt, nebenbei noch an der Sachdiskussion teilzunehmen. Wenn aber die Gruppe hinreichend klein ist, gibt es keine prinzipiellen Gründe dagegen, daß der Leiter auch seine eigene philosophische Position äußert. Man darf aus der im großen und ganzen gebotenen inhaltlichen Zurückhaltung des Leiters kein Dogma machen. Das Verhalten des Leiters hat sich primär am Zweck des sokratischen Gesprächs zu orientieren. Wenn inhaltliche Äußerungen des Leiters der gemeinsamen Arbeit am philosophischen Problem dienlich sind, so sind sie auch erlaubt. Allerdings sind dem Leiter bei seinen inhaltlichen Äußerungen stets besondere Beschränkungen auferlegt. Als Leiter muß er ja über genügend Erfahrung im Umgang mit philosophischen Problemen verfügen, und er muß insbesondere zu dem gerade verhandelten Problem eine eigene Lösung wissen. Insofern wird er den Teilnehmern ein Stück voraus sein. Er muß es deshalb vermeiden, die Teilnehmer zu überfordern und dadurch zu entmutigen. Was er inhaltlich beiträgt, muß den Charakter eines Angebots oder Vorschlags haben. Auf keinen Fall darf es passieren, daß die Teilnehmer anfangen, ihm auf seine Autorität hin zu glauben. Vielmehr muß er die Teilnehmer immer wieder zur Kritik ermuntern. Ein Gesprächsleiter, der darauf aus ist, den anderen seine eigene philosophische Auffassung einzureden oder der sich gar als eine Art philosophischer Guru gebärdet, hat mit dem sokratischen Gespräch nichts zu schaffen.

Im sokratischen Gespräch, insbesondere im sokratischen Zwiegespräch, kann es somit durchaus sinnvoll, ja sogar nützlich sein, daß der Leiter seine eigene philosophische Auffassung ins Spiel bringt. Aber er darf es nur tun, wenn es dazu angetan ist, das eigenständige kritische Denken der anderen zu fördern. Die Forderung nach *unbedingter* Zurückhaltung des Leiters in der Sache ist verfehlt. Sie birgt im übrigen die Gefahr, daß philosophisch nicht hinreichend Kompetente die Gesprächsleitung übernehmen. Da sie kein philosophisches Wissen haben, sind sie als philosophische

Lehrer ungeeignet und den Schwierigkeiten eines sokratischen Gesprächs nicht gewachsen. Es hilft auch nichts, wenn sie, um ihre Unsicherheit in der Sache zu kaschieren, andere »Tugenden« des sokratischen Gesprächs in den Vordergrund stellen. Gewiß, gegenseitiges Vertrauen, Toleranz, Geduld, Aufmerksamkeit und dergleichen sind wichtige Aspekte des sokratischen Gesprächs. Aber gemessen am eigentlichen Ziel sind sie nur von untergeordneter Bedeutung. Man darf daraus nicht die Hauptsache machen. Ebensowenig ist es zulässig, das sokratische Gespräch in eine Art philosophische Psychotherapie umzufunktionieren. Das ist eine Fehlentwicklung, die leider da und dort schon eingetreten ist.

Das sokratische Gespräch besteht, wie alles Philosophieren, weitgehend in einem Explizieren: Es werden *Begriffe* expliziert, also geklärt, von Nebenbedeutungen befreit und definiert, und es werden *Voraussetzungen* expliziert, also philosophische Axiome eingeführt und systematisch miteinander verbunden. Die hierbei leitende Methode ist die Abstraktion: Das jeweils Unwesentliche wird weggedacht, und das Wesentliche wird genau beschrieben. Beim systematischen Abstrahieren muß man an die vorgegebene Erfahrung und an das vorgegebene Wissen anknüpfen. Wenn es beispielsweise um die Aufstellung eines Moralprinzips geht, wird man an konkrete Fälle von Interessenverletzungen anknüpfen und nach einem allgemeinen Prinzip suchen, unter das diese Fälle subsumierbar sind. Damit ist natürlich die philosophische Arbeit längst nicht abgeschlossen, aber der Schritt vom Konkreten zum Abstrakten ist in der Philosophie von besonderer Bedeutung, weil der angestrebte Abstraktionsgrad extrem hoch ist. So entsteht die Frage, ob auch *ausgedachte* Beispiele für die Zwecke der Abstraktion zulässig sind. Auch hier muß die Antwort am Zweck des sokratischen Gesprächs ausgerichtet sein. Demzufolge kommt es bei der Wahl der Beispiele primär darauf an, daß sie verständlich und hinreichend realistisch sind.

Selbsterlebte Beispiele haben zwar den Vorzug größerer Lebendigkeit und Vertrautheit; aber ein bloß ausgedachtes Beispiel kann, wenn es hinreichend realitätsnah ist, zur Verdeutlichung des jeweils Gemeinten vorzügliche Dienste leisten. Jedenfalls sollte man die Forderung nach möglichst selbsterlebten Beispielen nicht zu einem Dogma erheben, sondern von Fall zu Fall entscheiden, welches Beispiel zweckmäßig ist. Intelligente Gesprächsteilnehmer bewerten Beispiele erfahrungsgemäß ohnehin nicht so sehr danach, ob sie selbst erlebt sind, als vielmehr danach, ob sie sachlich angemessen und deutlich sind. Aufs Ganze gesehen ist überdies die Frage der Beispiele nicht so wichtig, wie das oft angenommen wird. Beispiele haben ihren Wert als Sprossen der Leiter, auf der man in die höheren Gefilde der philosophischen Abstraktion steigt. Aber es sind nur die *unteren* Sprossen, die man hinter sich lassen muß, um zur eigentlichen philosophischen Analyse vorzudringen.

Philosophische Prinzipien sind nicht etwas, was man einfach aus den Beispielen herausdestillieren kann wie Salz aus Meerwasser. Ihre Aufstellung ist vielmehr ein konstruktiver Akt, und ihr logischer Status ist der einer Annahme. Mit Hilfe philosophischer Prinzipien versucht man, die allgemeinsten Strukturen der Welt gedanklich in den Griff zu bekommen. So ermöglichen etwa erkenntnistheoretische Prinzipien eine philosophische Interpretation der gesamten Erfahrungswirklichkeit, sind aber gerade infolge ihres philosophischen Charakters durch die Tatsachen der Erfahrung weder zu stützen noch zu widerlegen. Analog stellt z.B. eine ethische Theorie eine Interpretation moralischer Forderungen dar und ist insofern unabhängig von den betreffenden Forderungen. Philosophische Theorien sind neutral, irrelevant hinsichtlich der Erfahrung. Sie erweitern folglich auch nicht unser Erfahrungswissen, sondern stellen dieses bloß in einem anderen Licht dar. So kommt es, daß philosophische Theorien dem »gesunden Menschenverstand« in der Regel als versponnen, ja sogar verrückt erscheinen, obwohl es sich in Wahrheit nur um eine andere intellektuelle Sichtweise handelt. Natürlich ist es gut, wenn auch der Philosoph im praktischen Leben mit beiden Beinen auf dem Boden der Realität steht. Als Philosoph hat er aber nicht mit Fragen der konkreten Realität zu tun, sondern mit allgemeinen Strukturprinzipien. Konkrete Beispiele und persönliche Erlebnisse sind daher, wenn es um die Lösung philosophischer Probleme in abstracto geht, nicht aussagekräftig.

Im Grunde genommen ist es höchst erstaunlich, daß es so etwas wie die Philosophie und das sokratische Gespräch überhaupt gibt. In der Philosophie ist der menschliche Geist wie kaum sonstwo auf sich allein gestellt. Das begriffliche, logische Instrumentarium des philosophischen Denkens liefert der Verstand. Phänomenologisch gesehen ist der *Verstand* die Fähigkeit, Behauptungen über das Bestehen bzw. Nichtbestehen von Sachverhalten aufzustellen und zu begründen. Hieraus ergibt sich die Fähigkeit, Behauptungen hinsichtlich ihrer logischen Richtigkeit zu prüfen, also die Fähigkeit zur *Kritik*. Und *Vernunft* ist diejenige Einstellung, die sich in dem Bestreben zeigt, Behauptungen und Entscheidungen durch prinzipielle und möglichst umfassende Gründe zu untermauern. Philosophie kommt daher aus der Vernunft, aber sie kommt mit dem Verstand. Im sokratischen Gespräch wird das manifest. Damit stellt sich die Frage, wie es zu erklären ist, daß sokratische Gespräche überhaupt möglich sind. Platon hat bekanntlich die Auffassung vertreten, daß die philosophische Erkenntnis im menschlichen Geist fertig vorhanden ist und daß es nur besonderer Maßnahmen – eben des sokratischen Gesprächs – bedarf, um diese Erkenntnis ans Licht des Bewußtseins zu heben. Lernen ist danach nichts anderes als ein Wiedererinnern an die dem Geist innewohnende Erkenntnis: das sokratische Gespräch als Hebammenkunst. Diese – bei Platon im Mythos wurzelnde – Auffassung ist heute freilich nicht mehr haltbar. Philosophische Erkenntnis ist nichts

Absolutes, Zeitloses, sondern wie jede wissenschaftliche Erkenntnis hypothetisch, beruht also auf Annahmen und ist daher provisorisch. Der Philosoph ist nicht ein Fischer, der im Ozean ewiger Wahrheit seine Netze auswirft, sondern ein Ingenieur, der versucht, abstrakte, sehr allgemeine Theorien zu konstruieren, die im stetigen Wechselspiel von Kritik und Gegenkritik auf die Probe gestellt werden. Gleichwohl steckt in Platons Auffassung ein bleibender Wahrheitskern. Philosophische Erkenntnisse sind ja Resultate eigenständigen Denkens und nicht Wiederholung fremder Meinungen. Was aber unabhängig von Belehrung über historische Tatsachen aufgrund eigenen kritischen Denkens herausgefunden wird – und darum handelt es sich im sokratischen Gespräch –, das hat den Charakter *geistigen Eigentums.* Dieses ist, obwohl kein Ergebnis einer Anamnesis, dennoch in der Vernunft begründet.

5. Zur Frage nach der Relevanz der Philosophie

Aus dem Wesen des philosophischen Wissens ergibt sich, daß dieses im Grunde genommen nur um seiner selbst willen erstrebt werden kann. Ob jemand über ein philosophisches Wissen verfügt oder nicht, ist für die praktischen Belange des Alltags ohne Bedeutung. Beim Rechnen etwa – ob mit oder ohne Computer – kommt es nicht darauf an, ob Zahlen als selbständige Gebilde existieren oder ob sie nur eine mentale Existenz haben. Ob die Zeitreihe diskret, dicht oder gar kontinuierlich ist: Wo im Leben spielt das eine Rolle? Und so verhält es sich mit allen echten philosophischen Themen. Die Beschäftigung mit ihnen dient nicht irgendwelchen übergeordneten Zwecken, sondern sie ist ein *Selbstzweck*. Philosophie ist insofern für die Praxis des Lebens *irrelevant*. Philosophische Erkenntnis ist etwas, was an und für sich wertvoll ist; sie bedarf daher keiner weiteren Rechtfertigung. Die Forderung, auch die philosophische Tätigkeit müsse eine außerphilosophische – etwa gesellschaftliche – Relevanz besitzen, beruht auf einem Mißverständnis dessen, worum es in der Philosophie geht. Es ist eine im Grunde wissenschaftsfremde Forderung. Philosophisches Wissen ist, wie bereits ausgeführt, kein Erfahrungswissen, sondern eine an prinzipiellen Aspekten orientierte Interpretation des Erfahrungswissens. Auch für die Philosophie gilt die epistemologische Unschärferelation: Je weiter die Philosophie fortschreitet, desto mehr entfernt sie sich – sprachlich und inhaltlich – von den Belangen des Alltags. Mit zunehmender philosophischer Exaktheit wird das Streben nach philosophischer Gewißheit immer mehr zu einer Illusion. Letzte Sicherheit, unkorrigierbare Grundlagen oder gar irgendeine Art von Lebenshilfe kann die Philosophie nicht bieten.

Demgegenüber wird immer wieder die Ansicht vertreten, daß die Philosophie sehr wohl eine praktische Relevanz – vor allem auf gesellschaftspolitischem Gebiet – habe. Philosophisches Denken fördere eine kritische Einstellung gegenüber den politischen Entwicklungen; es schaffe Klarheit über den Sinn des politischen Handelns, und davon könne auch der Politiker bei seiner Entscheidungsfindung profitieren. Das philosophische Denken und insbesondere das sokratische Gespräch sei deshalb ein wichtiger Faktor nicht nur der politischen Bildung, sondern sogar der Politik.

Was ist von dieser Ansicht zu halten? Nichts! Sie ist falsch und beruht auf begrifflicher Konfusion. Natürlich setzt sokratisches Philosophieren kritisches Denken voraus, und natürlich sind dabei eine Reihe von »Tugenden« wie Geduld, Toleranz, sprachliche Klarheit und dergleichen unerläßlich. Aber all das ist keineswegs *spezifisch* für das sokratische Gespräch, sondern nur subsidiär. Solche Tugenden sind auch anderswo nötig und gut. Die Tatsache, daß beim sokratischen Philosophieren solche Tugenden wichtig sind, erlaubt keinen Schluß auf die praktische Relevanz des philosophischen Wissens. Für die Philosophie gilt die oben behauptete Irrelevanzbeziehung. Daher ist es ein Irrweg, wenn der Versuch gemacht wird, das sokratische Gespräch in ein Instrument der Politik umzufunktionieren.

Die Ausrichtung des praktischen und damit auch des politischen Lebens ist der des philosophischen Denkens geradezu entgegengesetzt. Während wir im praktischen Leben durchweg an Stabilität, Glaubwürdigkeit, Einfachheit und Gewißheit interessiert sind, ist die Philosophie ihrer Natur nach auf Exaktheit und Differenziertheit aus. Sie ist daher fehlbar und provisorisch wie andere Wissenschaften auch. Philosophisches Wissen ist nur für das genuine philosophische Interesse relevant, und dieses findet sich nicht allzu häufig. Die Irrelevanzbehauptung gilt auch für die sogenannte *praktische Philosophie*, d.h. für die Ethik. Auch die Ethik als die Philosophie der Moral ist eine höchst abstrakte Angelegenheit. »Praktisch« ist sie nur insofern, als sie sich auf die philosophischen Prinzipien der moralischen Praxis bezieht. Aber sie enthält keine moralischen Normen oder Wertungen, sondern Aussagen *über* Normen und Wertungen. Angesichts der ungeheuren Vielfalt und Uneinigkeit auf dem Gebiet der Ethik ist man gut beraten, sich im praktischen Leben davon nicht verwirren zu lassen. Völlig sinnlos wäre es, moralische Entscheidungen so lange aufzuschieben, bis in der Philosophie ein Konsens über die Prinzipien des moralischen Handelns gefunden ist. Denn ein solcher Konsens könnte im nächsten Moment wieder zerstört werden. Und selbst wenn ein bleibender Konsens zustande käme, wäre deshalb die Ethik nicht relevant für die moralischen Entscheidungen. Eine ethische Theorie sagt ja nicht, was wir tun sollen, sondern sie enthält philosophische Aussagen über das Sollen und seine Gründe. Diese Aussagen versteht aber nur, wer sich selbst in die Materie eingearbeitet hat. Moralische Entscheidungen zu fällen ist eine Sache des persönlichen Ermessens. Auch wenn sich der Philosoph mit Moralphilosophie beschäftigt, werden ihm seine moralischen Entscheidungen dadurch nicht erleichtert. Es gibt sogar Ethiker, die im Leben keineswegs eine hohe Moralität entfalten. Die praktische Irrelevanz der Philosophie und damit auch der Ethik liegt in der Natur der Philosophie begründet. Sie aufzuheben wird daher immer verlorene Mühe sein.

BARBARA NEISSER

Das sokratische Gespräch im Philosophieunterricht der Sekundarstufe II

Vorbemerkung

Der Philosophieunterricht in der gymnasialen Oberstufe ist verpflichtend für alle SchülerInnen, die nicht am Religionsunterricht teilnehmen. Er findet in den Jahrgängen 11 bis 13 als Grundkurs statt. Philosophie kann auch als Leistungsfach in der gymnasialen Oberstufe gewählt werden. Meine Erfahrungen beziehen sich nur auf Grundkurse der Jahrgangsstufen 11 bis 13.

Ich werde meine Ausführungen in vier Punkte gliedern:

- Warum soll das sokratische Gespräch als Methode des Philosophierens in den Unterricht der gymnasialen Oberstufe integriert werden?
- Welche Voraussetzungen müssen gegeben sein, damit ein sokratischer Philosophieunterricht gelingen kann?
- Bericht über zwei Beispiele aus der Praxis.
- Konsequenzen aus den Praxiserfahrungen.

Warum soll das sokratische Gespräch in den Philosophieunterricht integriert werden?

Der Philosophieunterricht in der gymnasialen Oberstufe setzt ein Philosophieverständnis voraus, das einerseits an die kritische Philosophie der Aufklärung anknüpft und sich andererseits als dialogische Philosophie, als Prozeß des Philosophierens versteht: »Philosophie fragt methodisch nach allgemeinen Grundlagen unserer Wirklichkeitsannahmen und unserer Lebens- und Handlungsorientierungen, [...] nach dem Selbstverständnis des Menschen und der sozialen und politischen Ordnungen, nach den Kriterien der Wahrheit und nach der Gültigkeit von Normen.«

»Philosophie überprüft kritisch die Geltungsansprüche von Wirklichkeitsannahmen und die Gültigkeit von Lebens- und Handlungsorientierungen, die Legitimation von gesellschaftlichen, politischen und rechtlichen Ordnungen.« (Richtlinien für das Fach Philosophie NRW, S. 26.)

Philosophie wird ebenso wie im sokratischen Gespräch als regressiver und kritischer Diskurs verstanden. Es sollen einerseits nach Grundprinzipien gefragt und andererseits bestehende Geltungsansprüche kritisch überprüft werden.

Im Sinne dieses kritischen, diskursiven Philosophieverständnisses werden die einzelnen Disziplinen der Philosophie Anthropologie, Ethik, Staatsphilosophie, Erkenntnis-, Wissenschaftstheorie, Geschichtsphilosophie, Ästhetik und/oder Metaphysik anhand exemplarischer Fragen thematisiert. Der philosophische Diskurs im Unterricht kann dabei kein systematisches oder historisches Wissen über Philosophie voraussetzen. Er muß bei philosophischen Fragen, die sich aus der lebensweltlichen Erfahrung der Jugendlichen und aus dem Alltagsverstand ergeben, ansetzen.

Parallel zu den inhaltlichen Themenbereichen müssen im Philosophieunterricht den 16- bis 20jährigen Jugendlichen eine Reihe von methodischen Fähigkeiten vermittelt werden, die sie erst in die Lage versetzen, einen systematischen, reflexiven Diskurs zu führen.

Ich nenne hier nur einige:

- philosophische und nichtphilosophische Argumentationszusammenhänge methodisch erschließen sowie auf ihre Richtigkeit hin überprüfen
- wissenschaftliche und nichtwissenschaftliche Deutungsversuche auf ihre Prämissen, Konsequenzen und erkenntnisleitenden Interessen hin befragen
- sich begrifflich exakt, sprachlich korrekt und konsistent ausdrücken können

- sich mit einem Gesprächspartner in rationaler, argumentativer Form auseinandersetzen können
- die eigenen Möglichkeiten und Grenzen selbständigen und kreativen Denkens wahrnehmen
- den Unterschied zwischen Diskussion und Argumentation kennen.

Der Philosophieunterricht soll den Lernenden Fähigkeiten zur Argumentationsanalyse, zur Argumentationsfähigkeit und zum selbständigen, kritischen Fragen und Urteilen vermitteln. Diese Kompetenzen liegen nicht nur auf der kognitiven Ebene, sind nur teilweise in den anderen Fächern bereits eingeübt und können daher auch nicht einfach vorausgesetzt werden. Insbesondere die kritische Einsicht in die Fragwürdigkeit und Vorläufigkeit eigener Standpunkte und individueller Geltungsansprüche ist (in dieser Altersphase, dem Übergang von der Pubertät zum Erwachsensein) aus unterschiedlichen Gründen oft schwierig zu erlangen.

Das dem Philosophieunterricht zugrunde gelegte Philosophieverständnis entspricht von Struktur und Selbstverständnis her dem sokratischen Gespräch. Das sokratische Gespräch könnte aus dieser Sicht als die optimale Methode für den Philosophieunterricht in der Oberstufe erscheinen. Durch es können das selbständige Denken, die vernünftige Reflexion und die Argumentationsfähigkeit der SchülerInnen ganzheitlich gefördert werden. Insbesondere das Metagespräch kann zur sachlichen Beurteilung und Selbsteinschätzung der eigenen Lern- und Verhaltensprozesse wesentlich beitragen.

Betrachtet man jedoch die am Unterrichtsprozeß beteiligten Personen, die Lernziele und die Randbedingungen der schulischen Lernprozesse, so wird schnell klar, daß der Philosophieunterricht nicht dauerhaft und ausschließlich als sokratischer Unterricht geführt werden kann: Zum einen soll der Unterricht auch Problemwissen und Interpretation philosophischer Texte sowie philosophiehistorische

Kenntnisse vermitteln. Zum anderen würde der ständige Zwang zur Reflexion, zur regressiven Abstraktion und zur Argumentation über den Zeitraum von drei Jahren die Jugendlichen und die Lehrkräfte überfordern.

Außerdem gibt es eine Reihe von äußeren Bedingungen und strukturellen Merkmalen der schulischen Lernprozesse, die erhebliche Hindernisse für einen sokratischen Philosophieunterricht darstellen, so z. B.

- der übliche 45-Minuten-Rhythmus der Unterrichtsstunden
- die Größe der Kurse (meist mehr als 15 SchülerInnen)
- das traditionelle Lehrer-Schüler-Verhältnis (Lehrer als Planer und Gestalter des Unterrichtsprozesses, Schüler als Rezipienten und Konsumenten von Unterricht)
- die Benotung
- die Stoffülle, die vermittelt werden soll
- Mangel an Disziplin, Konzentration und fehlende Argumentationsfähigkeiten bei einigen Schülergruppen.

Wenn auch ein permanenter Philosophieunterricht nach der sokratischen Methode in der Oberstufe nicht verwirklichbar erscheint, so halte ich es doch für außerordentlich sinnvoll und wünschenswert, sokratische Phasen – also zeitweilige Gestaltung des Unterrichts als sokratisches Gespräch – in den Philosophieunterricht einzuführen.

Die Gründe für eine solche Integration des sokratischen Gesprächs liegen meines Erachtens nicht nur in dem zugrunde gelegten Philosophieverständnis, sondern auch in der Forderung nach Methodenvielfalt im Unterricht. Neben der Auseinandersetzung mit Texten, die historisches Wissen und Problembewußtsein vermitteln können, bieten gesprächsorientierte Unterrichtsphasen die Gelegenheit, komplexe Situationen und eigene Erfahrungen zu analysieren und zu reflektieren, Begründungen allgemein verständlich zu formulieren und sich argumentativ mit einem Thema und mit Andersdenkenden auseinanderzusetzen. Ein sokratisch verstandener Unterricht sollte auch Projektlernen und fächerübergreifende Unterrichtsphasen in den Philosophieunterricht einbeziehen.

Das sokratische Gespräch ermöglicht dabei, wie keine andere Unterrichtsmethode, eine intensive und ganzheitliche Einübung des kritischen reflexiven Dialogs und des selbständigen vernünftigen Denkens im fächerübergreifenden Sinne.

Welche Voraussetzungen müssen gegeben sein, damit ein sokratischer Philosophieunterricht gelingen kann?

Das sokratische Gespräch nach Nelson und Heckmann als ein gemeinsames Suchen nach wahren Erkenntnissen und ein begründendes Sprechen in Gruppen (von ca. 8–15 Personen) setzt bestimmte organisatorische Rahmenbedingungen voraus, die in schulischen Lernprozessen nicht immer gegeben sind. Folgende organisatorische und lerngruppenspezifische Voraussetzungen sind daher von zentraler Bedeutung für das Gelingen eines sokratischen Unterrichts. Insbesondere ist darauf zu achten, daß

– Philosophieunterricht nicht in Einzelstunden (45 Minuten) unterrichtet wird. Eine Doppelstunde bzw. ein Dreistundenblock pro Woche ist die unabdingbare zeitliche Voraussetzung für eine sokratische Unterrichtsphase. Besonders geeignet zur Durchführung einer sokratischen Unterrichtsphase sind auch Themen- und Projektwochen;
– der Philosophiekurs nicht mehr als 15 SchülerInnen umfaßt;
– der Unterricht höchstens 4 bis 5 Wochen sokratisch gestaltet wird. Längere sokratische Gespräche überfordern die SchülerInnen und lassen sich in die Struktur des Oberstufenunterrichts wegen der Klausuren, Quartalsnoten u. a. schlecht integrieren;
– von jeder sokratischen Unterrichtsstunde ein Protokoll angefertigt wird. Dies kann von nur einem Schüler oder

einer Schülerin oder von allen Schülern des Kurses erstellt werden. Wichtig ist, daß zu Beginn der nächsten sokratischen Sitzung ein Protokoll vorgetragen wird und anhand des Protokolls Lehrer und Schüler gemeinsam den Einstieg in ihr Thema und den Gesprächsprozeß finden. Unabhängig von den Protokollen der SchülerInnen muß der Lehrer / die Lehrerin den gesamten Gesprächsverlauf protokollieren;

- die Regeln des sokratischen Gesprächs, die besondere Rolle des Lehrers / der Lehrerin als LeiterIn, die Anforderungen an die Teilnehmer, die Besonderheiten des Metagesprächs den Schülern und Schülerinnen vor dem Gespräch mitgeteilt werden sollen. Sie sollen selbst entscheiden, ob sie solchen Unterricht wollen und die Regeln des Gesprächs als unbedingt verbindlich für sich akzeptieren können;
- die Selbstverpflichtung zur konsequenten Beachtung der Regeln den Lernenden als notwendiges und konstitutives Element des gemeinsamen Reflexionsprozesses deutlich wird;
- das Lehrer-Schüler-Verhältnis schon vor der sokratischen Unterrichtsphase so gestaltet ist, daß die Schüler und Schülerinnen an der Planung der Unterrichtsthemen zeitweise beteiligt werden;
- in der Lerngruppe sich keine verhaltensgestörten SchülerInnen befinden, die Lerngruppe keine auffälligen Disziplinprobleme hat.

Ein schwieriges Problem stellt die Benotung des sokratischen Gesprächs dar. Ich plädiere dafür, die Benotung während der sokratischen Phase ganz auszusetzen oder, wenn dies nicht möglich ist, nur die Protokolle zur Benotung zugrunde zu legen.

Sokratische Unterrichtsphasen sollten nicht zu Beginn der Jahrgangsstufe 11 durchgeführt werden, weil sich die Teilnehmer der Kurse in dieser Zeit noch nicht genügend untereinander kennen und weil es günstig ist, als Vorbereitung zunächst eine Einübung in philosophisches Fragen (z.B. Bedeutung der Kantischen Grundfragen), in systematisches Argumentieren und in die Analyse von Fragen und kommunikativen Prozessen zu erarbeiten.

Auch Übungen zur logischen Propädeutik oder die Lektüre eines Platonischen Dialogs (auszugsweise), die Behandlung des antiken Sokrates als Typus des reflexiven Denkers können eine gute Vorbereitung für eine sokratische Unterrichtsphase sein.

Erfahrungen mit dem sokratischen Gespräch im Philosophieunterricht

Meine eigenen Erfahrungen mit dem sokratischen Gespräch habe ich in den letzten Jahren im Philosophieunterricht mit Grundkursen gemacht. Der Unterricht findet einmal pro Woche in einem Dreistundenblock statt. Die SchülerInnen sind es gewohnt, in Gruppen und projektartig selbständig zu arbeiten. Das Lehrer-Schüler-Verhältnis ist auch in der Oberstufe geprägt von persönlicher Kommunikation, die über den reinen Fachunterricht in den Kursen hinausgeht. LehrerInnen und SchülerInnen arbeiten im Team, die SchülerInnen sind seit der fünften Klasse Gruppen- und Teamarbeit gewohnt.

Ich möchte hier zwei Erfahrungen mit sokratischen Gesprächen vorstellen, die 1991 und 1993 jeweils in der 12. Jahrgangsstufe durchgeführt wurden. Beide sokratische Phasen fanden während des Halbjahresthemas »Ethik« statt, sie beschäftigten sich mit einer aktuellen ethischen Frage, die die SchülerInnen sich selbst ausgesucht hatten.

1. Beispiel. 1991 / Rahmenthema »Ethik«

Der Philosophiekurs umfaßte 16 SchülerInnen, davon 12–13, die ständig aktiv am Unterricht teilnahmen und nur in Ausnahmefällen fehlten.

Vorher behandelte Unterrichtsinhalte: Begriff der Ethik, ethische Normen, Abgrenzung zu anderen Normen, verschiedene philosophische Begründungen für ethische Normen.

Thema: Unter welchen Bedingungen soll Sterbehilfe ethisch erlaubt sein?

Organisation des Unterrichts

Einstieg und erste Phase: Formulierung des Themas und Festlegung der Rahmenbedingungen.

Im Rahmen der Behandlung aktueller ethischer Probleme wurde aus einem Katalog von fünf bis sechs Themen von den SchülerInnen das Thema für das sokratische Gespräch ausgewählt.

Beispielsuche:

Alle SchülerInnen bekamen die Aufgabe, ein Beispiel zu dieser Frage aus dem eigenen Erfahrungsbereich bis zur nächsten Woche zu überlegen.

Regelung der Protokollfrage:

Allen SchülerInnen war klar, daß immer ein Protokoll geschrieben werden muß. Wir einigten uns auf die alphabetische Reihenfolge. Jeweils zwei SchülerInnen mußten ein »offizielles Protokoll« schreiben und es in der nächsten Woche vortragen. Alle sollten sich Notizen machen und die an der Tafel festgehaltenen Schritte mitschreiben. Zu Beginn des wöchentlichen Unterrichtsblocks fand ein *Metagespräch* über den bisherigen Gesprächsverlauf, ausgehend von den jeweiligen Protokollen statt. Das Metagespräch war meist kurz, es dauerte nicht länger als 10 bis 15 Minuten.

Wir begrenzten die sokratische Unterrichtsphase auf vier Wochen, danach sollte das Gespräch abgebrochen werden. Tatsächlich verwendeten wir dann noch einen fünften Unterrichtsblock, um eine allgemeine Beantwortung unserer Ausgangsfrage zu finden und ein abschließendes Metagespräch zu führen.

Zweite Phase: Auswahl des Beispiels (1 Block).

Nicht alle Schüler hatten sich ein Beispiel zu der Frage überlegt. Von den vorgetragenen Beispielen bot sich sofort das Beispiel eines Jungen an, das aus seiner eigenen Familie stammte. Er stellte es sehr plastisch und ausführlich als aktuelles Familienproblem dar.

Die Großeltern pflegten ihre 105jährige Tante, die bettlägerig und verwirrt war, es stellte sich das Problem der Sterbehilfe in diesem Beispiel nur auf indirekte Weise. Die Kinder und Enkel der besagten Großeltern wollten die Tante in ein Pflegeheim geben, was nach Einschätzung aller Familienmitglieder deren baldigen Tod zur Folge haben würde. Die Großeltern waren gesundheitlich mit der Intensivpflege überlastet.

Ich hatte große Bedenken gegen dieses Beispiel, der Konflikt war nach meiner Einschätzung zu aktuell, der Beispielgeber zu sehr emotional beteiligt und das Thema nur auf indirekte Weise angesprochen. Alle SchülerInnen plädierten jedoch für dieses Beispiel. Im Gespräch teilte ich meine Bedenken mit und befragte auch den Beispielgeber nach seinem Wissensstand über Teilaspekte des Beispiels und über seine möglichen emotionalen Probleme. Er selbst wollte, daß dieses Beispiel bearbeitet wird, weil er keine ethisch gerechtfertigte Antwort auf das Familienproblem sah. Die Großeltern widersetzten sich einer Unterbringung der alten Tante im Pflegeheim, er verstand aber die Haltung seiner Großeltern nicht.

Wir wählten sein Beispiel und im Rückblick muß ich sagen, daß es ein besonderer Glücksfall war. Der Beispielgeber war immer zur Auskunft bereit, brachte seine Emotionen mit in den Argumentationsprozeß ein und führte während der Zeit unseres Gesprächs zu Hause mit seiner Mutter einen Paralleldialog über das Problem.

Dritte Phase: Analyse des Beispiels (2–3 Blöcke).

Sehr ernsthaft machten sich die SchülerInnen daran, das Beispiel zu analysieren. Der Gesundheitszustand der alten Tante, körperliche und geistige Verfassung der pflegenden Großeltern, die Interessen und die Situation der Kinder und Enkel, Timos (so hieß der Beispielgeber) eigene Ansichten und Interessen wurden erfragt und analysiert.

In dieser Phase mußte ich wenig steuernd in das Gespräch eingreifen. Es wurden manchmal mehrere Aspekte gleichzeitig angesprochen, und wir mußten uns über Reihenfolge und Wichtigkeit der Einzelaspekte für das Thema einigen.

Vierte Phase: Regressive Abstraktion (1–2 Blöcke).

Es war schwierig, aus der Analyse des Beispiels Beurteilungskriterien zu entwickeln, unter welchen Bedingungen hier Sterbehilfe geleistet werden darf oder soll. Im Gegensatz zur Familie von Timo war den SchülerInnen des Kurses keineswegs einsichtig, daß und warum die Unterbringung der alten Tante in einem Pflegeheim gleichzusetzen war mit einem Akt der Sterbehilfe. Die Frage nach dem lebenswerten Leben wurde gestellt. Es wurden auch immer wieder Beschreibungen von Interessen und Lebenssituation der am Beispiel beteiligten Personen wiederholt. Ich griff mehrfach ein, um die Ebene zu verdeutlichen, auf der sich unser Gespräch befand. Die Darstellung der Werte und Normen, nach denen die pflegenden Großeltern ihr Leben lang gelebt hatten, brachte uns im Gespräch schließlich weiter. Es wurde deutlich, daß eine Einlieferung der alten Tante in ein Pflegeheim gegen die ethischen Prinzipien und Normen der Großeltern verstoßen und deren Wertvorstellungen von Menschlichkeit, familiärer Verbundenheit und Verpflichtung mißachten würde. Auch die Beantwortung der Frage, ob das Leben der alten Tante noch lebenswert sei, brachte als Ergebnis, daß eine wenn auch in diesem Fall indirekte Sterbehilfe gegen die Überzeugung und den Willen der Tante und der Großeltern verstoßen würde und deshalb aus ethischer Sicht nicht von den übrigen Familienmitgliedern gefordert oder erzwungen werden darf. Das Festhalten an ihren eigenen ethischen Überzeugungen war der Grund, warum die Großeltern trotz der Belastung die alte Tante bis zu ihrem Tod pflegen wollten. Zur Lösung ihres Problems wurde vorgeschlagen, die Familie könnte zeitweise professionelle Hilfe durch Pflegekräfte in Anspruch nehmen, um die Großeltern zu entlasten.

Fünfte Phase: Verallgemeinerung (eine Unterrichtsstunde).

Dieser Schritt wurde kurz und schnell vollzogen. Die am Beispiel gefundene und verallgemeinerte Antwort auf unsere Ausgangsfrage lautete: Sterbehilfe kann nur mit dem Einverständnis der Betroffenen (der Sterbenden, der nächsten Angehörigen) ethisch erlaubt sein. Es gibt keine allgemeingültige ethisch richtige Aussage zu dieser Frage, sondern sie muß in jedem Einzelfall immer wieder neu geprüft werden.

Kommentar:

Die Schüler waren mit ihrem sokratischen Gespräch höchst zufrieden. In dem abschließenden Metagespräch bewerteten sie das genaue Analysieren und Argumentieren als einen wichtigen Lernprozeß. Dieser Kurs führte später ein weiteres sokratisches Gespräch zu dem Thema: »Welche Normen sollen für das Zusammenleben in einer multikulturellen Gesellschaft gelten?« In dieser Phase arbeiteten wir zeitweise in zwei Gruppen an zwei verschiedenen Beispielen. Die eine Gruppe der SchülerInnen arbeitete ohne LeiterIn. Die Phase der regressiven Abstraktion gelang nicht so gut, so daß wir am Ende des Gesprächs keine verallgemeinerbaren Antworten auf unsere Frage geben konnten.

2. Beispiel. 1993 / Rahmenthema »Ethik«

Die Vorgehensweise war dieselbe wie im Beispiel von 1991.

Der Kurs bestand aus 15 SchülerInnen, davon ca. 11 aktive, drei Schüler, die häufig fehlten, und zwei, die am Unterrichtsgespräch selten oder nie teilnahmen; ein Schüler der 10 aktiven Teilnehmer hatte zeitweise erhebliche Disziplinprobleme.

Trotz dieser nicht optimalen Randbedingungen wollte ich auch mit dieser Gruppe eine sokratische Phase zum Oberthema »Aktuelle ethische Probleme« durchführen. Die SchülerInnen wählten folgendes Thema:

»Wie ist Untreue in der Partnerschaft ethisch zu bewerten?«

Erste Phase: Formulierung der Frage und Festlegung der Rahmenbedingungen.

Die Formulierung des Themas überraschte mich. Wir versäumten es, vorab eine genaue Regelung zu treffen, wer in welcher Reihenfolge *Protokoll* schreibt, mit dem Ergebnis, daß wir lange brauchten, um in den jeweiligen Stunden einen Protokollanten zu finden.

Wir begrenzten den Zeitraum des sokratischen Gesprächs auf vier Wochen. Innerhalb der vier Wochen fiel in einer Woche der Unterrichtsblock aus.

Zweite Phase: Auswahl des Beispiels.

Im Kurs wurden drei Beispiele zum Thema vorgetragen, die mir alle drei nicht geeignet erschienen. Ein Beispiel stammte aus dem Leben der Mutter eines Schülers und lag ca. 20 Jahre zurück. Das andere Beispiel betraf das Verhältnis eines Jungen zu seiner Freundin, in ihm gab es nur das Problem der fiktiven Untreue. Das dritte Beispiel betraf den fortgesetzten Ehebruch einer türkischen Frau in einem Dorf in Anatolien und wurde von einem türkischen Mädchen vorgestellt.

Aufgrund des Fehlens eines wirklich geeigneten Beispiels hätte ich das begonnene Gespräch eigentlich sofort abbrechen müssen. Ich ließ mich jedoch von den SchülerInnen, die nun ganz begierig auf diese Form des Unterrichts waren, dazu überreden, es doch mit dem Beispiel aus dem Leben der Mutter eines Schülers zu versuchen. Er bekam die Aufgabe, sein nur unvollständig vorgetragenes Beispiel bis zur nächsten Woche vollständig zu erkunden und es dann vorzustellen. Ich hatte dabei erhebliche Zweifel. Tatsächlich zog er in der nächsten Woche sein Beispiel zurück. Das türkische Mädchen mit seinem Beispiel des Ehebruchs aus dem anatolischen Dorf kam ins Gespräch. Sie konnte Auskunft über alle Details des Beispiels geben. Sie war eine gewissenhafte und verantwortlich und rational argumentierende Schülerin. Also machten wir den Versuch, dieses Beispiel zu bearbeiten.

Ich stellte meine Bedenken zurück, daß die in dem Beispiel enthaltenen Vorstellungen zur Ehe- und Sexualmoral zu einem unüberwindlichen Problem bei der Bearbeitung werden könnten.

Dritte Phase: Analyse des Beispiels.

Schon im ersten Block während der Analyse des Beispiels spaltete sich der Kurs in drei Gruppen. Auf der einen Seite türkische und einige deutsche Mädchen, auf der anderen Seite eine Gruppe von vier Jungen, der Rest beteiligte sich kaum oder nicht an dem Gespräch. Die türkischen Mädchen und die deutschen Jungen stritten sich über die Frage, ob in diesem Beispiel überhaupt Untreue vorliege. Die Tatsache, daß die Frau von ihren Eltern zu ihrer Heirat mit einem Mann gezwungen worden war, den sie nicht liebte, war vor allem für die Jungen ein Argument, den späteren Ehebruch der Frau nicht als Untreue zu bewerten. Die Gegenargumente, daß die Frau die Ehe mit ihrem Mann über viele Jahre geführt, Kinder bekommen hatte und ein familiäres Vertrauensverhältnis zwischen ihr, ihrem Mann und ihren Kindern bestand, wurde nicht akzeptiert. Es gab aufgrund der unterschiedlichen Auffassungen zur Ehemoral keine gemeinsame Sicht auf das Beispiel.

Außerdem konnten die Jungen meine Funktion als Gesprächsleiterin nicht von meiner Lehrerinnenrolle trennen. Immer wieder machten sie mir während des Sachgesprächs Vorwürfe, ich solle doch eine inhaltliche Stellungnahme abgeben und für Klärung sorgen.

Im dritten Block brach ich das Gespräch ab. In einem abschließenden Metagespräch begründete ich meinen Entschluß, legte das Problem des Beispiels dar und erklärte, warum wir meines Erachtens dieses Gespräch überhaupt nicht mit diesem Beispiel hätten führen sollen. Ich setzte mich noch einmal mit den Vorwürfen über meine Gesprächsleitung auseinander und versuchte, den Unterschied zwischen meiner Rolle als Lehrerin und der als sokratischer Leiterin, in der ich zur inhaltlichen Zurückhaltung verpflichtet bin, zu erklären.

Kommentar:

Im Rückblick frage ich mich, ob ich die gruppendynamische Situation in diesem Kurs ausreichend und richtig eingeschätzt habe, bevor ich die sokratische Phase plante.

Das Gespräch hat mir noch einmal verdeutlicht, wie wichtig ein wirklich treffendes Beispiel aus dem Erfahrungsbereich der SchülerInnen ist.

Um an das Rahmenthema Ethik im Unterricht wieder anknüpfen zu können, sollten die SchülerInnen zwei Wochen nach dem Abbruch des Gesprächs eine schriftliche Antwort auf die gestellte Frage »Wie ist Untreue in der Partnerschaft ethisch zu beurteilen?« formulieren. Die schriftlichen Ausarbeitungen wurden anschließend vorgetragen. Fast alle Teilnehmer des Kurses kamen zu dem gleichen Ergebnis, das sich zusammenfassend so darstellen läßt:

»Untreue in der Partnerschaft soll unter ethischen Gesichtspunkten als nicht erlaubt gelten und muß als schlecht für menschliche Beziehungen untereinander beurteilt werden. Bei der Untreue wird immer das Vertrauen eines Menschen mißbraucht und zerstört. Dieser Vertrauensbruch kann für manche Personen so negative Folgen haben, daß sie nie mehr ein solides Vertrauensverhältnis zu anderen Menschen aufbauen können. Dann wird durch individuelle Untreue auch die Gesellschaft als ganze geschädigt.«

Diese Antwort, die die SchülerInnen in Einzelarbeit formulierten, zeigte mir, daß sie trotz des mißglückten Gesprächs über das Problem reflektiert haben und bezogen auf die vorhergehenden Unterrichtsinhalte zu richtigen Einsichten gelangt sind. Erstaunt war ich über ihren Wunsch, doch möglichst bald wieder ein sokratisches Gespräch im Unterricht zu führen. Diesen Wunsch begründeten sie folgendermaßen:

Auch wenn das Gespräch zu keinem Ergebnis geführt hat und es zeitweise »verworren und chaotisch« war, hätten sie doch durch die eigene Anstrengung, das Problem zu ergründen und Urteile zu bestimmten Teilfragen finden zu müssen, mehr gelernt, als wenn sie Texte lesen oder sich mit von mir vorgegebenen philosophischen Thesen und Theorien auseinandersetzen müßten.

Besonders wichtig erscheinen mir im Rückblick die Metagespräche während der sokratischen Phase. Die teilweise in jedem Unterrichtsgespräch dominierende Jungengruppe hat in den Metagesprächen eingesehen, daß ihr Gesprächsverhalten andere Teilnehmer beim intensiven Nachdenken und beim systematischen Argumentieren gestört hat. Sie haben auch erkannt, daß es beim philosophischen Gespräch nicht darauf ankommt, seine eigene Ansicht auf jeden Fall durchzusetzen, sondern vielmehr darauf, auf die Argumente der anderen Gesprächsteilnehmer zu hören und deren Richtigkeit zu beurteilen.

Konsequenzen aus meinen praktischen Erfahrungen

Neben den dargestellten Beispielen sokratischer Gespräche, die einen längeren Zeitraum umfassen, habe ich mit verschiedenen Kursen zu unterschiedlichen Themen sokratisch geprägte Diskurse von ein bis zwei Unterrichtsblöcken geführt und dabei die Erfahrung gemacht, daß die Aktivität und das Interesse an philosophischen Fragen durch bei den eigenen konkreten Erfahrungen ansetzende Gespräche erheblich gesteigert werden kann. In wiederholten Metagesprächen mit den Lerngruppen wurde durch die Äußerungen der Lernenden deutlich, wie sie unsere Gespräche einschätzen:

– Die Schüler sind von der Erfahrung des sokratischen Gesprächs beeindruckt.
– Ihre Einstellung zum Fach verändert sich, die Ernsthaftigkeit, sich mit Themen und Fragen selbst systematisch auseinanderzusetzen, nimmt zu.
– Der Wunsch, begründete Ansichten zu eigenen Lebens- und Orientierungsfragen zu gewinnen, ist eine für Jugendliche wichtige Motivation zum Philosophieren. Ihm kann durch das sokratische Gespräch im Unterricht entsprochen werden.
– Ohne ein wirklich geeignetes Beispiel ist ein sokratisches Gespräch mit Jugendlichen schwer zu führen. Ein Beispiel aus dem eigenen Erfahrungsbereich ist meines Erachtens unverzichtbar.
– Eine spannungsgeladene und durch dominante Opinionleader bestimmte gruppendynamische Situation im Kurs ist eine schlechte bzw. ungeeignete Ausgangsbedingung für ein sokratisches Gespräch.

- Das Metagespräch ist eine gute Möglichkeit, sich über den Unterrichtsprozeß auszutauschen, Störungen und Spannungen rational zu besprechen und gemeinsam Lösungen zu überlegen. Es kann auch in anderen Fächern und Lernprozessen der Oberstufe eingeführt werden. Es bietet Gelegenheit, die Selbstreflexion systematisch zu üben, methodische Fragen mit den Schülern und Schülerinnen zu erörtern und den Unterrichtsprozeß von gruppendynamischen Problemen zu entlasten.

Textnachweise

Mit * versehene Titel wurden von den Herausgebern formuliert.

Platon: Sokrates und die »Hebammenkunst«.* Aus: Platon: Theätet. Griech./Dt. Übers. und hrsg. von Ekkehard Martens. Stuttgart: Reclam, 1981. S. 25–35 [148 d–151 d].

Leonard Nelson: Die sokratische Methode (1922). In: L. N.: Gesammelte Schriften. Bd. 1: Die Schule der kritischen Philosophie und ihre Methode. Hamburg: Meiner, 1970. S. 269–316.

Gustav Heckmann: Lenkungsaufgaben des sokratischen Gesprächsleiters.* Aus: G. H.: Das sokratische Gespräch. Erfahrungen in philosophischen Hochschulseminaren. Hrsg. von der Philosophisch-Politischen Akademie. Neuausg. Frankfurt a. M.: dipa, 1993. S. 84–90. 100–104. – © 1993 Philosophisch-Politische Akademie, Bonn.

Wolfgang Klafki: Heckmanns Beitrag zur Weiterentwicklung des sokratischen Gesprächs. Überarb. Fass. von: Über Gustav Heckmanns Bedeutung für die Weiterentwicklung des Sokratischen Gesprächs. In: Philosophisch-Politische Akademie (Hrsg.): Gustav Heckmann zum Gedächtnis. Niestetal: Zahnwetzer, 1996. S. 21–31.

Gisela Raupach-Strey: Das Sokratische Paradigma und seine Bezüge zur Diskurstheorie. Überarb. Fass. von: Die Beziehung zwischen Diskurstheorie und Sokratischem Gespräch – keine Einbahnstraße! In: Dieter Krohn / Barbara Neißer / Nora Walter (Hrsg.): Diskurstheorie und sokratisches Gespräch. Frankfurt a. M.: dipa, 1996. (Sokratisches Philosophieren. Schriftenreihe der Philosophisch-Politischen Akademie. Bd. 3.) S. 39–74.

Dieter Birnbacher: Philosophie als sokratische Praxis: Sokrates, Nelson, Wittgenstein. In: Dieter Krohn / Barbara Neißer / Nora Walter (Hrsg.): Das Sokratische Gespräch. Möglichkeiten in philosophischer und pädagogischer Praxis. Frankfurt a. M.: dipa, 1999. (Sokratisches Philosophieren. Schriftenreihe der Philosophisch-Politischen Akademie. Bd. 6.) S. 15–35.

Reinhard Kleinknecht: Wissenschaftliche Philosophie, philosophisches Wissen und Philosophieunterricht. In: Zeitschrift für Didaktik der Philosophie 11 (1989) S. 18–31.

Barbara Neißer: Das sokratische Gespräch im Philosophieunterricht der Sekundarstufe II. In: Dieter Krohn / Barbara Neißer / Nora

Walter (Hrsg.): Neuere Aspekte des sokratischen Gesprächs. Frankfurt a. M.: dipa, 1997. (Sokratisches Philosophieren. Schriftenreihe der Philosophisch-Politischen Akademie. Bd. 4.) S. 88–101.

Die Herausgeber, Autorinnen und Autoren der Beiträge

DIETER BIRNBACHER

Geboren 1946. Studium der Philosophie, Anglistik und Allgemeinen Sprachwissenschaft in Düsseldorf, Cambridge und Hamburg. B.A. 1969 (Cambridge), Promotion 1973 (Hamburg), Habilitation 1988 (Essen). Tätigkeit als Wissenschaftlicher Assistent an der Pädagogischen Hochschule Hannover und als Akademischer Rat an der Universität Essen. Von 1993 bis 1996 Professor für Philosophie an der Universität Dortmund, seit 1996 an der Universität Düsseldorf. Mitglied der Philosophisch-Politischen Akademie.
Hauptveröffentlichungen: Die Logik der Kriterien. Analysen zur Spätphilosophie Wittgensteins. Hamburg 1974. – Verantwortung für zukünftige Generationen. Stuttgart 1988 (frz. 1994, poln. 1999). – Tun und Unterlassen. Stuttgart 1995.

GUSTAV HECKMANN

1898–1996. Studium der Mathematik, Physik und Philosophie in Göttingen. Von 1927 bis 1932 Lehrer in der Erwachsenenabteilung des von Nelson eröffneten Landerziehungsheims Walkemühle bei Melsungen/Hessen, nach der Schließung durch die Nationalsozialisten Weiterführung der Kinderabteilung in Dänemark und England. Ab 1946 Professor für Philosophie und Pädagogik an der Pädagogischen Hochschule Hannover.
Hauptveröffentlichung: Das sokratische Gespräch. Erfahrungen in philosophischen Hochschulseminaren. Hannover 1981.

WOLFGANG KLAFKI

Geboren 1927. Studium der Pädagogik, Philosophie und Germanistik in Hannover, Göttingen und Bonn. Promotion 1957 (Göttingen). Von 1956 bis 1963 Tätigkeit als Wissenschaftlicher Assistent und Dozent an der Pädagogischen Hochschule Hannover und der Universität Münster. Von 1963 bis zu seiner Emeritierung Professor für Erziehungswissenschaft an der Universität Marburg.
Hauptveröffentlichungen: Das pädagogische Problem des Elementaren und die Theorie der kategorialen Bildung. Weinheim 1959, 3./4. erw. Aufl. 1964. – Studien zur Bildungstheorie und Didaktik. Wein-

heim 1963, 8./9. erg. Aufl. 1975. – Aspekte kritisch-konstruktiver Erziehungswissenschaft. Weinheim 1976. – Neue Studien zur Bildungstheorie und Didaktik. Weinheim 1985, 5., erw. Aufl. 1996. – Geisteswissenschaftliche Pädagogik und Nationalsozialismus. Hermann Nohl und seine »Göttinger Schule«. Weinheim 2002. (Zus. mit J.-L. Brockmann.) – Schultheorie, Schulforschung und Schulentwicklung im politisch-gesellschaftlichen Kontext. Ausgewählte Studien. Weinheim 2002.

REINHARD KLEINKNECHT

Geboren 1945. Studium der Philosophie, Grundlagenforschung und Sozialwissenschaften in München. Promotion 1976 (München), Habilitation 1978 (München). Tätigkeit als Wissenschaftlicher Assistent an der Technischen Universität München. Seit 1980 Professor an der Technischen Universität München, seit 1989 an der Universität Innsbruck.
Hauptveröffentlichungen: Lehrbuch der elementaren Logik. 2 Bde. (Zusammen mit E. Wüst.) München 1976. – Grundlagen der modernen Definitionstheorie. Königstein/Ts. 1979. – Aufsätze zur Logik, Erkenntnis- und Wissenschaftstheorie, Ontologie und Ethik.

DIETER KROHN

Geboren 1944. Studium der Pädagogik und Philosophie in Hannover. Promotion 1980 (Hannover). Von 1971 bis 1981 Tätigkeit als Wissenschaftlicher Assistent im Fach Didaktik der englischen Sprache an der Universität Hannover. Seit 1991 Landesfachmoderator für Englisch an Gesamtschulen in Niedersachsen. Vorstandsmitglied der Philosophisch-Politischen Akademie. Seit 1994 Vorsitzender der Gesellschaft für Sokratisches Philosophieren e. V.
Zahlreiche Veröffentlichungen zum sokratischen Gespräch und zur Fachdidaktik Englisch.

BARBARA NEISSER

Geboren 1947. Studium der Philosophie, Germanistik und Evangelischen Theologie in Tübingen und Saarbrücken. Staatsexamen für das Lehramt der Sekundarstufe II 1978. Von 1981 bis 1986 Wissenschaftliche Mitarbeiterin an der Universität Saarbrücken im Fachbereich Philosophie, von 1987 bis 1996 Lehrerin an einer Kölner Gesamt-

schule. Studiendirektorin und Fachleiterin am Studienseminar in Köln. Stellvertretende Vorsitzende der Philosophisch-Politischen Akademie.
Autorin von Aufsätzen zur sokratischen Methode, zur Teamarbeit, zur Konfliktregulierung in der Schule und zur Gestaltung der gymnasialen Oberstufe.

LEONARD NELSON

1882–1927. Studium der Mathematik und Philosophie in Heidelberg, Berlin und Göttingen. 1903 Gründung der Jakob-Friedrich-Fries-Gesellschaft zur Pflege der Philosophie von J. F. Fries. Promotion 1904 (Göttingen), Habilitation 1909 (Göttingen). Ab 1909 Lehrveranstaltungen zur Erkenntnistheorie, Ethik, Pädagogik, Religionsphilosophie und Rechts- und Staatsphilosophie in Göttingen. Annäherung an die Reformpädagogik. Gründung des Internationalen Jugendbundes 1919. Gründung der Philosophisch-Politischen Akademie 1922. 1923 Übernahme und Leitung des Landerziehungsheims Walkemühle bei Melsungen/Hessen zusammen mit der Pädagogin Minna Specht. Gründung des Internationalen Sozialistischen Kampfbundes (ISK) 1926 als Partei mit der Zielsetzung eines ethischen Sozialismus.
Gesammelte Schriften in neun Bänden. Hamburg 1970–77.

GISELA RAUPACH-STREY

Geboren 1946. Studium der Philosophie und Mathematik in Bonn, Tübingen und Heidelberg. Von 1972 bis 1984 (Ober-)Studienrätin für Philosophie und Mathematik in Hannover, von 1984 bis 1998 in Berlin zusätzlich Lehraufträge zur Philosophie und ihrer Didaktik und Leitung der Weiterbildungskurse für den Schulversuch Ethik/Philosophie (1993–98). Seit 1998 Wissenschaftliche Mitarbeiterin für Didaktik des Philosophie- und Ethik-Unterrichts an der Universität Halle. Mitglied der Philosophisch-Politischen Akademie. Seit 1977 regelmäßige Leitung von Sokratischen Gesprächen nach der Methode von Nelson/Heckmann.
Autorin von Schulbüchern und zahlreichen Aufsätzen zur Fachdidaktik und zur Sokratischen Methode.

Ausgewählte Literatur

Birnbacher, Dieter: Philosophieunterricht als sokratisches Gespräch. Zu einem Buch von Gustav Heckmann. In: Zeitschrift für Didaktik der Philosophie 4 (1982) S. 43–45.

Draken, Klaus: Schulunterricht und das Sokratische Gespräch nach Leonard Nelson und Gustav Heckmann. In: Zeitschrift für Didaktik der Philosophie 11 (1989) S. 46–49.

Draken, Klaus: Das Unterrichtsgespräch oder »auf dem Weg zu einer philosophisch geprägten Gesprächspraxis«. In: Ethik & Unterricht 3 (2000) S. 17–23.

Franke, Holger: Leonard Nelson. Ein biographischer Beitrag unter besonderer Berücksichtigung seiner rechts- und staatsphilosophischen Arbeiten. Ammersbek bei Hamburg 1991.

Heckmann, Charlotte: Begleiten und Vertrauen. Pädagogische Erfahrungen im Exil 1934–1946. Hrsg. und komm. von Inge Hansen-Schaberg und Bruno Schonig. Frankfurt a. M. [u. a.] 1995.

Heckmann, Gustav: Das sokratische Gespräch. Erfahrungen in philosophischen Hochschulseminaren. Mit einem Vorw. neu hrsg. von Dieter Krohn. Frankfurt a. M. 1993.

Heckmann, Gustav / Krohn, Dieter: Über Sokratisches Gespräch und Sokratische Arbeitswochen. In: Zeitschrift für Didaktik der Philosophie 10 (1988) S. 38–43.

Horster, Detlef: Das Sokratische Gespräch in Theorie und Praxis. Opladen 1994.

Horster, Detlef / Krohn, Dieter (Hrsg.): Vernunft, Ethik, Politik. Gustav Heckmann zum 85. Geburtstag. Hannover 1983.

Hultsch, Eckhard: Gibt es eine freie Entscheidung? Bericht über ein Sokratisches Gespräch. In: Zeitschrift für Didaktik der Philosophie 12 (1990) S. 102–108.

Klafki, Wolfgang: Vernunft – Erziehung – Demokratie. Zur Bedeutung der Nelson-Schule in der deutschen Pädagogik. In: Neue Sammlung 23 (1983) S. 544–561.

Kleinknecht, Reinhard / Neißer, Barbara (Hrsg.): Leonard Nelson in der Diskussion. Frankfurt a. M. 1994. (Sokratisches Philosophieren. Schriftenreihe der Philosophisch-Politischen Akademie. Bd. 1.)

Knappe, Silvia / Krohn, Dieter / Walter, Nora (Hrsg.): Vernunftbegriff und Menschenbild bei Leonard Nelson. Frankfurt a. M. 1996.

(Sokratisches Philosophieren. Schriftenreihe der Philosophisch-Politischen Akademie. Bd. 2.)

Krohn, Dieter: Gustav Heckmann zum 95. Geburtstag. In: Zeitschrift für Didaktik der Philosophie 15 (1993) S. 200–202.

Krohn, Dieter: Theorie und Praxis des Sokratischen Gesprächs. In: Karl Reinhard Lohmann / Thomas Schmidt (Hrsg.): Akademische Philosophie zwischen Anspruch und Erwartung. Frankfurt a. M. 1998. S. 119–132.

Krohn, Dieter / Horster, Detlef / Heinen-Tenrich, Jürgen (Hrsg.): Das Sokratische Gespräch. Ein Symposion. Hamburg 1989.

Krohn, Dieter / Neißer, Barbara / Walter, Nora (Hrsg.): Diskurstheorie und Sokratisches Gespräch. Frankfurt a. M. 1996. (Sokratisches Philosophieren. Schriftenreihe der Philosophisch-Politischen Akademie. Bd. 3.)

– Neuere Aspekte des Sokratischen Gesprächs. Frankfurt a. M. 1997. (Sokratisches Philosophieren. Schriftenreihe der Philosophisch-Politischen Akademie. Bd. 4.)

– Das Sokratische Gespräch. Möglichkeiten in philosophischer und pädagogischer Praxis. Frankfurt a. M. 1999. (Sokratisches Philosophieren. Schriftenreihe der Philosophisch-Politischen Akademie. Bd. 6.)

– Das Sokratische Gespräch im Unterricht. Frankfurt a. M. 2000. (Sokratisches Philosophieren. Schriftenreihe der Philosophisch-Politischen Akademie. Bd. 7.)

Loska, Rainer: Lehren ohne Belehrung. Leonard Nelsons neosokratische Methode der Gesprächsführung. Bad Heilbrunn 1995.

Raupach-Strey, Gisela: Über den autoritären Rest in Gustav Heckmanns Auffassung vom sokratischen Gespräch. In: Detlef Horster / Dieter Krohn (Hrsg.): Vernunft, Ethik, Politik. Gustav Heckmann zum 85. Geburtstag. Hannover 1983. S. 315–325.

Raupach-Strey, Gisela: Über den politisch-bildenden Charakter Sokratischer Gespräche. In: Dieter Krohn / Detlef Horster / Jürgen Heinen-Tenrich (Hrsg.): Das Sokratische Gespräch. Ein Symposion. Hamburg 1989. S. 107–124.

Raupach-Strey, Gisela: Die Liebe zum Denken. Über Maieutik als weibliche Kunst. In: Rolf-Joachim Heger / Helga Manthey (Hrsg.): LernLiebe. Über den Eros beim Lehren und Lernen. Weinheim 1993. S. 165–191.

Raupach-Strey, Gisela: Die Sokratische Methode nach Leonard Nelson / Gustav Heckmann – eine philosophische Gesprächsmethode zwischen Alltag und Wissenschaft. In: Karl-Friedrich Wessel / Frank Naumann (Hrsg.): Kommunikation und Humanontogenese. Bielefeld 1994. S. 560–568.

Raupach-Strey, Gisela: Das Sokratische Gespräch. Vernunftgebrauch in der Tradition von Leonard Nelson und Gustav Heckmann. In: Ethik & Unterricht 2 (1997) S. 18–23.

Raupach-Strey, Gisela: Grundregeln des Sokratischen Gesprächs. In: Dieter Krohn / Barbara Neißer / Nora Walter (Hrsg.): Neuere Aspekte des Sokratischen Gesprächs. Frankfurt a. M. 1997. (Sokratisches Philosophieren. Schriftenreihe der Philosphisch-Politischen Akademie. Bd. 4.) S. 145–162.

Raupach-Strey, Gisela: Die Bedeutung der Sokratischen Methode für den Ethikunterricht. In: Dieter Krohn / Barbara Neißer / Nora Walter (Hrsg.): Das Sokratische Gespräch im Unterricht. Frankfurt a. M. 2000. (Sokratisches Philosophieren. Schriftenreihe der Philosophisch-Politischen Akademie. Bd. 7.) S. 90–104.

Raupach-Strey, Gisela: Sokratische Didaktik. Die didaktische Bedeutung der Sokratischen Methode in der Tradition von Leonard Nelson und Gustav Heckmann. Münster 2002.

Schroth, Jörg: Leonard Nelson. Bibliographie der Sekundärliteratur. In: Dieter Krohn / Barbara Neißer / Nora Walter (Hrsg.): Diskurstheorie und Sokratisches Gespräch. Frankfurt a. M. 1996. (Sokratisches Philosophieren. Schriftenreihe der Philosophisch-Politischen Akademie. Bd. 3.) S. 183–249.

Siebert, Ute: Das Sokratische Gespräch. Darstellung seiner Geschichte und Entwicklung. Kassel 1996.

– Bildung vom Menschen aus. Das Sokratische Gespräch im Entwicklungsprozeß Einer Welt. Kassel 2002.

Spiegel, Hartmut: Sokratische Gespräche über mathematische Themen mit Erwachsenen. Absichten und Erfahrungen. In: mathematik lehren 33 (1989) S. 54–59.

Kontaktadresse der Gesellschaft für Sokratisches Philosophieren e. V.: Dr. Dieter Krohn, An den Papenstücken 21, 30455 Hannover.